Strafverteidigung in Verfahren wegen Kinder- und Jugendpornografie

Nikolai Odebralski

Strafverteidigung in Verfahren wegen Kinder- und Jugendpornografie

Springer

Nikolai Odebralski
Rechtsanwalt und Strafverteidiger
Essen, Deutschland

ISBN 978-3-662-73768-2 ISBN 978-3-662-73769-9 (eBook)
https://doi.org/10.1007/978-3-662-73769-9

Die Deutsche Nationalbibliothek verzeichnet diese Publikation in der Deutschen Nationalbibliografie; detaillierte bibliografische Daten sind im Internet über https://portal.dnb.de abrufbar.

Planung/Lektorat: Brigitte Reschke
Springer ist ein Imprint der eingetragenen Gesellschaft Springer-Verlag GmbH, DE und ist ein Teil von Springer Nature.
Die Anschrift der Gesellschaft ist: Heidelberger Platz 3, 14197 Berlin, Germany

Vorwort Odebralski „Strafverteidigung in Verfahren wegen Kinder- und Jugendpornographie“

Strafverfahren wegen des Tatvorwurfs Verbreitung, Erwerb und Besitz kinderpornografischer Inhalte – so die Überschrift des gesetzlichen Straftatbestandes – stellen nicht nur für Beschuldigte eine ganz besondere Belastung dar; auch der Verteidiger wird bei derartigen Verfahren vor besondere Herausforderungen gestellt. Selbiges gilt sinngemäß für Strafverfahren im Zusammenhang mit dem Umgang mit strafbaren jugendpornografischen Inhalten.

Denn ungleich wichtiger als in vielen anderen Strafverfahren ist bei Sexualstrafverfahren (gerade bei Vorwürfen mit diesem Inhalt) eine ganzheitliche Betreuung der Mandate, Mandanten und gegebenenfalls ihrer Angehörigen. Finanzielle Folgen des Strafverfahrens, die Notwendigkeit einer möglichen Therapie im Hinblick auf die Vorwürfe sowie berufliche und persönliche Folgen der Vorwürfe sind dabei umfassend in den Blick zu nehmen. Alle Aspekte der Vorwürfe und ihre unmittelbaren sowie mittelbaren Auswirkungen sollten direkt zu Beginn der Zusammenarbeit durch den Anwalt des Vertrauens in den Blick genommen und ganzheitlich beantwortet werden – um das Verfahren im Sinne der Beschuldigten bereits frühzeitig optimal gestalten zu können. Erforderlich sind bei der Mandatsbearbeitung zudem neben einem tiefer gehenden technischen Verständnis von Auswertungsprozessen ebenfalls juristische Kenntnisse um jüngst mehr und mehr auftretende Fragen im Zusammenhang mit virtueller Kinderpornografie, beispielsweise KI-generierte kinderpornografische Inhalte und sogenannte Deepfakes mit kinderpornografischem oder jugendpornografischem Charakter.

Eine gute und hochwertige Verteidigung bei derartigen Vorwürfen ist letztlich gleichermaßen im Interesse von Beschuldigten, wie aber auch von Geschädigten und der Gesellschaft insgesamt – auch wenn dies vielleicht nicht auf den ersten Blick erkennbar ist. Denn führt eine gute Prozessvorbereitung letztlich beispielsweise zu einer Bewährungsstrafe mit einer engmaschigen Therapieauflage, können hierdurch häufig weitere Straftaten dieser Art verhindert werden, wobei das Interesse an der Vermeidung weiterer Straftaten (und hiermit untrennbar verbunden eben auch an weiteren Opfern derartiger Übergriffe) unstreitig im Interesse aller ist.

Das vorliegende Buch setzt sich zum Ziel, über das vorliegende Thema juristisch vielfältig, technisch sowie gleichermaßen praktisch zu informieren, juristische

Problemstellungen aufzuzeigen und Hilfe bei der Bearbeitung und Betreuung von Strafverfahren wegen Kinderpornografie sowie Jugendpornografie zu leisten. Inhaltlich rundet das vorliegende Buch die bereits im Springer-Verlag erschienenen Werke „Strafverteidigung in Sexualstrafverfahren – ein Praxishandbuch“ sowie „Aussage gegen Aussage – ein Praxishandbuch für die Strafverteidigung“ als nunmehr drittes Buch einer sexualstrafrechtlichen Reihe ab.

Mein besonderer Dank gilt auch hier meinem Kanzleiteam für die tatkräftige Unterstützung, lange und gewinnbringende Gespräche bei der Erstellung des vorliegenden Buches sowie insbesondere das Zusammentragen wichtiger und teils außergewöhnlicher Fallkonstellationen, die dem vorliegenden Buch einen besonderen Praxisbezug geben.

Essen, Deutschland
März 2026

Nikolai Odebralski

Interessenkonflikt Der/die Autor*in hat keine relevanten Interessenskonflikte im Zusammenhang mit dieser Publikation.

Inhaltsverzeichnis

Kapitel 1
Einleitung

1.1 Problemstellung und Relevanz

Vorwürfe von strafbewehrter Kinder- und Jugendpornografie sind äußerst schwerwiegend und stigmatisierend und stellen auch die Strafverteidigung vor besondere Herausforderungen. Zum einen drohen im Fall einer Verurteilung hohe Strafen. Zum anderen erfolgen trotz der Unschuldsvermutung bereits im Rahmen der Ermittlungen und des Ermittlungsverfahrens zumeist gesellschaftliche Vorverurteilungen und Rufschädigungen mit erheblichen Auswirkungen im Freundes- und Familienkreis und oftmals auch beruflichen Konsequenzen für den Beschuldigten. Eine Differenzierung hinsichtlich der Delikte und des vorgeworfenen Unrechts findet sowohl öffentlich als auch privat zumeist nicht statt. Deshalb ist gerade in diesen Fällen sowohl eine gute Kenntnis der rechtlichen Grundlagen und einschlägigen Straftatbestände (besonders der §§ 184b, 184c StGB) als auch eine effektive Strafverteidigung von erheblicher Bedeutung, um möglichst bereits im Ermittlungsverfahren eine Anklageerhebung und ein Hauptverfahren, mit weiterer medialer Berichterstattung, zu vermeiden.

Hierzu ist besonders die Prüfung der Tatbestandsmäßigkeit der vorgeworfenen Handlung von entscheidender Relevanz. Insbesondere der Begriff der Pornografie ist im Strafrecht weiterhin nicht hinreichend bestimmt, was die Rechtsanwendung zusätzlich erschwert. Gemäß der Rechtsprechung wird jedenfalls ein ausschließliches oder überwiegendes Abzielen auf die Erregung eines sexuellen Reizes durch das fragliche Werk gefordert, wobei der Bundesgerichtshof (BGH) dieses Erfordernis auch für die Kinderpornografie verlangt.[1] Eine juristische Abgrenzung zu nicht strafbaren Handlungen gestaltet sich in der Praxis im Hinblick auf die geforderten Tatbestandsmerkmale im Bereich der Kinder- und Jugendpornografie dennoch oftmals als problematisch und es treten häufig auch Beweisprobleme auf, da die

[1] 1 BGH, NJW 2014, 1829 (1830).

N. Odebralski, *Strafverteidigung in Verfahren wegen Kinder- und Jugendpornografie*, https://doi.org/10.1007/978-3-662-73769-9_1

Beweislage zumeist auf digitalen Spuren basiert. In der Folge lassen sich strafbare Kinder- und Jugendpornografie oftmals schwer als solche einstufen. Hieraus ergeben sich allerdings auch Chancen und Spielräume für die Strafverteidigung in Verfahren wegen Kinder- und Jugendpornografie.

Besondere aktuelle Relevanz erhält die Thematik überdies durch neue Technologien im Bereich der Medien (Soziale Netzwerke, Messengerdienste, KI), welche auch neue Erscheinungsformen und Verbreitungswege auf dem Gebiet der Kinder- und Jugendpornografie eröffnen. Kommunikation, Zeitvertreib und Informationsbeschaffung erfolgen heute weitestgehend digital und die ständige Verfügbarkeit ermöglicht einerseits immer neue Wege für eine strafbare Kinder- und Jugendpornografie, führt aber andererseits auch schneller zu, oftmals unberechtigten, Anschuldigungen.

Hinzutritt, dass die Thematik durch die Reform im Jahr 2024 durch das Gesetz zur Anpassung der Mindeststrafen des § 184b Abs. 1 S. 1 und Abs. 3 StGB vom 24.06.2024 (BGBl. 2024 I Nr. 213 vom 27.06.2024), mit dem die Mindestfreiheitsstrafen abgesenkt wurden, erneut an Relevanz gewonnen hat und in den Fokus der Öffentlichkeit geraten ist.

Die vorangegangenen Ausführungen zeigen, dass die Thematik der Strafverteidigung in Verfahren wegen Kinder- und Jugendpornografie Anlass zu einer tiefer gehenden Untersuchung gibt.

1.2 Zielsetzung

Aufgabe und Ziel dieser Ausarbeitung ist es daher, sowohl die wesentlichen strafrechtlichen Gesichtspunkte, insbesondere der Kinder- und Jugendpornografie, als auch die wichtigsten Aspekte der Strafverteidigung in diesen Verfahren darzulegen und zu untersuchen.

Hierbei ist vorab zu klären, was überhaupt dem Pornografiebegriff des Strafgesetzbuches unterfällt, um anschließend die materiellen Rechtsgrundlagen und einzelnen Tatbestände, vornehmlich der Kinder- und Jugendpornografie, mit ihren jeweiligen Tatbestandsmerkmalen und Tathandlungen darzulegen und nachfolgend die Fragen der Strafverteidigung in den Verfahren wegen Kinder- und Jugendpornografie zu erörtern.

Die Grundlagen der Untersuchung bilden im Wesentlichen das Strafgesetzbuch (StGB), unter Berücksichtigung der aktuellen gesetzlichen Änderungen, die Strafprozessordnung (StPO) sowie die einschlägige Rechtsprechung, aber auch wissenschaftliche Erkenntnisse aus der Soziologie, Kriminologie und der Kriminalistik anhand dessen die relevanten Aspekte im Rahmen der Thematik zu bewerten und zu gewichten sind.

1.3 Aufbau

Nach einer Einleitung im ersten Kapitel mit Problemstellung und Relevanz, Zielsetzung und Aufbau der Ausarbeitung befasst sich Kap. 2 zunächst mit den wesentlichen rechtlichen Grundlagen und Begriffsbestimmungen der Pornografie. Hierbei ist insbesondere der umstrittene Pornografiebegriff im Strafgesetzbuch (StGB), spezifiziert im Hinblick auf den Kinderpornografiebegriff und den Jugendpornografiebegriff, zu erörtern.

Im anschließenden Kap. 3 wird auf die Pornografiedelikte (§§ 184, 184a, 184b, 184c StGB) und deren jeweilige Tatbestände und Tathandlungen im Einzelnen eingegangen, wobei der Schwerpunkt auf der Kinderpornografie (§ 184b StGB) liegt, um darzulegen, welche Handlungen hier überhaupt strafbar und welche straflos sind, welches für eine erfolgreiche Strafverteidigung von entscheidender Bedeutung ist. Ein wesentlicher Aspekt im Rahmen der Besitzstrafbarkeit ist im Hinblick auf den subjektiven Tatbestand der Besitzwille, dessen Vorliegen beim Auffinden inkriminierter Dateien im Arbeitsspeicher (RAM), in Form von Thumbnails, in (Browser-)Caches oder in Form gelöschter Dateien äußerst fraglich ist und damit einen erfolgversprechenden Ansatzpunkt für die Verteidigung bildet.

Im nachfolgenden Kap. 4 wird zunächst die Verteidigung in Ermittlungsverfahren wegen Kinder- und Jugendpornografie erörtert. Hierbei wird auf die wesentlichen Aspekte im Rahmen eines solchen Ermittlungsverfahrens, wie Durchsuchungen und Beschlagnahmungen, die Rechte des Beschuldigten, das Akteneinsichtsrecht, dem hier besonders bedeutsamen Umgang mit digitalen Beweismitteln und eine gegebenenfalls erforderliche Hinzuziehung von (technischen) Sachverständigen sowie die Frage der Einstellungsmöglichkeiten (§§ 170 Abs. 2, 153, 153a StPO) eingegangen.

Hieran anschließend werden in Kap. 5 die möglichen Verteidigungsstrategien in (Haupt-)Verfahren wegen Kinder- und Jugendpornografie dargelegt, wobei insbesondere die Verteidigungstaktiken und Argumentationslinien aufgrund einer fehlerhaften Anklageschrift, mangelhafter Beweisgrundlage oder Unrechtmäßigkeit der Beweiserhebung sowie fehlender Tatbestandsmäßigkeit zu beleuchten sind, um hierauf aufbauend die Verteidigungsmöglichkeiten im Einzelnen zu untersuchen, wobei danach zu differenzieren ist, ob auf eine Freispruch-, Geständnis- oder Absprachenverteidigung abgezielt wird und welche Strafmilderungsfaktoren eventuell zugunsten des Angeklagten vorgebracht werden können.

In Kap. 6 werden die besonderen Schwierigkeiten und Problemstellungen dargelegt, mit denen die Strafverteidigung in Fällen von Kinder- und Jugendpornografie häufig konfrontiert ist, wie zu beachtende psychologische Aspekte, hier insbesondere auch Sexualstörungen des Angeklagten, die Öffentlichkeitsarbeit und der Umgang mit Medien sowie auch der besonders sensible Bereich des Umgangs mit Vorurteilen und Stigmatisierung.

Im folgenden Kap. 7 werden die gerade im Bereich der Kinder- und Jugendpornografie besonders wichtigen aktuellen Entwicklungen im Bereich der neuen Technologien und dadurch neu geschaffener Verbreitungswege sowie deren

Auswirkungen auf die Thematik erörtert. Die Ausführungen ergänzen und vertiefen die in den Kap. 3 bis 5 dargelegten rechtlichen Grundlagen und Verteidigungsstrategien um die praktisch relevanten technischen und medialen Dimensionen und sind in engem Zusammenhang mit diesen zu lesen.

In Kap. 8 werden besonders relevante Urteile und Präzedenzfälle in Verfahren wegen Kinder- und Jugendpornografie untersucht, um typische Fallkonstellationen analysieren und hieraus Lehren für die Strafverteidigung ableiten zu können. Die Rechtsprechungsanalyse knüpft unmittelbar an die in Kap. 3 dargelegte Dogmatik und die in Kap. 5 erörterten Verteidigungsstrategien an und konkretisiert diese anhand praxisrelevanter Einzelfälle.

In Kap. 9 soll letztlich noch ein Blick auf die Präventionsmöglichkeiten und die Rehabilitation von Angeklagten in Verfahren wegen Kinder- und Jugendpornografie geworfen werden.

Im letzten Kap. 10 erfolgt abschließend in einem Fazit eine Zusammenfassung der aus der Untersuchung gewonnenen Erkenntnisse zu den wesentlichen strafrechtlichen Gesichtspunkten insbesondere der Kinder- und Jugendpornografie als auch zu den wichtigsten Aspekten der Strafverteidigung in diesen Verfahren sowie ein Ausblick auf die zu erwartende künftige Entwicklung in diesen Bereichen.

Kapitel 2
Rechtliche Grundlagen und Begriffsbestimmungen

In diesem Kapitel sind zunächst die rechtlichen Grundlagen der Pornografiedelikte im Strafgesetzbuch (StGB), insbesondere der Kinder- und Jugendpornografie, sowie der bis heute umstrittene Pornografiebegriff im Strafrecht darzulegen.

2.1 Relevante Gesetze

Außerhalb des Jugendschutzgesetzes (vgl. § 18 Abs. 1 JuSchG) ist die einfache Pornografie, die nur in bestimmten Fällen strafbar ist, allein in § 184 StGB geregelt, während die speziellen Formen der (harten) Pornografie (Gewalt-, Tier-, Kinder und Jugendpornografie) in den §§ 184a, 184b, 184c StGB normiert sind.

2.2 Der Pornografiebegriff im Strafrecht

Nachfolgend ist zunächst zu erörtern, welcher Pornografiebegriff im Strafrecht heranzuziehen ist und wie die Begriffe Kinderpornografie und Jugendpornografie zu definieren sind.

N. Odebralski, *Strafverteidigung in Verfahren wegen Kinder- und Jugendpornografie*, https://doi.org/10.1007/978-3-662-73769-9_2

2.2.1 Begriff der Pornografie (§ 184 StGB)

Zu dem Begriff der Pornografie enthält das Strafrecht keine Legaldefinition.[1] Insoweit handelt es sich bei dem Begriff der Pornografie um einen unbestimmten Rechtsbegriff. Es ist daher äußerst umstritten, was unter Pornografie im Sinne des § 184 StGB zu verstehen ist.[2] Die Beantwortung dieser Frage ist insoweit problematisch, da sie abhängig ist von der Einstellung, mit welcher der Sexualität in der Gesellschaft zur jeweiligen Zeit begegnet wird.[3] Zur Definition des Pornografiebegriffs werden unterschiedliche Konzeptionen und Bewertungsansätze herangezogen.

2.2.1.1 Tendenzkonzeption

Bei der Konzeption des heutigen § 184 StGB ging der Gesetzgeber davon aus, dass unter dem Begriff Pornografie Darstellungen zu verstehen sind, die erstens ausdrücken, dass sie ausschließlich oder überwiegend auf die Erregung eines sexuellen Reizes bei dem Betrachter abzielen und dabei zweitens die im Einklang mit den allgemeinen gesellschaftlichen Wertvorstellungen gezogenen Grenzen des sexuellen Anstands eindeutig überschreiten.[4] Aufgrund des Gesichtspunkts der Stimulierungstendenz wird hier von der sogenannten Tendenzkonzeption gesprochen.[5]

Die Tendenzkonzeption ist sowohl von der Rechtsprechung als auch von Teilen des Schrifttums übernommen worden.[6] Allerdings nimmt der Bundesgerichtshof (BGH) hierbei eine Weiterentwicklung weg von der Anstandsverletzung und hin zu einem Aufdringlichkeitskriterium vor.[7] Demnach fallen unter den Begriff der Pornografie Darstellungen, die unter Hintansetzung sonstiger menschlicher Bezüge sexuelle Vorgänge in grob aufdringlicher, anreißerischer Weise in den Vordergrund rücken und ausschließlich oder überwiegend auf die Erregung sexueller Reize abzielen.[8]

---

[1] Vgl. BT-Drs. VI/3521, S. 60.

[2] Heinrich (2015), in: FS Ostendorf, S. 399 (404 ff.); Laubenthal (2012), Handbuch Sexualstrafrecht, Rn. 897 ff.

[3] Eisele, in: TK-StGB (2025), § 184c Rn. 8; Ostendorf, MSchrKrim 2001, S. 372 (384).

[4] BT-Drs. VI/3521, S. 60.

[5] Laubenthal (2012), Handbuch Sexualstrafrecht, Rn. 906 f.

[6] Eisele, in: TK-StGB (2025), § 184c Rn. 8; Heger, in: Lackner/Kühl/Heger (2023), StGB, § 184 Rn. 2; Schmidt, in: Erb/Schäfer (2025), MüKo-StGB, § 184 Rn. 20.

[7] BGH, NStZ 1990, 586 (587).

[8] BGH, NStZ 1990, 586 (587).

2.2.1.2 Objektkonzeption

Die sogenannte Objektkonzeption knüpft daran an, dass der pornografische Charakter vor allem aus der Inhumanität des Dargestellten oder gar aus einer Verletzung der Menschenwürde resultiert, da der Mensch zum auswechselbaren Objekt sexueller Begierde degradiert wird.[9]

Pornografie wird hiernach als eine Darstellung entpersönlichter sexueller Verhaltensweisen interpretiert, welche die geschlechtliche Betätigung von personalen und sozialen Sinnbezügen trennt und kein personales Anerkenntnisverhältnis, sondern eine Subjekt-Objekt-Beziehung ausdrückt.[10]

2.2.1.3 Schutzzweckorientierter Bewertungsansatz

Ein anderer Ansatz vertritt zur Definition des Begriffs der Pornografie eine schutzzweckorientierte Interpretation, welche sich streng an den Fragen orientiert, was das Schutzgut des jeweiligen Tatbestandes (beispielsweise Jugendschutz, Freiheit der sexuellen Selbstbestimmung) ist, wer hierdurch und wogegen er genau geschützt werden soll.[11]

Jedenfalls im Rahmen des § 184 StGB sollen in erster Linie die Adressaten pornografischer Darstellungen geschützt werden, nämlich insbesondere Jugendliche aber auch Erwachsene, die nicht ständig mit pornografischen Erzeugnissen konfrontiert sein wollen.[12] Die Jugendlichen sollen vor Darstellungen geschützt werden, die in höherem Maße geeignet erscheinen, nachteiligen Einfluss auf ihre sexuelle Entwicklung zu nehmen.[13] Die konfrontationsunwilligen Erwachsenen sollen wenigstens vor Darstellungen geschützt werden, die eindeutig über das hinausgehen, was im Einklang mit den allgemeinen gesellschaftlichen Wertvorstellungen steht und insoweit von jedermann hingenommen werden muss.[14]

2.2.1.4 Pornografiebegriff der gerichtlichen Praxis

Die Rechtsprechung orientiert sich an der vom BGH weiterentwickelten Tendenzkonzeption und verordnet das Wesen der Pornografie letztlich in einer Verabsolutierung sexuellen Lustgewinns und der Entmenschlichung der Sexualität.[15] Entsprechend liegt gemäß der Rechtsprechung des Bundesgerichtshofs und der Oberlandesgerichte Pornografie dann vor, wenn eine Darstellung unter Ausklammerung aller

---

[9] Hierzu Heinrich, ZJS 2016, 132 (133); Laubenthal (2012), Handbuch Sexualstrafrecht, Rn. 908 f.

[10] Fischer (2025), StGB, § 184 Rn. 7b; ähnlich auch Ostendorf, MSchrKrim 2001, 372 (385).

[11] Heinrich, ZJS 2016, 132 (133 f.).

[12] Heinrich, ZJS 2016, 132 (134).

[13] Eschelbach, in: Matt/Renzikowski (2020), StGB, § 184 Rn. 13.

[14] Hierzu Laubenthal (2012), Handbuch Sexualstrafrecht, Rn. 912 f.

[15] Eisele, in: TK-StGB (2025), § 184c Rn. 8.

sonstigen menschlichen Bezüge sexuelle Vorgänge in grob aufdringlicher Weise in den Vordergrund rückt und ihre Gesamttendenz ausschließlich oder überwiegend auf die Erregung eines sexuellen Reizes abzielt.[16]

Allerdings ist auch unter Zugrundelegung eines derartigen Pornografiebegriffs bei der konkreten Beurteilung einer Darstellung eine Gesamtwürdigung vorzunehmen, ob diese als pornografisch einzuordnen ist.[17] Es genügt daher nicht, nur einzelne besonders drastische Merkmale, Bilder oder Szenen herauszusuchen und isoliert zu bewerten.[18] Im Rahmen der Gesamtwürdigung ist auch zu berücksichtigen, dass es bei der Beurteilung einer Darstellung als pornografisch nicht auf die subjektive Intention des Herstellers oder Verwenders ankommt, sondern auf den objektiven Aussagegehalt.[19] Des Weiteren muss die Darstellung selbst pornografisch sein, sodass es rein für die Einordnung als Pornografie (außerhalb der Frage der nach Verwirklichung der jeweiligen Tathandlung) weder auf die Art und Weise der Verwendung, noch deren Zweck oder den Adressatenkreis ankommt.[20]

2.2.2 *Begriff der Kinderpornografie (§ 184b StGB)*

Grundsätzlich muss die Kinderpornografie gemäß § 184b Abs. 1 S. 1 Nr. 1 lit. a StGB eine Darstellung von Kindern enthalten. Umstritten ist jedoch, ob es gegenüber dem Begriff der einfachen Pornografie in § 184 StGB im Rahmen des § 184b StGB einer Sonderdefinition der pornografischen Inhalte bedarf.

Nach einer Auffassung soll sich der Pornografiebegriff in § 184 StGB nicht von dem Pornografiebegriff in § 184b StGB unterscheiden.[21] Nach einer weiteren Ansicht muss dem pornografischen Inhalt eine Stimulierungsfunktion zukommen.[22] Wieder andere lassen im Rahmen des § 184b StGB genügen, dass der pornografische Inhalt überhaupt eine Verbindung von sexueller Handlung und kindlichem Alter enthält, sodass dem Begriff der Pornografie hier keine eigenständige Bedeutung zukomme.[23]

[16] BGH, NStZ 1990, 586 (587); KG Berlin, NStZ 2009, 446 (447); OLG Düsseldorf, NJW 1974, 1474 (1475); OLG Karlsruhe, NJW 1974, 2015 (2016).

[17] Eisele, in: TK-StGB (2025), § 184c Rn. 10; Laubenthal (2012), Handbuch Sexualstrafrecht, Rn. 929.

[18] Heinrich, ZJS 2016, 132 (135).

[19] Eisele, in: TK-StGB (2025), § 184c Rn. 8; Fischer (2025), StGB, § 184 Rn. 11a; Schmidt, in: Erb/Schäfer (2025), MüKo-StGB, § 184 Rn. 20.

[20] Eisele, in: TK-StGB (2025), § 184c Rn. 10; Laubenthal (2012), Handbuch Sexualstrafrecht, Rn. 922; Ostendorf, MSchrKrim 2001, 372 (381).

[21] Hörnle, in: Erb/Schäfer (2021), MüKo-StGB, § 184b Rn. 14; Schumann, ZIS 2015, 234 (242).

[22] Greco, in: SK-StGB (2023), § 184b Rn. 16.

[23] BT-Drs. 16/9646, S. 18; Fischer (2025), StGB, § 184b Rn. 4.

Der BGH fordert, anders als bei der einfachen Pornografie, bei der Kinderpornografie jedenfalls keinen vergröbernd-reißerischen Charakter.[24] Allerdings weist er dem Begriff „pornographisch" die Funktion zu, damit Fallgestaltungen ausscheiden zu lassen, die nicht überwiegend auf die Erregung sexueller Reize abzielen.[25] Insoweit ist der Begriff hier als Korrektiv zu verstehen, mit dem pornografische Inhalte aus dem Tatbestand ausgeschlossen werden sollen, denen objektiv keine Stimulierungstendenz zukommt.

2.2.3 Begriff der Jugendpornografie (§ 184c StGB)

Unter den Begriff der Jugendpornografie fallen nach der Legaldefinition des § 184c Abs. 1 Nr. 1 StGB pornografische Inhalte (§ 11 Abs. 3 StGB), die sexuelle Handlungen von, an oder vor einer vierzehn, aber noch nicht achtzehn Jahre alten Person (§ 184c Abs. 1 Nr. 1 lit a StGB), die Wiedergabe einer ganz oder teilweise unbekleideten vierzehn, aber noch nicht achtzehn Jahre alten Person in unnatürlich geschlechtsbetonter Körperhaltung (184c Abs. 1 Nr. 1 lit b StGB) oder die sexuell aufreizende Wiedergabe der unbekleideten Genitalien oder des unbekleideten Gesäßes (184c Abs. 1 Nr. 1 lit c StGB) einer solchen Person zum Gegenstand haben. Dieses entspricht den Regelungen in § 184b Abs. 1 S. 1 Nr. 1 lit. a-c StGB, allerdings mit geringerem Strafrahmen.

Ebenso wie bei der Kinderpornografie nach § 184b StGB genügt bei der Jugendpornografie nach § 184c StGB nicht, dass sich der Inhalt lediglich auf sexuelle Handlungen bezieht, sondern er muss ebenfalls pornografischen Charakter haben.[26]

Literatur

Erb, Volker/Schäfer, Jürgen (2025), Münchener Kommentar zum Strafgesetzbuch: StGB, Band 3: §§ 80–184l, 5. Auflage, Verlag C.H. Beck, München.

Erb, Volker/Schäfer, Jürgen (2021), Münchener Kommentar zum Strafgesetzbuch: StGB, Band 3: §§ 80–184k, 4. Auflage, Verlag C.H. Beck, München.

Fischer, Thomas (2025), Strafgesetzbuch: StGB – mit Nebengesetzen, Kommentar, 72. Auflage, Verlag C.H. Beck, München.

Heinrich, Manfred (2016), Die Verbreitung von Pornografie gem. § 184 StGB – Teil 1, ZJS 2/2016: 132–149.

Heinrich, Manfred (2015), Zum Verhältnis von Jugendschutz und Konfrontationsschutz im Rahmen des § 184 StGB, S. 751–760, in: Festschrift für Heribert Ostendorf zum 70. Geburtstag, Strafrecht, Jugendstrafrecht, Kriminalprävention in Wissenschaft und Praxis, von Thomas

[24] BGH, NJW 2014, 1829 (1830).

[25] BGH, NJW 2014, 1829 (1831).

[26] BT-Drs. 16/9646, S. 38; Eisele, in: TK-StGB (2025), § 184c Rn. 6, 7; Hörnle, NJW 2008, 3521 (3524).

Rotsch, Janique Brüning und Jan Schady (Hrsg.): 399–416, Nomos Verlagsgesellschaft, Baden-Baden.

Hörnle, Tatjana (2008), Die Umsetzung des Rahmenbeschlusses zur Bekämpfung der sexuellen Ausbeutung von Kindern und der Kinderpornographie, NJW 2008: 3521–3525.

Lackner, Karl/Kühl, Kristian/Heger, Martin (2023), Strafgesetzbuch: StGB, Kommentar, 30. Auflage, Verlag C.H. Beck, München.

Laubenthal, Klaus (2012), Handbuch der Sexualstraftaten, Die Delikte gegen die sexuelle Selbstbestimmung, Springer-Verlag, Berlin Heidelberg New York.

Matt, Holger/Renzikowski, Joachim (2020), Strafgesetzbuch: StGB, Kommentar, 2. Auflage, Verlag Franz Vahlen, München.

Ostendorf, Heribert (2001), Zur Forderung nach einem neuen Pornographiebegriff oder zum verantwortlichen Umgang mit Pornographie im Fernsehen, MSchrKrim 84/5 2001: 372–385

Schumann, Heribert (2015), Verbreitungsverbot für Nabokovs „Lolita"?, Anmerkungen zu BGH, Urt. v. 11.2.2014 – 1 StR 485/13 und § 185b StGB n.F., ZIS 4/2015: 234–243.

Tübinger Kommentar (2025), Strafgesetzbuch: StGB, Kommentar, 31. Auflage, Verlag C.H. Beck, München.

Wolter, Jürgen/Hoyer, Andreas (2023), Systematischer Kommentar zum Strafgesetzbuch, Band IV: §§ 174–241a StGB, 10. Auflage, Carl Heymanns Verlag, Köln.

Kapitel 3
Tatbestände und Strafbarkeit

In diesem Kapitel sind die Pornografietatbestände der § 184, 184b, 184c und 184a StGB im Einzelnen darzustellen und zu erörtern.

3.1 Verbreitung pornografischer Inhalte (§ 184 StGB)

Die allgemeine Verbreitung pornografischer Inhalte ist in § 184 StGB normiert und unter den dort geregelten Voraussetzungen unter Strafe gestellt.

3.1.1 Normzweck und kriminalpolitische Bedeutung

Bei § 184 StGB ist umstritten, welchen Normzweck die Verbotsbestimmungen im Einzelnen verfolgen, denn es liegt hier keine einheitliche Schutzrichtung zugrunde.[1]

Als wesentlicher Zweck des § 184 StGB wird von der herrschenden Meinung jedenfalls für § 184 Abs. 1 Nr. 2, Nr. 3, Nr. 3a, Nr. 5 und Nr. 8 StGB primär der Jugendschutz betrachtet.[2] Auch das Bundesverfassungsgericht (BVerfG) hat mehrfach darauf hingewiesen, dass der Jugendschutz ein bedeutendes Gemeinschaftsanliegen ist, das den Staat autorisiert, Einflüsse von Kindern und Jugendlichen fernzuhalten, die sich auf deren Einstellung zur Sexualität und somit auf die Entwicklung ihrer Persönlichkeit nachteilig auswirken können.[3] In Bezug auf Sexualität

[1] Schmidt, in: Erb/Schäfer (2025), MüKo-StGB, § 184 Rn. 1.

[2] Eisele, in: TK-StGB (2025), § 184 Rn. 5; Eschelbach, in: Matt/Renzikowski, (2020) StGB, § 184 Rn. 2; Fischer (2025), StGB, § 184 Rn. 2; vgl auch BT-Drs. VI/1552, S. 33; BT-Drs. VI/3521/ S. 59.

[3] BVerfG, NVwZ 2009, 905 (907); BVerfG, NJW 1991, 1471 (1472); BVerfG, NJW 1978, 933.

N. Odebralski, *Strafverteidigung in Verfahren wegen Kinder- und Jugendpornografie*, https://doi.org/10.1007/978-3-662-73769-9_3

konkretisiert sich das Persönlichkeitsrecht der Minderjährigen (Art. 2 Abs. 1 GG) zum Recht auf Wachsen in die sexuelle Selbstbestimmung.[4]

Eine weitere Zielsetzung des § 184 StGB ist der Schutz vor ungewollter Konfrontation mit Pornografie (Konfrontationsschutz), insbesondere bei § 184 Abs. 1 Nr. 6 StGB, aber auch bei § 184 Abs. 1 Nr. 2, Nr. 3, Nr. 3a und Nr. 5 StGB.[5] Bei einer ungewollten Konfrontation mit pornografischen Inhalten kann sowohl allgemein die Privatsphäre als auch konkret das Recht auf sexuelle Selbstbestimmung verletzt sein.[6]

Im Hinblick auf die kriminalpolitische Bedeutung sind Delikte, welche die einfache Pornografie betreffen, kaum von Relevanz. Eine Verurteilung von deutschen Gerichten erfolgte im Jahr 2020 bei 257 Personen, im Jahr 2021 bei 424 Personen und im Jahr 2022 bei 528 Personen.[7]

3.1.2 Tatbestände (§ 184 Abs. 1 Nr. 1, 2 StGB)

Im Sinne der hier behandelten Schwerpunktthematik der Kinder- und Jugendpornografie erfolgt im Rahmen der nachfolgenden Erörterung des § 184 StGB eine Beschränkung auf die Tatbestände des § 184 Abs. 1 Nr. 1 und Nr. 2 StGB.

3.1.2.1 § 184 Abs. 1 Nr. 1 StGB

§ 184 Abs. 1 Nr. 1 StGB normiert den Fall, dass jemand einer Person unter achtzehn Jahren einen pornografischen Inhalt (§ 11 Abs. 1 StGB) anbietet, überlässt oder zugänglich macht. Im Wesentlichen bezieht sich der Tatbestand hier darauf, dass durch die jeweilige Tathandlung einem bestimmten Minderjährigen die konkrete Möglichkeit der Kenntnisnahme pornografischer Inhalte unmittelbar eröffnet oder zumindest in Aussicht gestellt wird.[8]

Inhalte sind gemäß § 11 Abs. 3 StGB solche, die in Schriften auf Ton- oder Bildträgern, in Datenspeichern, Abbildungen oder anderen Verkörperungen enthalten sind oder auch unabhängig von einer Speicherung mittels Informations- und Kommunikationstechnik übertragen werden.

---

[4] Schmidt, in: Erb/Schäfer (2025), MüKo-StGB, § 184 Rn. 2.

[5] BVerwG, NJW 2002, 2966 (2969); Schmidt, in: Erb/Schäfer (2025), MüKo-StGB, § 184 Rn. 11.

[6] BT-Drs. VI/1552, S. 34; Eisele, in: TK-StGB (2025), § 184 Rn. 5; Schmidt, in: Erb/Schäfer (2025), MüKo-StGB, § 184 Rn. 11.

[7] Schmidt, in: Erb/Schäfer (2025), MüKo-StGB, § 184 Rn. 13 mit Verweis auf Statistisches Bundesamt, Strafverfolgung, Fachserie 10 Reihe 3, Tab. 2.

[8] Laubenthal (2012), Handbuch Sexualstrafrecht, Rn. 934.

3.1.2.1.1 Anbieten

Die Tathandlung Anbieten erfordert ein individuelles Anbieten.[9] Demnach ist ein konkretes Angebot an einen oder mehrere Adressaten im Sinne einer ausdrücklichen oder konkludenten Erklärung der Bereitschaft zum Überlassen erforderlich, ohne, dass dies ein Vertragsantrag sein müsste und ohne, dass das Angebot angenommen werden muss.[10]

Aufgrund des Charakters als abstraktes Gefährdungsdelikt ist nicht erforderlich, dass der Minderjährige erkannt hat oder zumindest erkennen konnte, dass der Inhalt ein pornografischer ist.[11]

3.1.2.1.2 Überlassen

Das Anbieten erfasst bereits das Bereiterklären zur Überlassung, wobei es beim Überlassen selbst um den Übertragungsakt als solchen geht.[12] Überlassen ist damit die Verschaffung des Gewahrsams oder der Zugriff auf den Inhalt zur eigenen Verfügung oder zu eigenem Gebrauch, auch wenn dieser nur vorübergehend ist.[13] Ein Überlassen scheidet aber dann aus, wenn die Übergabe an den Minderjährigen nur als Bote für einen Erwachsenen erfolgt.[14]

3.1.2.1.3 Zugänglichmachen

Das Zugänglichmachen erfordert die Ermöglichung der sinnlichen Wahrnehmung des Inhalts, ohne dass eine körperliche Weitergabe erforderlich ist.[15] Der Inhalt ist zugänglich gemacht, wenn einem bestimmten Minderjährigen (entgeltlich oder unentgeltlich) die konkrete Möglichkeit gegeben wird, sich durch Wahrnehmung davon Kenntnis zu verschaffen.[16] Auf eine tatsächliche Kenntnisnahme des Inhalts kommt es daher nicht an, da die reine Möglichkeit zur Kenntnisnahme ausreicht.

An einem Zugänglichmachen fehlt es, wenn ernsthafte Hindernisse die Kenntnisnahme gerade verhindern sollen und der Jugendliche somit nur in rechtswidriger Weise Kenntnis von den pornografischen Darstellungen erlangt.[17]

---

[9] Schmidt, in: Erb/Schäfer (2025), MüKo-StGB, § 184 Rn. 33.

[10] BGH, NJW 1987, 449 (450); Eisele, in: TK-StGB (2025), § 184 Rn. 14; Schmidt, in: Erb/Schäfer (2025), MüKo-StGB, § 184 Rn. 33.

[11] Schmidt, in: Erb/Schäfer (2025), MüKo-StGB, § 184 Rn. 33.

[12] Heinrich, ZJS 2016, 132 (143).

[13] Eisele, in: TK-StGB (2025), § 184 Rn. 15.

[14] Eisele, in: TK-StGB (2025), § 184 Rn. 15.

[15] Schmidt, in: Erb/Schäfer (2025), MüKo-StGB, § 184 Rn. 34.

[16] Eisele, in: TK-StGB (2025), § 184 Rn. 16.

[17] Eisele, in: TK-StGB (2025), § 184 Rn. 16; Laubenthal (2012), Handbuch Sexualstrafrecht, Rn. 944.

Beim Zugänglichmachen von Inhalten durch Informations- und Kommunikationstechnik kommt es nicht darauf an, ob die minderjährige Person auf abgespeicherte Inhalte Zugriff hat oder dieser nur die Möglichkeit hat, Inhalte am Bildschirm zu betrachten.[18] Erfasst werden insoweit abgespeicherte Inhalte, sexuelle Handlungen vor einer die Vorgänge live übertragenden Kamera, Live-Chats im Internet, in denen in Worten ein pornografischer Austausch stattfindet, als auch pornografische Kommunikation mittels Telefon oder Messenger-Diensten.[19]

3.1.2.2 § 184 Abs. 1 Nr. 2 StGB

Gemäß § 184 Abs. 1 Nr. 2 StGB ist mit Strafe auch derjenige bedroht, der einen pornografischen Inhalt an einem Ort, der Personen unter achtzehn Jahren zugänglich ist oder von ihnen eingesehen werden kann, zugänglich macht. Ausreichend ist hier, dass der pornografische Inhalt in den potenziellen Wahrnehmungsbereich des Minderjährigen gelangt, der Minderjährige an dem Ort also zumindest anwesend sein könnte.[20]

Bei § 184 Abs. 1 Nr. 2 StGB ist demnach bereits die abstrakte Möglichkeit einer Kenntnisnahme ausreichend.[21] Der Tatbestand des § 184 Abs. 1 Nr. 2 StGB ist aber nur verwirklicht, wenn der Täter es bewusst dem Zufall überlässt, ob der pornografische Inhalt tatsächlich einem Minderjährigen zugänglich wird.[22]

3.1.2.2.1 Zugänglichkeit

Zugänglich ist Minderjährigen jeder Ort, der von ihnen ohne Überwindung rechtlicher oder tatsächlicher Hindernisse, wenn auch gegen Bezahlung eines Eintrittsgeldes, betreten werden kann.[23] Dies sind öffentlich zugängliche Orte (Straßen, Plätze, Geschäfte) aber auch Orte, welche nur einem begrenzten Personenkreis, jedoch auch Minderjährigen, offenstehen (Schulen, Arbeitsräume für Auszubildende), sowie insbesondere auch Orte, an den Jugendlichen eine Internetverbindung zu Verfügung steht (Bibliotheken, Internet-Cafés).[24]

---

[18] Schmidt, in: Erb/Schäfer (2025), MüKo-StGB, § 184 Rn. 34.

[19] Vgl. BT-Drs. 15/350, S. 18; BT-Drs 19/19859, S. 61; BGH, MMR 2001, 676 (677 f.); Eisele, in: TK-StGB (2025), § 184 Rn. 17; Schmidt, in: Erb/Schäfer (2025), MüKo-StGB, § 184 Rn. 34.

[20] BT-Drs. 19/19859, S. 62; Eisele, in: TK-StGB (2025), § 184 Rn. 23; Heinrich, ZJS 2016, 132 (148).

[21] Schmidt, in: Erb/Schäfer (2025), MüKo-StGB, § 184 Rn. 41; Laubenthal (2012), Handbuch Sexualstrafrecht, Rn. 957.

[22] Laubenthal (2012), Handbuch Sexualstrafrecht, Rn. 957.

[23] Eisele, in: TK-StGB (2025), § 184 Rn. 24; Schmidt, in: Erb/Schäfer (2025), MüKo-StGB, § 184 Rn. 8.

[24] Eisele, in: TK-StGB (2025), § 184 Rn. 24; Schmidt, in: Erb/Schäfer (2025), MüKo-StGB, § 184 Rn. 38.

Zugangsverbote sind hier nur ausreichend, wenn diese eine effektive Schranke bilden, ihre Beachtung demnach kontrolliert und gegebenenfalls auch durchgesetzt wird.[25] Zugänglich ist daher auch ein Ort, wenn für diesen zwar Zugangsverbote bestehen, diese aber tatsächlich nicht durchgesetzt oder gemeinhin nicht respektiert werden.[26]

3.1.2.2.2 Einsehbarkeit

Die Einsehbarkeit eines Ortes liegt dann vor, wenn Minderjährige Zugang zu einem Ort haben, von dem eine entsprechende Einsichtnahme möglich ist.[27] Eine Einsehbarkeit ist dann nicht gegeben, wenn erst besondere Anstrengungen notwendig sind, um die pornografischen Darstellungen wahrnehmen zu können oder wenn nur eine akustische Wahrnehmungsmöglichkeit besteht.[28]

3.1.3 Subjektiver Tatbestand

Bezüglich des subjektiven Tatbestands des § 184 StGB sind der vorausgesetzte Vorsatz und die Irrtumskonstellationen von Bedeutung.

3.1.3.1 Vorsatz

Alle Tathandlungen in § 184 StGB setzen Vorsatz voraus, wobei bedingter Vorsatz genügt, soweit nicht in einzelnen Tatbeständen Absicht vorausgesetzt wird (§ 184 Abs. 1 Nr. 8, Nr. 9 StGB).[29] Der Vorsatz muss sich auf den pornografischen Charakter des Inhalts beziehen, was eine entsprechende Bedeutungskenntnis (Parallelwertung in der Laiensphäre) voraussetzt.[30]

---

[25] Schmidt, in: Erb/Schäfer (2025), MüKo-StGB, § 184 Rn. 39.

[26] OLG Hamburg, NJW 1992, 1184 (1185).

[27] Schmidt, in: Erb/Schäfer (2025), MüKo-StGB, § 184 Rn. 40.

[28] Eisele, in: TK-StGB (2025), § 184 Rn. 25.

[29] Eisele, in: TK-StGB (2025), § 184 Rn. 68; Schmidt, in: Erb/Schäfer (2025), MüKo-StGB, § 184 Rn. 85.

[30] Eisele, in: TK-StGB (2025), § 184 Rn. 68; Schmidt, in: Erb/Schäfer (2025), MüKo-StGB, § 184 Rn. 85.

3.1.3.2 Irrtumskonstellationen

Wenn der Täter unzutreffende Vorstellungen davon hat, wie Pornografie zu definieren ist, handelt es sich um einen bloßen Subsumtionsirrtum.[31] Ein vorsatzausschließender Tatsachenirrtum kann gegeben sein, bei einem Irrtum über Computerfunktionen.[32] Ein Verbotsirrtum liegt vor, wenn bei einem korrekten Erfassen der technischen Fakten zu niedrige Anforderungen an die Effizienz von Altersverifikationen gestellt werden.[33] Ein unvermeidbarer Verbotsirrtum kann auch vorliegen, wenn in der Rechtsprechung neue technische Möglichkeiten der Verbreitung oder der Altersverifikation unterschiedlich beurteilt werden oder ein Altersverifikationssystem von der Kommission für Jugendmedienschutz als zulässig eingestuft wurde.[34]

3.1.4 Rechtfertigung wegen Kunstfreiheit

Als Rechtfertigungsgrund kommt hier gegebenenfalls die in Art. 5 Abs. 3 S. 1 GG garantierte Kunstfreiheit in Betracht.

Sowohl Rechtsprechung als auch Lehre gehen inzwischen davon aus, dass pornografische Inhalte auch Kunst sein können und insoweit in den Schutzbereich des Art. 5 Abs. 3 GG fallen.[35] Als Kunst wird die freie schöpferische Gestaltung angesehen, in der Eindrücke, Erfahrungen und Erlebnisse des Künstlers durch das Medium einer bestimmten Formensprache zur unmittelbaren Anschauung gebracht werden.[36] Diese kann auch die Sexualität als wichtigen Aspekt menschlichen Lebens betreffen.[37] Da es mittlerweile eine Vielzahl alternativer Pornografien gibt und künstlerische Projekte zunehmend Sexualität thematisieren, kann davon ausgegangen werden, dass sich Pornografie und Kunst häufiger überschneiden.[38]

Um im Einzelfall eine Abwägung vornehmen zu können, ob es sich um Kunst handelt, bedarf es einer Bewertung des künstlerischen Anspruchs und der Art der Darstellung von Sexualität in den Inhalten.[39] Hierbei ist wesentlich, ob der Aspekt der schöpferischen Gestaltung in der Massenproduktion stark vereinheitlichter Inhalte und der eindimensionalen Ausrichtung auf die sexuelle Stimulation stark

---

[31] Schmidt, in: Erb/Schäfer (2025), MüKo-StGB, § 184 Rn. 86.

[32] OLG Oldenburg, NStZ 2010, 93.

[33] KG Berlin, NStZ-RR 2004, 249 (251).

[34] Vgl. LG Stuttgart, NStZ-RR 2003, 76 (77).

[35] BGH, NStZ 1990, 586 (587); BVerwG, NJW 1993, 1491; Eisele, in: TK-StGB (2025), § 184 Rn. 11; Fischer (2025), StGB, § 184 Rn. 8.

[36] BVerfG, NJW 2008, 39 (40); BVerfG, NJW 1987, 2661; BVerfG, NJW 1985, 261 (262); BVerfG, NJW 1971, 1645.

[37] Schmidt, in: Erb/Schäfer (2025), MüKo-StGB, § 184 Rn. 30.

[38] Schmidt, in: Erb/Schäfer (2025), MüKo-StGB, § 184 Rn. 29 f.

[39] Schmidt, in: Erb/Schäfer (2025), MüKo-StGB, § 184 Rn. 31.

zurückgenommen ist.[40] Soweit komplexere Sinndeutungen möglich sind, liegt es nahe, dass ein größeres Gewicht auf der Kunstfreiheit liegt.[41]

Zwar enthält Art. 5 Abs. 3 S. 1 GG keine ausdrücklichen Schranken, gleichwohl können entgegenstehende verfassungsmäßige Rechte die Kunstfreiheit einschränken. Hierbei wird der Jugendschutz vom Bundesverfassungsgericht (BVerfG) als hochrangiges Gut von Verfassungsrang eingestuft.[42] Hieraus ist jedoch nicht abzuleiten, dass dem Jugendschutz ein genereller Vorrang vor der Kunstfreiheit einzuräumen ist.[43] Daher ist in jedem konkreten Einzelfall eine Abwägung zwischen den Schutzzielen des § 184 StGB und der durch Art. 5 Abs. 3 S. 1 GG geschützten Kunstfreiheit vorzunehmen.[44]

3.1.5 Tatbestandsausschluss (§ 184 Abs. 2 StGB)

Gemäß § 184 Abs. 2 S. 1 Hs. 1 StGB ist § 184 Abs. 1 Nr. 1 und Nr. 2 StGB nicht anzuwenden, wenn der Personensorgeberechtigte handelt (Erzieherprivileg). Der Tatbestandsausschluss entfällt gemäß § 184 Abs. 2 S. 1 Hs. 2 StGB jedoch dann, wenn der Sorgeberechtigte durch sein Handeln in Form des Anbietens, Überlassens und Zugänglichmachens seine Erziehungspflicht gröblich verletzt.

Eine gröbliche Verletzung der elterlichen Erziehungspflicht ist jedenfalls regelmäßig in den Fällen anzunehmen, in denen der Sorgeberechtigte aus erzieherischer Gleichgültigkeit in Anwesenheit der Kinder oder Jugendlichen regelmäßig pornografische Filme abspielt oder pornografische Schriften in der Wohnung, nicht nur gelegentlich oder versehentlich, frei zugänglich aufbewahrt oder herumliegen lässt oder wenn er gegen den regelmäßigen Konsum pornografischer Inhalte durch die Jugendlichen nicht einschreitet.[45]

Das Erzieherprivileg hat das Ziel, mit dem Strafrecht nicht in die Familie hineinzuwirken und dient ebenfalls dem Schutz elterlicher Entscheidungsfreiheit in der Erziehung (Art. 6 Abs. 2 GG) auch im Hinblick auf die immer wichtiger werdende Vermittlung von Medienkompetenz, sodass dem Sorgeberechtigten ein erzieherischer Freiraum eingeräumt werden soll, um die nach seiner Auffassung bestehenden Erziehungsnotwendigkeiten zu verwirklichen.[46] Das Erzieherprivileg greift daher in den Fällen, in denen staatliche Interventionen mit der verfassungs-

---

[40] Schmidt, in: Erb/Schäfer (2025), MüKo-StGB, § 184 Rn. 31.

[41] Schmidt, in: Erb/Schäfer (2025), MüKo-StGB, § 184 Rn. 31.

[42] BVerfG, NJW 1991, 1471 (1471 f.); BVerfG, NStZ 1988, 412 (413); BVerfG, NJW 1971, 1555 (1557); BGH, NStZ 1990, 586 (587).

[43] BVerfG, NJW 1991, 1471 (1473); BGH, NStZ 1990, 586 (588); Eisele, in: TK-StGB (2025), § 184 Rn. 11; Fischer (2025), StGB, § 184 Rn. 8; Laubenthal (2012), Handbuch Sexualstrafrecht, Rn. 928.

[44] Schmidt, in: Erb/Schäfer (2025), MüKo-StGB, § 184 Rn. 32.

[45] Schmidt, in: Erb/Schäfer (2025), MüKo-StGB, § 184 Rn. 82.

[46] Vgl. BT-Drs. 15/350, S. 20; BT-Drs. 15/1311, S. 22 f.

rechtlich geschützten familiären Privatsphäre kollidieren und daher eine Abwägung erforderlich ist.[47]

3.2 Verbreitung, Erwerb und Besitz kinderpornografischer Inhalte (§ 184b StGB)

Als spezielle Form der (harten) Pornografie normiert § 184b StGB die Strafbarkeit der Verbreitung, des Erwerbs und des Besitzes kinderpornografischer Inhalte.

3.2.1 Reform durch Gesetz vom 24.06.2024

Der § 184b StGB ist durch das Gesetz zur Anpassung der Mindeststrafen des § 184b Abs. 1 S. 1 und Abs. 3 StGB vom 24.06.2024 reformiert worden, mit dem die Mindestfreiheitsstrafen abgesenkt wurden.[48]

Durch das Gesetz zur Bekämpfung sexualisierter Gewalt gegen Kinder vom 16.06.2021[49] wurde der Strafrahmen des § 184b StGB verschärft und § 184b Abs. 1 S. 1 StGB und auch die Besitzstrafbarkeit in § 184b Abs. 3 StGB als Verbrechen mit einer Mindestfreiheitsstrafe von einem Jahr ausgestaltet worden, um hierdurch eine negativ generalpräventive Wirkung zu entfalten und Verfahrenseinstellungen gemäß §§ 153, 153a StPO zu vermeiden.[50]

Diese Strafrahmenverschärfung stieß sowohl in der Literatur als auch in der Rechtsprechung auf Kritik und es wurden danach Forderungen nach einer Entschärfung der Verbrechensvorschrift des § 184b StGB und damit im Ergebnis einer Täterbegünstigung erhoben.[51] Aufgrund des Verbrechenscharakters des § 184b Abs. 1 S. 1 und Abs. 3 StGB ergaben sich in der Praxis oftmals Schwierigkeiten in den Fällen, in denen aufgrund des geringen Unrechtsgehalts der Tat eine Mindestfreiheitsstrafe von einem Jahr zu einer schuldunangemessen Strafe führte, beispielsweise wenn Eltern lediglich ein auf dem Mobiltelefon ihres Kindes entdecktes kinderpornografisches Bild sichern oder der Besitz unfreiwillig erlangt und nur kurzfristig aufrechterhalten wurde.[52]

Einzelne Gerichte hielten die Norm daher für verfassungswidrig und legten sie dem Bundesverfassungsgericht (BVerfG) vor.[53] Die überhöhte Strafandrohung

---

[47] Schmidt, in: Erb/Schäfer (2025), MüKo-StGB, § 184 Rn. 82.

[48] BGBl. 2024 I Nr. 213 vom 27.06.2024.

[49] BGBl. 2021 I Nr. 33, S. 1810.

[50] BT-Drs. 19/23707, S. 41; Schmidt, KriPoZ 2024, 181 (182).

[51] Vgl. Eisele, DRiZ 2021, 184 (187); Mitsch, KriPoZ 2023, 249.

[52] Eisele, in: TK-StGB (2025), § 184b Rn 1a; Schmidt, in: Erb/Schäfer (2025), MüKo-StGB, § 184b Rn. 15.

[53] AG Buchen, StV 2023, 403; vgl. auch BayObLG, NJW-Spezial 2024, 249 (249 f.); vgl. hierzu Schmidt, KriPoZ 2024, 181 (182).

wurde nachfolgend durch den Gesetzgeber durch das Gesetz zur Anpassung der Mindeststrafen des § 184b Abs. 1 S. 1 und Abs. 3 StGB korrigiert. Seither ist für § 184b Abs. 1 StGB eine Mindestfreiheitsstrafe von sechs Monaten und für § 184b Abs. 3 StGB von drei Monaten vorgesehen.

3.2.2 *Normzweck und kriminalpolitische Bedeutung*

Die Strafnormen des § 184b StGB sollen zum einen die minderjährigen Konsumierenden der pornografischen Inhalte und die sexuelle Integrität der wiedergegebenen Kinder schützen und zum anderen soll potenziellen Tätern kein Anreiz zu Missbrauchstaten gegeben werden.[54] Darüber hinaus soll der Markt für pornografische Inhalte eingedämmt werden, um so mittelbar den sexuellen Missbrauch von Kindern zu verhindern.[55] Zum Teil wird auch der Schutz der Persönlichkeitsrechte (Recht auf informationelle Selbstbestimmung in Verbindung mit dem Recht auf Wachsen in sexuelle Selbstbestimmung) des wiedergegebenen Kindes als Normzweck benannt.[56]

Dem Schutz vor Wahrnehmung von kinderpornografischen Inhalten zugunsten von Minderjährigen und Erwachsenen dienen die Herstellungs-, Verbreitungs- und sonstigen Verbote des § 184b StGB, unabhängig davon, ob sie real oder fiktiv sind. Hierdurch soll eine Förderung zukünftigen sexuellen Missbrauchs aufgrund eines Absenkens der Hemmschwelle oder Nachahmung verhindert werden, wobei es bei Minderjährigen auch um die Verhinderung einer möglicherweise desorientierenden Wirkung geht.[57] Bezüglich der Nachahmungsgefahren ist streitig, ob solche überhaupt nachweisbar sind.[58] Allerdings kann davon ausgegangen werden, dass die Gefahren für Kinder durch die Nutzung von kinderpornografischen Inhalten erhöht werden, weil sie zumindest einen Teil der Nutzenden anregen und anleiten kann, selbst Kinder zu missbrauchen.[59]

Im Hinblick auf die kriminalpolitische Bedeutung des § 184b StGB ist festzustellen, dass diese Norm im Strafrecht der Pornografie am häufigsten angewendet wird. Verurteilt wurden demnach im Jahr 2020 2602 Personen, im Jahr 2021 3333

[54] BGH, NJW 2014, 1829 (1830); Eisele, in: TK-StGB (2025), § 184b Rn 2; Eschelbach, in: Matt/Renzikowski (2020), StGB, § 184b Rn. 2; Fischer (2025), StGB, § 184b Rn. 2.

[55] BT-Drs. 12/3001, S. 5; BGH, NJW 2021, 3476 (3477); Eisele, in: TK-StGB (2025), § 184b Rn 2; Eschelbach, in: Matt/Renzikowski (2020), StGB, § 184b Rn. 2.

[56] Eisele, in: TK-StGB (2025), § 184b Rn 2; Eschelbach, in: Matt/Renzikowski (2020), StGB, § 184b Rn. 5; Schmidt, in: Erb/Schäfer (2025), MüKo-StGB, § 184b Rn. 3.

[57] Schmidt, in: Erb/Schäfer (2025), MüKo-StGB, § 184b Rn. 4.

[58] Vgl. Eisele, in: TK-StGB (2025), § 184b Rn 2; Schumann, ZIS 2015, 234 (238).

[59] BT-Drs. 12/3001, S. 6; VGH Mannheim, NJW 2008, 3082 (3084); Fischer (2025), StGB, § 184b Rn. 2.

Personen und 2022 4422 Personen.[60] Um kinderpornografische Inhalte in Computernetzwerken zu reduzieren, bedarf es insbesondere polizeirechtlicher Maßnahmen, welche auf die Löschung derartiger Inhalte zielen.[61] Die Effizienz derartiger Maßnahmen ist auf nationaler Ebene allerdings begrenzt, da etwa 82 % dieser Inhalte, die bei deutschen Polizeidienststellen gemeldet werden, im Ausland gehostet werden.[62]

3.2.3 Wesentliche Begriffsbestimmungen und Tatbestandsmerkmale

Nachfolgend sind die wesentlichen Begriffsbestimmungen und Tatbestandsmerkmale des § 184b StGB darzulegen.

3.2.3.1 Inhalt (§ 11 Abs. 3 StGB)

Inhalte sind nach der Legaldefinition gemäß § 11 Abs. StGB solche, die in Schriften oder auf Ton- oder Bildträgern, in Datenspeichern, Abbildungen oder anderen Verkörperungen enthalten sind oder unabhängig von einer Speicherung mittels Informations- oder Kommunikationstechnik übertragen werden. Gemeint sind hier nach der in § 184b Abs. 1 S. 1 Nr. 1 StGB erweiterten Legaldefinition pornografische Inhalte gemäß § 184b Abs. 1 S. 1 Nr. 1 lit. a-c StGB.[63]

3.2.3.2 Kind

Der Anwendungsbereich des § 184b StGB erfasst das Kind. Wer als Kind anzusehen ist, wird durch die Legaldefinition in § 184b Abs. 1 S. 1 Nr. 1 lit. a StGB bestimmt. Demnach gilt als Kind eine Person unter vierzehn Jahren, demnach eine Person, die objektiv noch nicht das vierzehnte Lebensjahr vollendet hat.

Allerdings kann es sich auch um kinderpornografische Darstellungen handeln, wenn die abgebildete Person vierzehn Jahre oder älter ist. Denn eine kinderpornografische Darstellung liegt auch vor, wenn aus der Sicht eines objektiven Betrachters der Eindruck erweckt wird, dass es sich um eine noch nicht vierzehnjährige Person handelt (Scheinkind).[64]

---

[60] Schmidt, in: Erb/Schäfer (2025), MüKo-StGB, § 184b Rn. 7 mit Verweis auf Statistisches Bundesamt, Strafverfolgung, Fachserie 10 Reihe 3, Tab. 2.

[61] Vgl. BT-Drs. 19/12725.

[62] BT-Drs. 19/12725, S. 7.

[63] Eisele, in: TK-StGB (2025), § 184b Rn 4.

[64] Eisele, in: TK-StGB (2025), § 184b Rn 18.

3.2.3.3 Tatsächliche, wirklichkeitsnahe und fiktive Inhalte

§ 184b Abs. 1 S. 1 Nr. 1 bis Nr. 4 StGB setzen regelmäßig, § 184b Abs. 1 S. 1 Nr. 2 und Nr. 3 StGB ausdrücklich, die Wiedergabe eines tatsächlichen oder wirklichkeitsnahen Geschehens (Realpornografie) voraus. Ein tatsächliches Geschehen liegt vor, wenn die abgebildete sexuelle Handlung tatsächlich stattgefunden hat, wogegen wirklichkeitsnahe Geschehen auf eine tatsächliche sexuelle Handlung zurückzuführen sein können, dessen Aufzeichnung etwa durch digitale Bildbearbeitung oder Fotomontage verändert wurde.[65]

§ 184b Abs. 1 S. 2 StGB verweist darauf, dass auf Freiheitsstrafe von drei Monaten bis zu fünf Jahren zu erkennen ist, wenn der kinderpornografische Inhalt in den Fällen von § 184b Abs. 1 S. 1 Nr. 1 und Nr. 4 StGB kein tatsächliches oder wirklichkeitsnahes Geschehen wiedergibt. Daraus ist abzuleiten, dass unter Pornografie nicht nur reale Geschehen, sondern auch fiktive Darstellungen (Fiktivpornografie) fallen. Insoweit ist zwischen wirklichkeitsnaher und wirklichkeitsferner beziehungsweise rein fiktiver Kinderpornografie zu differenzieren, wobei hier keine klare Grenze gezogen werden kann. Die wirklichkeitsnahe Kinderpornografie wurde insbesondere zur Vermeidung von Beweisschwierigkeiten in den § 184b StGB aufgenommen.[66]

Die wirklichkeitsnahe Kinderpornografie ist von der wirklichkeitsfernen Kinderpornografie anhand der Erkennbarkeit der Fiktion abzugrenzen. Demnach liegt eine wirklichkeitsnahe Kinderpornografie vor, wenn ein durchschnittlicher Beobachter nach dem äußeren Erscheinungsbild des Inhalts nicht sicher ausschließen kann, dass es sich um einen tatsächlichen Vorgang handelt.[67] Ein derartiger Eindruck einer tatsächlichen sexuellen Handlung kann für einen durchschnittlichen Beobachter beispielsweise bei computergenerierten Darstellungen entstehen. Die Darstellung eines wirklichkeitsnahen Geschehens kann auch auf tatsächlichen Handlungen eines Kindes oder einem Kindesmissbrauch beruhen, wenn eine Aufzeichnung nachträglich etwa digital bearbeitet wird.[68]

Dagegen erfasst die wirklichkeitsferne beziehungsweise rein fiktive Kinderpornografie Inhalte, die erkennbar keine tatsächliche sexuelle Handlung eines Kindes enthält, sondern eine solche hierfür allenfalls als Grundlage dient. Auch eine mündliche oder schriftliche Wiedergabe von vergangenen Geschehnissen ist demnach kein tatsächlicher oder wirklichkeitsnaher Inhalt.[69]

---

[65] Eisele, in: TK-StGB (2025), § 184b Rn 28.

[66] Vgl. BT-Drs. 13/7934, S. 31.

[67] Eisele, in: TK-StGB (2025), § 184b Rn 28; Laubenthal (2012), Handbuch Sexualstrafrecht, Rn. 399; Schmidt, in: Erb/Schäfer (2025), MüKo-StGB, § 184b Rn. 35.

[68] Eisele, in: TK-StGB (2025), § 184b Rn 28.

[69] BGH, NStZ 2013, 642 (643); Schmidt, in: Erb/Schäfer (2025), MüKo-StGB, § 184b Rn. 34.

3.2.4 Tatbestände (§ 184b Abs. 1 S. 1 Nr. 1 lit. a-c StGB)

Der pornografische Inhalt muss einer der in § 184b Abs. 1 S. 1 Nr. 1 lit. a-c StGB genannten Handlungen beziehungsweise Darstellungen zum Gegenstand haben, um als kinderpornografisch zu gelten.

3.2.4.1 Sexuelle Handlungen (§ 184b Abs. 1 S. 1 Nr. 1 lit. a StGB)

Gemäß § 184b Abs. 1 S. 1 Nr. 1 lit. a StGB fallen hierunter sexuelle Handlungen von, an oder vor einer Person unter vierzehn Jahren, mithin einem Kind.

Sexuelle Handlungen von einem Kind sind solche, bei denen das Kind sexuelle Handlungen an sich selbst vornimmt oder sexuell aufreizend posiert.[70] Erfasst werden hier auch (heimliche) Aufnahmen, welche ein Kind bei sexueller Selbstbeschäftigung aus eigenem Entschluss zeigen.[71]

Eine sexuelle Handlung an einem Kind setzt voraus, dass eine andere Person sexuellen Körperkontakt mit einem Kind hat.[72] Erfasst wird hierbei auch die sexuelle Einwirkung auf den Körper des Kindes mittels eines Gegenstandes oder auch eines Tieres und auch sexuelle Handlungen an toten Kindern.[73]

Eine sexuelle Handlung vor einem Kind liegt dann vor, wenn andere Personen sexuelle Handlungen vornehmen, die von einem Kind wahrgenommen werden, wobei sowohl die Handlung als auch das wahrnehmende Kind gezeigt werden müssen.[74]

3.2.4.2 Posen (§ 184b Abs. 1 S. 1 Nr. 1 lit. b StGB)

§ 184b Abs. 1 S. 1 Nr. 1 lit. b StGB stellt die Wiedergabe eines ganz oder teilweise unbekleideten Kindes in aufreizend geschlechtsbetonter Körperhaltung unter Strafe.

Erfasst werden hierdurch insbesondere Fälle, in denen keine sexuelle Handlung abgebildet wird, sondern es reicht eine bestimmte Körperhaltung aus.[75] Dies umfasst auch Fälle, in denen Kinder dazu veranlasst werden, in Reiz- oder Unterwäsche sexualbezogene, stimulierende Posen einzunehmen, die der Haltung erwachsener Modelle nachempfunden und für Kinder untypisch sind (sogenannte Model-Serien).[76]

§ 184b Abs. 1 S. 1 Nr. 1 lit. b StGB stellt ab auf die Wiedergabe eines ganz oder teilweise unbekleideten Kindes. Da einzelne Körperteile eines Kindes, wie die

[70] Eisele, in: TK-StGB (2025), § 184b Rn 9.

[71] Schmidt, in: Erb/Schäfer (2025), MüKo-StGB, § 184b Rn. 25.

[72] Schmidt, in: Erb/Schäfer (2025), MüKo-StGB, § 184b Rn. 25.

[73] Schmidt, in: Erb/Schäfer (2025), MüKo-StGB, § 184b Rn. 25.

[74] Schmidt, in: Erb/Schäfer (2025), MüKo-StGB, § 184b Rn. 25.

[75] Krause, MMR 2016, 665 (667).

[76] Eisele/Franosch, ZIS 2016, 519 (521).

Hände oder das Gesicht, regelmäßig unbekleidet sind, ist das Merkmal der Unbekleidetheit restriktiv auszulegen, um als sachgerechtes tatbestandliches Korrektiv zu dienen.[77] Jedenfalls ist es im Hinblick auf § 184b Abs. 1 S. 1 Nr. 1 lit. c StGB dann verwirklicht, wenn primäre oder sekundäre Geschlechtsmerkmale (Genitalien, Brust, Gesäß) unverhüllt sind.[78] Wogegen Bilder von Kindern in Badebekleidung nicht unter § 184b Abs. 1 S. 1 Nr. 1 lit. b StGB fallen.[79]

Eine aufreizend geschlechtsbetonte Körperhaltung liegt dann vor, wenn sie für einen objektiven Betrachter als solche erkennbar ist.[80] Sie liegt beispielsweise vor, wenn obszöne Stellungen (Spreizen der Beine) eingenommen werden[81] oder die Brust entblößt wird.[82] Nacktaufnahmen von Kindern am Strand oder in der Badewanne unterfallen daher nicht als solches dem § 184b Abs. 1 S. 1 Nr. 1 lit. b StGB, sondern nur unter zusätzlichen Voraussetzungen.[83]

3.2.4.3 Sexuell aufreizende Widergabe (§ 184b Abs. 1 S. 1 Nr. 1 lit. c StGB)

Mit § 184 Abs. 1 S. 1 Nr. 1 lit. c StGB wird die sexuell aufreizende Wiedergabe der unbekleideten Genitalien oder des unbekleideten Gesäßes eines Kindes unter Strafe gestellt.

Hierdurch sollen insbesondere Nahaufnahmen der unbekleideten Genitalien oder des unbekleideten Gesäßes eines Kindes der Strafbarkeit unterworfen werden, wobei der Tatbestand nicht schon gemäß seinem Wortlaut darauf beschränkt ist.[84] Maßgeblich ist hierbei nicht die Aufnahme, sondern die Wiedergabe, die sexuell aufreizend erfolgen und damit primär sexuellen Zwecken dienen muss.[85]

Kritisiert wird dabei oftmals das Merkmal der sexuell aufreizenden Wiedergabe, dessen Beurteilung laut Gesetzesbegründung aus der Sicht eines durchschnittlichen Betrachters vorgenommen werden soll.[86] Problematisch ist hierbei, dass ein durchschnittlicher Betrachter derartige Aufnahmen eventuell nicht als aufreizend, im Gegenteil sogar als abstoßend, empfindet, während eine pädophile Person bereits normale Nacktaufnahmen eines Kindes als stimulierend erachten kann, sodass hier auch der Kontext, der sich aus den Umständen der Verbreitung ergibt, mit einbezogen werden soll.[87] Denn umfasst werden sollen durch § 184b Abs. 1 S. 1 Nr. 1

[77] Eisele, in: TK-StGB (2025), § 184b Rn 12.

[78] Fischer (2025), StGB, § 184b Rn. 8; Krause, MMR 2016, 665 (667).

[79] Eisele, in: TK-StGB (2025), § 184b Rn 12.

[80] Vgl. BT-Drs. 19/19859, S. 21.

[81] BT-Drs. 16/3439, S. 9.

[82] Krause, MMR 2016, 665 (668).

[83] OLG Koblenz, BeckRS 2021, 10879 Rn. 10, 14.

[84] BT-Drs. 18/3202, S. 25; Eisele/Franosch, ZIS 2016, 519 (523).

[85] Eisele, in: TK-StGB (2025), § 184b Rn 15 f.

[86] BT-Drs. 18/3202, S. 27.

[87] Eisele/Franosch, ZIS 2016, 519 (523); Fischer (2025), StGB, § 184b Rn. 9b; a. A. BGH, NStZ 2021, 41 (42).

lit. c StGB auch Inhalte ohne unmittelbare sexuelle Handlungen, sodass hier ohne Kontextbezug eine Unterscheidung von Abbildungen, die anderen, beispielsweise wissenschaftlichen, Zwecken dienen, nicht möglich wäre.[88]

Im Hinblick auf die aufreizende Wiedergabe ist somit eine zweistufige Prüfung erforderlich.[89] Die Abbildung muss zunächst aus objektiver Sicht für einen durchschnittlichen Betrachter die Körperteile sexuell aufreizend ins Blickfeld rücken,[90] wobei von der Wirkung auf einen pädophilen Betrachter auszugehen ist.[91] Des Weiteren muss die Abbildung in der konkreten Verwendung durch den Täter primär sexuellen Zwecken, somit der geschlechtlichen Erregung dienen.[92]

3.2.5 Tathandlungen

Als Tathandlungen kommen bei § 184b StGB die Verbreitung, die Zugänglichmachung für die Öffentlichkeit, die Drittbesitzverschaffung, das Herstellen, das Abrufen, das Sich-Verschaffen sowie der Besitz in Betracht.

3.2.5.1 Verbreitung (§ 184b Abs. 1 S. 1 Nr. 1 Alt. 1 StGB)

§ 184b Abs. 1 S. 1 Nr. 1 Alt. 1 StGB stellt als Tathandlung das Verbreiten eines kinderpornografischen Inhalts unter Strafe.

Verbreiten bedeutet, den Inhalt an einen größeren Personenkreis gelangen zu lassen.[93] Nicht ausreichend ist hierfür, dass andere Personen lediglich die Möglichkeit gehabt hätten, auf den kinderpornografischen Inhalt zuzugreifen, hier kann allerdings § 184 Abs. 1 S. 1 Nr. 1 Alt. 2 StGB (Überlassen) einschlägig sein.[94]

Bei Kinderpornografie in digitalisierter Form sind Inhalte verbreitet, wenn sie auf dem Bildschirm sichtbar werden, auch wenn diese von der Empfängerseite nicht gespeichert werden.[95] Fraglich ist, ob ein Verbreiten auch dann vorliegt, wenn Empfänger durch einen übermittelten Link den Inhalt auf einer Cloud abrufen könnten. Dies wird jedenfalls dann bejaht, wenn der Link personalisiert, beispielsweise in einer E-Mail, versendet wird.[96] Nach herrschender Meinung reicht ein

[88] Eisele/Franosch, ZIS 2016, 519 (523); Fischer (2025), StGB, § 184b Rn. 9b.

[89] Hierzu Eisele/Franosch, ZIS 2016, 519 (523 f.).

[90] BT-Drs. 18/3202, S. 27; BGH, NStZ 2021, 41; Krause, MMR 2016, 665 (669).

[91] Eisele/Franosch, ZIS 2016, 519 (523).

[92] Eisele, in: TK-StGB (2025), § 184b Rn 17.

[93] Schmidt, in: Erb/Schäfer (2025), MüKo-StGB, § 184b Rn. 29.

[94] BGH, NStZ-RR 2014, 47.

[95] BT-Drs. 19/19859, S. 26.

[96] Schmidt, in: Erb/Schäfer (2025), MüKo-StGB, § 184b Rn. 30.

Auf-den-Weg-bringen des Inhalts aus, sodass es auf ein Ankommen des Inhalts beim Empfänger nicht ankommt.[97]

Darüber hinaus erfordert das Verbreiten eine gewisse Streuung, sodass der Empfängerkreis nicht nur aus wenigen individuell bestimmten Personen bestehen darf.[98] Erforderlich ist auch, dass der Empfängerkreis nicht mehr kontrollierbar ist.[99]

Ein Verbreiten kann somit auch bei einem Weiterleiten in einer geschlossenen Chatgruppe vorliegen, wobei hier nach der Zahl der Nutzenden und ihrem Bezug zur Gruppe zu differenzieren ist.[100] Ein Verbreiten ist hier dann anzunehmen, wenn keine spezifische Verbindung zwischen den Chatgruppenteilnehmern besteht[101] oder wenn eine solche Verbindung zwar gegeben ist, die Anzahl der Teilnehmer aber sehr hoch ist.[102] Ein Verbreiten wird aber auch bei einer geschlossenen Chatgruppe dann bejaht, wenn der Täter zumindest damit rechnet, dass die gesendeten Inhalte weitergegeben werden.[103] Soweit der Täter in Verbreitungsabsicht handelt, soll zur Tatvollendung nach herrschender Meinung genügen, wenn nur eine andere Person den Inhalt erlangt hat.[104] Zu den neuen Verbreitungswegen über Peer-to-Peer-Netzwerke, das Darknet und Instant Messaging siehe Kap. 7, Punkt 7.2 „Neue Verbreitungswege“.

3.2.5.2 Zugänglichmachung für die Öffentlichkeit (§ 184b Abs. 1 S. 1 Nr. 1 Alt. 2 StGB)

Gemäß § 184b Abs. 1 S. 1 Nr. 1 Alt. 2 StGB ist es unter Strafe gestellt, Kinderpornografie der Öffentlichkeit zugänglich zu machen, demnach die sinnliche Wahrnehmung zu ermöglichen.[105] Ein Zugänglichmachen liegt auch vor, wenn Inhalte im Internet oder unter Nutzung sonstiger Informations- und Kommunikationstechnik zum Betrachten oder sonstigen Wahrnehmung oder zum Herunterladen bereitgestellt werden.[106] Es reicht hier ebenso die Möglichkeit der Kenntnisnahme, auch wenn eine solche nicht erfolgt.[107]

Ein öffentliches Zugänglichmachen liegt ebenso vor bei dem Posten von Links unter denen kinderpornografische Inhalte durch einen anonymen, nicht

[97] BGH, NStZ 2017, 405 (406); Eisele, in: TK-StGB (2025), § 184b Rn 21; Fischer (2025), StGB, § 184b Rn. 16; a. A. Heinrich, ZJS 2016, 569 (577); Reinbacher/Welzel, GA 2022, 256 (263 f.).

[98] Vgl. BGH, NStZ-RR 2023, 47.

[99] BGH, NJW 1999, 1979 (1980); BGH, NJW 1959, 2125; Heinrich, ZJS 2016, 569 (575).

[100] Vgl. hierzu Lund, NStZ 2023, 641 (643 f.).

[101] BGH, NStZ 2015, 81 (83).

[102] Heinrich, ZJS 2016, 569 (575).

[103] Reinbacher/Welzel, GA 2022, 256 (267).

[104] BGH, MMR 2001, 676 (679); Eisele, in: TK-StGB (2025), § 184b Rn 23; a. A. Schmidt, in: Erb/Schäfer (2025), MüKo-StGB, § 184b Rn. 31, der mindestens drei Empfänger verlangt.

[105] Reinbacher/Welzel, GA 2022, 256 (268).

[106] Schmidt, in: Erb/Schäfer (2025), MüKo-StGB, § 184b Rn. 32.

[107] BGH, NStZ-RR 2014, 47.

überschaubaren Nutzerkreis abgerufen werden können.[108] Zugang für die Öffentlichkeit ist immer dann gegeben, wenn jeder beliebige Nutzer einer Informations- oder Kommunikationstechnik auf den Inhalt Zugriff nehmen könnte, wie bei frei abrufbaren Internetseiten oder Sharehosting-Servern oder über Peer-to-Peer-Netzwerke.[109] Öffentlichkeit liegt auch bei geschlossenen Nutzergruppen vor, wenn ein nicht überschaubarer Personenkreis beitreten kann, selbst wenn hierfür spezielle Bedingungen erfüllt sein müssen.[110] Es ist ausreichend, dass ein Hyperlink der zum kinderpornografischen Inhalt führt, der Öffentlichkeit zugänglich ist.[111] Der Nachweis eines Zugriffs durch Internetnutzer ist nicht erforderlich.[112]

Das Merkmal der Öffentlichkeit ist dann zu verneinen, wenn der Zugang zu einer geschlossenen Benutzergruppe gesichert und nur wenigen Personen zugänglich ist.[113] Ein öffentliches Zugänglichmachen liegt auch dann nicht vor, wenn jemand lediglich sein WLAN nicht ausreichend absichert.[114] Zur Problematik der Zugänglichmachung über Webseiten, Chats und OnlyFans siehe Kap. 7, Punkt 7.2.1 „Webseiten", Punkt 7.2.5 „Chats/Instant Messaging" und Punkt 7.2.7 „OnlyFans".

3.2.5.3 Drittbesitzverschaffung (§ 184b Abs. 1 S. 1 Nr. 2 StGB)

§ 184b Abs. 1 S. 1 Nr. 2 StGB stellt die Handlungsvariante unter Strafe bei der jemand einer anderen Person einen kinderpornografischen Inhalt, der ein tatsächliches oder wirklichkeitsnahes Geschehen wiedergibt, zugänglich macht oder den Besitz daran verschafft. Eine andere Person kann auch ein Beteiligter am wiedergegebenen Missbrauch eines Kindes sein, der Gegenstand des Inhalts ist.[115]

Ein Inhalt ist einer anderen Person dann zugänglich gemacht, wenn sie ihn wahrnehmen kann.[116] Für das Zugänglichmachen ist ausreichend, wenn kinderpornografische Inhalte auf dem eigenen Rechner zum Tausch bereitgehalten werden oder ein Link mitgeteilt wird und einem anderen dadurch die Möglichkeit verschafft wird, durch eigene Handlung die Inhalte herunterzuladen.[117]

Als Besitzverschaffung ist jede Vermittlungshandlung, durch die der Inhalt weitergeleitete wird und die zur vollen Verfügungsgewalt aufseiten des Empfängers führt.[118] Dies ist auch bei der Nutzung von Informations- und

---

[108] BGH, BeckRS 2024, 6715 Rn. 7.

[109] BGH, NStZ-RR 2014, 47; BGH, MMR 2001, 676 (678); Eisele, in: TK-StGB (2025), § 184b Rn 24.

[110] Reinbacher/Welzel, GA 2022, 256 (269).

[111] BT-Drs. 19/19859, S. 26.

[112] BGH, MMR 2001, 676 (678); Eisele, in: TK-StGB (2025), § 184b Rn 24.

[113] Reinbacher/Welzel, GA 2022, 256 (271).

[114] BGH, MMR 2010, 565 (566).

[115] BGH, BeckRS 2023, 9221 Rn. 5; BGH, NJW 2021, 3476 (3477).

[116] BT-Drs. 18/2601, S. 24.

[117] BGH, NJW 2021, 3476 (3476 f.).

[118] Schmidt, in: Erb/Schäfer (2025), MüKo-StGB, § 184b Rn. 37.

Telekommunikationstechniken möglich, sodass hierbei einer anderen Person dann der Besitz verschafft wird, wenn eine Nachricht mit kinderpornografischem Inhalt auf einem dieser Person zugeordneten Datenspeicher abgespeichert ist.[119] Dies ist beispielsweise der Fall bei E-Mail-Konten, bei denen der Inhaber Verfügungsgewalt über die eingehenden Nachrichten samt Anhängen hat.[120]

3.2.5.4 Herstellen (§ 184b Abs. 1 S. 1 Nr. 3 StGB)

Gemäß § 184b Abs. 1 S. 1 Nr. 3 StGB ist das Herstellen eines kinderpornografischen Inhalts, der ein tatsächliches Geschehen wiedergibt, unter Strafe gestellt.

Voraussetzung für die Tatbestandsverwirklichung ist demnach, dass ein tatsächliches, nicht lediglich ein wirklichkeitsnahes, Geschehen wiedergeben wird. Anders als bei § 184b Abs. 1 S. 1 Nr. 4 StGB kommt es bei derartigen Inhalten nicht auf eine Verbreitungsabsicht an, sodass sich wegen Herstellens eines kinderpornografischen Inhalts auch strafbar macht, wer dies ausschließlich für den Eigengebrauch tut, da dies von § 184b Abs. 1 S. 1 Nr. 4 StGB nicht erfasst wird.[121] Dies ist insoweit angemessen, da hier zumeist bei der Herstellung von Inhalten, die ein tatsächliches Geschehen wiedergeben, ein sexueller Missbrauch von Kindern zugrunde liegt, welcher ohnehin strafbewehrt ist.[122]

Der Begriff des Herstellens erfasst nur das Endprodukt, nicht aber nur vorbereitende Materialien und setzt zudem eine Verkörperung voraus.[123] Daher werden Echtzeitübertragungen von Inhalten ohne Speicherung beim Absender oder Empfänger mangels Verkörperung nicht von § 184b Abs. 1 S. 1 Nr. 3 StGB erfasst.[124] Hierdurch kann aber ein Zugänglichmachen im Sinne von § 184b Abs. 1 S. 1 Nr. 2 StGB verwirklicht sein. Wird die Echtzeitübertragung allerdings beim Empfänger, beispielsweise durch Screenrecords, (erstmals) gespeichert, ist ein Herstellen, nicht ein bloßes Sich-Verschaffen gemäß § 184b Abs. 3 Alt. 2 StGB, gegeben, sodass es unerheblich ist, ob der Absender oder der Empfänger speichert.[125]

Ein Herstellen im Sinne des § 184b Abs. 1 S. 1 Nr. 3 StGB ist auch nicht bei Reproduktion einer bereits vorhandenen Bildaufnahme zu bejahen. Der Gesetzgeber hat hierzu festgestellt, dass Täter, die lediglich vorgefundene kinderpornografische Bilder oder Filme reproduzieren, nicht unter § 184b Abs. 1 S. 1 Nr. 3 StGB fallen sollen.[126] Der höhere Strafrahmen soll hier nur angewendet werden, wenn neue

[119] BGH, BeckRS 2013, 10642; BGH, NStZ 2005, 444 (445); Fischer (2025), StGB, § 184b Rn. 23.

[120] BGH, NStZ 2013, 642 (643).

[121] BGH, NStZ-RR 2009, 378; Eisele, in: TK-StGB (2025), § 184b Rn 31.

[122] Eisele, in: TK-StGB (2025), § 184b Rn 31.

[123] Eisele, in: TK-StGB (2025), § 184b Rn 31a.

[124] BT-Drs. 19/19859, S. 66.

[125] BGH, NStZ-RR 2019, 341 (342).

[126] BT-Drs. 18/2601, S. 30.

kinderpornografische Inhalte produziert werden, da dies ein höheres Unrecht und gefährlichere Täter bedeutet, als das Kopieren von schon vorhandenen Bildern.[127]

3.2.5.5 Abrufen (§ 184b Abs. 3 Alt. 1 StGB)

Nach § 184b Abs. 3 Alt. 1 StGB wird das Abrufen eines kinderpornografischen Inhalts, welcher ein tatsächliches oder wirklichkeitsnahes Geschehen wiedergibt, unter Strafe gestellt.

Ein Abrufen von Inhalten liegt dann vor, wenn der Nutzer die Übertragung der Daten veranlasst und sich hierdurch die Möglichkeit der Kenntnisnahme verschafft.[128] Darauf, ob eine Übertragung der Daten nach der vorgenommenen Handlung des Nutzers dann tatsächlich erfolgt oder beispielsweise aufgrund technischer Probleme ausbleibt, kommt es nicht an, da es sich bei § 184b Abs. 3 StGB um ein Unternehmensdelikt handelt.[129] Auch eine tatsächliche Kenntnisnahme ist nicht erforderlich.[130]

Der technische Vorgang der Übertragung muss gezielt durch eine eigene Handlung des Täters initiiert werden, sodass es nicht ausreicht, wenn automatisch (beispielsweise durch sogenannte Pop-Up-Fenster) kinderpornografische Inhalte auf dem Bildschirm erscheinen.[131] Ein Abrufen liegt auch dann nicht vor, wenn der Nutzer lediglich darum gebeten oder zugestimmt hat, dass ihm kinderpornografische Abbildungen zugesendet werden, wenn er bei der technischen Übermittlung selbst passiv bleibt.[132]

Soweit nur ein kinderpornografisches Bild oder wenige kinderpornografische Bilder auf einem Computer gefunden werden, kann hieraus nicht zwingend darauf geschlossen werden, dass der Nutzer diese auch abgerufen hat.[133] Denn für eine entsprechende Beweiswürdigung kommt es auf die Anzahl der Bilder und die Dauer der Verbindungszeit an.[134] Nicht tatbestandsmäßig ist auch das bloße Betrachten von kinderpornografischen Inhalten ohne eigenen Abruf.[135]

---

[127] Schmidt, in: Erb/Schäfer (2025), MüKo-StGB, § 184b Rn. 39.

[128] BT-Drs. 18/2601, S. 34.

[129] Schmidt, in: Erb/Schäfer (2025), MüKo-StGB, § 184b Rn. 44.

[130] BT-Drs. 18/2601, S. 34.

[131] Schmidt, in: Erb/Schäfer (2025), MüKo-StGB, § 184b Rn. 46.

[132] Schmidt, in: Erb/Schäfer (2025), MüKo-StGB, § 184b Rn. 46.

[133] Hörnle, NStZ 2010, 704 (705).

[134] LG Aachen, MMR 2008, 764.

[135] Schmidt, in: Erb/Schäfer (2025), MüKo-StGB, § 184b Rn. 47.

3.2.5.6 Sich-Verschaffen (§ 184b Abs. 3 Alt. 2 StGB)

Gemäß § 184b Abs. 3 Alt. 2 StGB macht sich ebenfalls strafbar, wer sich den Besitz an einem kinderpornografischen Inhalt, welcher ein tatsächliches oder wirklichkeitsnahes Geschehen wiedergibt, verschafft.

Der Besitz erfordert ein tatsächliches Herrschaftsverhältnis.[136] Eigener Besitz kann dabei nicht nur an Trägermedien begründet werden, sondern auch bei der Nutzung von Informations- und Kommunikationstechnik, wenn die Daten mit dem kinderpornografischen Inhalt auf einem Datenspeicher gesichert werden, an dem der Täter Besitz ausübt, denn nach dem Speichern hat der Nutzer Verfügungsgewalt über den Inhalt.[137]

Sofern Vorschaubilder, sogenannte Thumbnails, aufgefunden werden, ist dies ein Indiz dafür, dass die zugehörigen größeren Bilddateien zuvor heruntergeladen und gespeichert worden waren.[138]

Das Sich-Verschaffen erfordert eine finale Zwecksetzung, sodass das Verhalten des Täters darauf ausgerichtet sein muss, den Besitz zu erlangen.[139] Eine finale Vorgehensweise ist zu verneinen, wenn Bilder heruntergeladen und gespeichert werden (beispielsweise durch Verlinkung mit anderen Webseiten), ohne dass der Nutzer hiervon Kenntnis nimmt[140] oder auch bei wahrgenommenen Zufallsfunden (beispielsweise nach unbedachtem Anklicken von Links).[141]

Ob eine Besitzverschaffung vorliegt, wenn der Handelnde sich beim gezielten Surfen im Internet (welches nach heutiger Rechtslage unter Abrufen im Sinne des § 184b Abs. 3 Alt. 1 StGB fällt) auf die Betrachtung kinderpornografischer Inhalte beschränkt, ohne diese abzuspeichern, war umstritten. Nach herrschender Meinung ist eine Bestrafung wegen Besitzes gemäß § 184b Abs. 3 Alt. 3 StGB möglich, wenn aufgerufene Abbildungen automatisch (beispielsweise im Browser-Cache) gespeichert werden, sofern Vorsatz, insbesondere ein Besitzwille, vorliegt.[142]

Die Rechtsprechung und Teile der Literatur nahmen Besitz, unabhängig von einer Speicherung, auch schon dann an, wenn eine kinderpornografische Abbildung auf dem Bildschirm des Nutzers sichtbar wird, jedenfalls, wenn Inhalte in den Arbeitsspeicher gelangt sind.[143] Allerdings dürfte es hier zur Bejahung des Besitzes bereits an dem erforderlichen tatsächlichen Herrschaftsverhältnis fehlen.[144]

---

[136] BT-Drs. 12/3001, S. 5; Laubenthal (2012), Handbuch Sexualstrafrecht, Rn. 1097.

[137] BGH, NStZ 2007, 95; OLG Düsseldorf, NStZ 2015, 654 (655); Eisele, in: TK-StGB (2025), § 184b Rn. 39; Schmidt, in: Erb/Schäfer (2025), MüKo-StGB, § 184b Rn. 49.

[138] OLG Düsseldorf, NStZ 2015, 654 (655); kritisch Gercke, ZUM 2015, 772 (781 f.).

[139] Schmidt, in: Erb/Schäfer (2025), MüKo-StGB, § 184b Rn. 50.

[140] AG Bocholt, BeckRS 2017, 143766.

[141] Heinrich, NStZ 2005, 361 (365 f.).

[142] BGH, NStZ 2009, 208; OLG Hamburg, NJW 2010, 1893 (1894); Eisele, in: TK-StGB (2025), § 184b Rn. 40; Gercke, ZUM 2010, 633 (642); a. A. AG Bocholt, MMR 2017, 568 (569).

[143] BGH, NStZ 2013, 642 (643); BGH, MMR 2001, 676 (677); Eisele, in: TK-StGB (2025), § 184b Rn. 39; Fischer (2025), StGB, § 184b Rn. 34.

[144] Heinrich, NStZ 2005, 361 (364); Schmidt, in: Erb/Schäfer (2025), MüKo-StGB, § 184b Rn. 51.

3.2.5.7 Besitz (§ 184b Abs. 3 Alt. 3 StGB)

§ 184b Abs. 3 Alt. 3 StGB stellt ebenso den Besitz kinderpornografischer Inhalte unter Strafe.

Die Strafbarkeit des Besitzes erfolgt zum Schutz der Verfügungsbefugnis des Kindes über Inhalte, die es sexualbezogen wiedergeben, als Ausprägung seines Persönlichkeitsrechts.[145] Dies basiert auf dem Grundgedanken, dass jede Person bei sensiblen Daten, hier einem Inhalt, der sie sexualbezogen darstellt, selbst entscheiden können muss, wer über derartige Inhalte verfügt und somit nach Belieben verfahren kann.[146] Die Persönlichkeitsrechtsverletzung wirkt bei persönlichen sexualbezogenen Daten als besonders sensiblen Daten schwer, insbesondere, wenn es um die sexualbezogene Darstellung von Kindern geht, sodass auch der bloße Besitz strafwürdig ist.[147]

Die Besitzstrafbarkeit ist lediglich in den Fällen, in denen der Abruf oder ein Sich-Verschaffen nicht nachgewiesen werden können, ein Auffangtatbestand.[148]

Der Besitz setzt zum einen tatsächliche Sachherrschaft und zum anderen einen Willen zum Besitz voraus. Das Vorliegen einer Sachherrschaft wird auch dann zu bejaht, wenn kinderpornografische Inhalte durch Herunterladen aus dem Internet nicht nur in den Arbeitsspeicher gelangen, sondern auch eine Verarbeitung und Speicherung im Cache-Speicher erfolgt.[149] Sachherrschaft liegt auch dann vor, wenn der Rechner automatisch sogenannte Thumbnails (Vorschaubilder) speichert, allerdings kann hier allein aus dem Fund solcher Thumbnails nicht zwangsläufig auf das Wissen des Besitzenden über deren Existenz geschlossen werden.[150]

3.2.6 Subjektiver Tatbestand

Der subjektive Tatbestand des § 184b StGB setzt Vorsatz und hinsichtlich der Besitzdelikte insbesondere einen Besitzwillen des Täters voraus, wobei auch die jeweiligen Irrtumskonstellationen zu berücksichtigen sind.

---

[145] Schmidt, in: Erb/Schäfer (2025), MüKo-StGB, § 184b Rn. 54.

[146] BGH, NJW 2016, 1094 (1096); Schmidt, KriPoZ 2024, 181 (184).

[147] Schmidt, in: Erb/Schäfer (2025), MüKo-StGB, § 184b Rn. 54.

[148] BGH, NStZ 2009, 208.

[149] Eisele, in: TK-StGB (2025), § 184b Rn. 40; a. A. Eschelbach, in: Matt/Renzikowski (2020), StGB, § 184b Rn. 41.

[150] OLG Düsseldorf, NStZ 2015, 654 (655).

3.2.6.1 Vorsatz

Der nicht vorsätzliche Besitz ist straflos.[151] Bedingter Vorsatz reicht aus, sofern nicht Absicht vorausgesetzt wird (§ 184b Abs. 1 S. 1 Nr. 4 StGB) und soweit es sich nicht um das Besitzdelikt in § 184b Abs. 3 Alt. 3 StGB handelt, für welches Wissen und Besitzabsicht erforderlich ist.[152]

Der Täter muss in laienhafter Weise den (kinder-)pornografischen Charakter der Darstellung erkennen und der Vorsatz muss sich ebenso auf das Alter der abgebildeten Personen beziehen.[153] Der Vorsatz muss sich darüber hinaus auch auf die Tathandlung erstrecken und bei § 184b Abs. 1 S. 1 Nr. 4 StGB muss die spezifische Absicht hinzutreten.[154] Bei § 184b Abs. 1 S. 1 Nr. 2, Abs. 3, Abs. 3 StGB muss der Vorsatz sich weiterhin auf die Tatsachen beziehen, aufgrund derer das dargestellte Geschehen wenigstens als wirklichkeitsnah zu betrachten ist, wogegen bei § 184b Abs. 1 S. 1 Nr. 3 erforderlich ist, dass sich der Vorsatz des Täters auf ein tatsächliches Geschehen bezieht.[155]

3.2.6.2 Besitzwille

Für § 184b Abs. 3 Alt. 3 StGB ist im subjektiven Tatbestand neben den zumindest bedingten Vorsatz zu den Tatbestandsmerkmalen auch ein Besitzwille zur tatsächlichen Sachherrschaft erforderlich.[156]

In den Fällen des § 184b Abs. 3 Alt. 3 StGB muss bei aus dem Internet bezogenen Daten der Vorsatz auch die dauerhafte Speicherung umfassen, während dies beim bloßen Abruf gemäß § 184b Abs. 3 Alt. 1 StGB nicht erforderlich ist.[157] Der strafbare Besitz kinderpornografischer Inhalte (§ 184b Abs. 3 Alt. 3 StGB) setzt insoweit auf subjektiver Ebene einen Besitzwillen voraus. Hierbei ist streitig, ob der Besitzwille zugleich der Vorsatz zum Besitz ist.[158]

Mit der Voraussetzung des Besitzwillens wird der Besitz auf die Fälle zu verantwortender Sachherrschaft begrenzt.[159] Der Besitzwille setzt Absicht oder zumindest Wissen voraus.[160] Am Wissen hinsichtlich des Besitzes kann es fehlen, wenn

[151] BT-Drs. 12/3001, S. 6.

[152] Schmidt, in: Erb/Schäfer (2025), MüKo-StGB, § 184b Rn. 66.

[153] Schmidt, in: Erb/Schäfer (2025), MüKo-StGB, § 184b Rn. 66; Eisele, in: TK-StGB (2025), § 184b Rn. 46.

[154] Eisele, in: TK-StGB (2025), § 184b Rn. 46.

[155] Eisele, in: TK-StGB (2025), § 184b Rn. 46.

[156] BT-Drs. 12/3001, S. 5.

[157] Eisele, in: TK-StGB (2025), § 184b Rn. 46.

[158] Fischer (2025), StGB, § 184b Rn. 40; Eisele, in: TK-StGB (2025), § 184b Rn. 38; Eschelbach, in: Matt/Renzikowski (2020), StGB, § 184b Rn. 40.

[159] Schmidt, in: Erb/Schäfer (2025), MüKo-StGB, § 184b Rn. 56.

[160] Schmidt, in: Erb/Schäfer (2025), MüKo-StGB, § 184b Rn. 56; a. A. Eisele, in: TK-StGB (2025), § 184b Rn. 38.

Darstellungen beim Surfen im Internet automatisch gespeichert wurden oder auch bei einer sonstigen Besitzerlangung ohne eigenen Abruf oder eigene Verschaffung, etwa durch E-Mails oder sonstige Nachrichten.[161]

Die Problematik des Besitzwillens und damit einer Strafbarkeit stellt sich insbesondere bei dem Auffinden kinderpornografischer Inhalte in Arbeitsspeichern, Thumbnails, Cache-Speichern oder bei gelöschten Dateien.

3.2.6.2.1 Arbeitsspeicher

3.2.6.2.1.1 Technische Grundlagen

Der Arbeitsspeicher eines Computers (Random Access Memory – RAM) ist der Speicher, in dem alle aktuell ausgeführten Programme, Programmteile, Prozesse und die hierfür verwendeten Daten zwischengespeichert werden. Der Arbeitsspeicher ist daher ein sogenannter flüchtiger Speicher, da alle hier gespeicherten Daten nach dem Abschalten der Energieversorgung verloren gehen. Um im Arbeitsspeicher gespeicherte Daten dauerhaft zu erhalten, müssen diese daher vor dem Abschalten des Computers auf die Festplatte geschrieben werden.

Daten im Arbeitsspeicher können somit nur analysiert werden, solange das Gerät eingeschaltet ist. Eine Sicherung und Auswertung von Daten im Arbeitsspeicher und damit die Erhebung digitaler Beweismittel im Rahmen einer forensischen Untersuchung ist insoweit überhaupt nur möglich, wenn der Computer nicht ausgeschaltet und damit von der Energieversorgung getrennt wurde.

3.2.6.2.1.2 Rechtliche Problematik und Rechtsprechung

Für die Besitzverschaffung (§ 184b Abs. 3 Alt. 2 StGB) sowie den Besitz (§ 184b Abs. 3 Alt. 3 StGB) ist ein auf eine gewisse Dauer gerichtetes Herrschaftsverhältnis erforderlich, sodass sich im Hinblick auf inkriminierte Daten in einem Arbeitsspeicher, und damit in einem flüchtigen Speicher, die Frage stellt, ob sich hierdurch überhaupt eine Tatbestandsmäßigkeit ergeben kann.

Das OLG Hamburg hatte sich in seinem Urteil vom 15.02.2010 mit dieser Frage auseinanderzusetzen und festgestellt, dass sich ein Computernutzer bereits durch das bewusste und gewollte Aufrufen und dadurch verursachte Herunterladen von Dateien aus dem Internet in den Arbeitsspeicher den Besitz an diesen Dateien verschafft.[162] Der Computernutzer schaffe mit dem bewussten und gewollten Herunterladen der aufgerufenen Datei in den Arbeitsspeicher ein hohes Maß an Datenherrschaft, denn auch die Speicherung der Datei nur im Arbeitsspeicher als notwendiges Durchgangsstadium für jede Weiterverarbeitung der Daten begründe grundsätzlich bereits volle Verfügungsgewalt.[163] Dabei hat das OLG Hamburg durchaus erkannt,

[161] Harms, NStZ 2003, 646 (650).

[162] OLG Hamburg, NJW 2010, 1893 (1895).

[163] OLG Hamburg, NJW 2010, 1893 (1896).

dass die Verfügungsmacht bei bloß in einem Arbeitsspeicher geladenen Dateien durch den Computernutzer beschränkt sei, da sie nur von verhältnismäßig kurzer Dauer und von vornherein nicht final auf längere Zeit angelegt sei, sondern sich auf den Zeitraum des Betrachtens beschränke und spätestens dann ende, wenn der Nutzer die Seite verlässt oder die Internet-Sitzung beende.[164] So hat das OLG Hamburg auch darauf verwiesen, dass bei einem nur zufälligen Betrachten einer Internetseite mit kinderpornografischem Inhalt mit Herunterladen in den Arbeitsspeicher jedenfalls der subjektive Tatbestand nicht erfüllt sei.[165]

Auch das OLG Schleswig hatte sich bereits mit Beschluss vom 15.09.2005 mit der Frage auseinanderzusetzen, ob durch das Vorhandensein inkriminierter Daten bloß in einem Arbeitsspeicher ein strafbarer Besitz im Sinne des § 184b Abs. 3 StGB vorliegt, und hat dies mit der Begründung bejaht, dass schon mit dem Download im Arbeitsspeicher und damit der bloßen Möglichkeit permanenter Speicherung ein Sichverschaffen, auch im Hinblick auf den Besitzwillen, vollendet sei.[166]

Gegenüber dieser Auffassung der Rechtsprechung verweist das Schrifttum darauf, dass das lediglich kurze Laden von einer inkriminierten Datei in den Arbeitsspeicher zu flüchtig sei, da diese nach dem Abschalten des Rechners nicht mehr verfügbar sei und es daher zur Annahme eines Besitzverhältnisses an der erforderlichen Dauerhaftigkeit und Festigkeit der Herrschaft fehle.[167]

Entgegen der Rechtsprechung ist damit entscheidend darauf abzustellen, dass für die Besitzverschaffung (§ 184b Abs. 3 Alt. 2 StGB) sowie den Besitz (§ 184b Abs. 3 Alt. 3 StGB) ein auf eine gewisse Dauer gerichtetes Herrschaftsverhältnis erforderlich ist, welches nicht bereits mit der Darstellung auf dem Bildschirm und dem Gelangen der Dateien in den Arbeitsspeicher des Rechners begründet wird.[168]

Um hier eine Differenzierung zwischen dem bloßen straflosen Betrachten und dem Abrufen (§ 184b Abs. 3 Alt. 1 StGB) zu ermöglichen, wird ein dauerhaftes Abspeichern auf einem Datenträger gefordert.[169] Die nur zeitweise Speicherung von Daten in einem Arbeitsspeicher ist somit nicht ausreichend, da diese beim Ausschalten des Rechners endgültig verloren gehen, wenn nicht zuvor eine Speicherung auf der Festplatte erfolgt ist.[170]

Würde man bereits eine kurzzeitige Speicherung im Arbeitsspeicher und damit die Möglichkeit einer dauerhaften Speicherung zur Begründung eines Besitzwillens ausreichen lassen, hätte dies zur Folge, dass der Besitztatbestand des § 184b Abs. 3 Alt. 3 StGB auch auf Fälle ausgedehnt würde, in denen kinderpornografische Seiten lediglich versehentlich aufgerufen werden und der Nutzer die Seiten nicht unverzüglich wieder verlässt.[171] Die bloße Herrschaft über nur flüchtige Daten und die

---

[164] OLG Hamburg, NJW 2010, 1893 (1896).

[165] OLG Hamburg, NJW 2010, 1893 (1897).

[166] OLG Schleswig, NStZ-RR 2007, 41 (43).

[167] Vgl. OLG Hamburg, NJW 2010, 1893 (1896); Eisele, in: TK-StGB (2025), § 184b Rn. 39.

[168] Eisele, in: TK-StGB (2025), § 184b Rn. 39.

[169] Harms, NStZ 2003, 646 (650); Hilgendorf/Kusche/Valerius (2022), § 3 Rn. 55.

[170] Harms, NStZ 2003, 646 (648 f.).

[171] So OLG Schleswig, NStZ-RR 2007, 41 (42 f.).

Möglichkeit des Speicherns oder Druckens führen aber nicht zum Besitz.[172] Zur weitergehenden Analyse der Fallkonstellation Arbeitsspeicher und den hieraus abzuleitenden Lehren für die Verteidigung siehe Kap. 8, Punkt 8.2.1.1 „Arbeitsspeicher“ und Punkt 8.3.1.1 „Arbeitsspeicher“.

3.2.6.2.2 Thumbnails

3.2.6.2.2.1 Technische Grundlagen

Bei sogenannten Thumbnails handelt es sich um verkleinerte Vorschaubilder beziehungsweise Miniaturbilder von Mediendateien, wie eines identischen, größeren Bildes, einer Grafik oder eines Videos, die eine ressourcenschonende Vorschau und eine flüssige Navigation auch durch große Mengen an Bildern oder Videos ermöglichen.[173]

Bei mobilen Geräten werden unter iOS und Android Thumbnails automatisch generiert, um deren Leistung zu steigern und Speicherplatz zu sparen und diese werden in komprimierten Formaten wie JPEG oder PNG gespeichert.[174] Zumeist befindet sich dann vor dem Thumbnail-Ordner ein Punkt, der darauf hinweist, dass es sich um einen versteckten Ordner handelt, der nicht ohne Weiteres von dem Nutzer auf dem Gerät eingesehen werden kann.[175]

Die verschiedenen Betriebssysteme (iOS, Android, Windows) unterscheiden sich in den technischen Grundlagen der Dateisicherung.[176] In früheren aber auch noch in neueren Windows-Versionen wird für den Nutzer versteckt die lokale Datei Thumbs.db angelegt oder es werden Thumbnails in einem zentralen Thumbnail Cache (Thumbcache) in der Thumbcache.db zu dem jeweiligen Ordner gespeichert.[177]

Im Hinblick auf eine forensische Untersuchung besteht die Problematik hier darin, dass bei Veränderungen im Dateisystem das Verzeichnis innerhalb des Thumbnail Cache nicht automatisch aktualisiert wird, was zur Folge hat, dass Miniaturansichten zu inkriminierten Dateien auch dann erhalten bleiben, wenn die Originaldateien bereits gelöscht oder an einen anderen Ort verschoben wurden. Nur durch eine manuelle Löschung des Thumbnail Cache oder eine entsprechende Datenträgerbereinigung können die Thumbnails entfernt werden. Zumeist haben die Nutzer aber keinerlei Kenntnis darüber, dass ein Thumbnail Cache existiert.

In der Praxis bedeutet dies, dass auch wenn der Nutzer Dateien mit kinder- oder jugendpornografischen Inhalten gelöscht hat, die hierzu erzeugten Thumbnails ohne dessen Kenntnis in einer versteckten Thumbnail-Datei beziehungsweise einem

---

[172] Brodowski, StV 2011, 105 (106 f.); Eckstein, NStZ 2011, 18 (20).

[173] Herchel/Steinert/Dehne/Labudde (2024), INFORMATIK 2024, 309 (310).

[174] Herchel/Steinert/Dehne/Labudde (2024), INFORMATIK 2024, 309 (310).

[175] Herchel/Steinert/Dehne/Labudde (2024), INFORMATIK 2024, 309 (310).

[176] Hierzu Herchel/Steinert/Dehne/Labudde (2024), INFORMATIK 2024, 309 (310 ff.).

[177] Herchel/Steinert/Dehne/Labudde (2024), INFORMATIK 2024, 309 (313 f.).

Thumbnail Cache auf dem Rechner erhalten bleiben, und bei einer forensischen Untersuchung aufgefunden werden können.

3.2.6.2.2.2 Rechtliche Problematik und Rechtsprechung

Die rechtliche Problematik besteht hier darin, dass es auch hier am Wissen des Nutzers hinsichtlich des Besitzes und damit am Besitzwillen fehlen kann, wenn das Betriebssystem des Computers automatisch Thumbnails speichert.[178]

Hierzu hatte sich das OLG Düsseldorf mit Beschluss vom 26.05.2015 mit der Frage auseinanderzusetzen, wann beim Auffinden von Thumbnails mit kinderpornografischem Inhalt auf einem Speichermedium von einer Besitzstrafbarkeit auszugehen ist.[179]

Bei dem der Entscheidung zugrunde liegenden Sachverhalt wurde bei einer Hausdurchsuchung eine Vielzahl von Vorschaubildern mit kinderpornografischen Inhalten auf Speichermedien des Angeklagten aufgefunden. Die Vorinstanz (AG Moers) hatte den Angeklagten daraufhin wegen Besitzes von kinderpornografischen Schriften verurteilt, die Berufung des Angeklagten wurde verworfen, da die Berufungsinstanz zur subjektiven Tatseite feststellte, dass sich der Angeklagte den Besitz zu sämtlichen Bilddateien verschafft und danach bewusst und gewollt beibehalten habe. Gegen diese Entscheidung hat der Angeklagte Revision beim OLG Düsseldorf eingelegt.

Den Auffassungen der Vorinstanzen folgte das OLG Düsseldorf in seiner Entscheidung nicht, sondern stellte fest, dass die auf Datenträgern des Angeklagten befindlichen kinderpornografischen Vorschaubilder, die durch das Betriebssystem des Computers automatisch generiert werden, nicht ohne Weiteres den Schluss zulassen, dass dem Angeklagten der Besitz der Vorschaubilder bewusst war.[180]

Das Gericht verwies bezüglich der technischen Grundlagen darauf, dass die Vorschaubilder bei dem verwendeten Betriebssystem (Windows XP) in der Standardeinstellung betriebssystemseitig und somit automatisch erzeugt werden und dazu in den betreffenden Ordnern die Datei thumbs.db generiert wird, wobei es sich um versteckte Systemdateien handelt, in denen die Vorschaubilder auch dann gespeichert bleiben, wenn die Originaldateien gelöscht werden.[181]

Das OLG stellte hierzu fest, dass die Kenntnis dieser computertechnischen Abläufe ein weit überdurchschnittliches Computerwissen voraussetze, welches beim Angeklagten in dem angefochtenen Urteil nicht festgestellt wurde, sodass auch der erforderliche Besitzwille nicht nachweisbar sei.[182]

Gleichzeitig wies das Gericht in seiner Entscheidung aber auch darauf hin, dass das Vorhandensein von Vorschaubildern, mit einer Miniaturansicht der kinderpornografischen Darstellungen, die Schlussfolgerung nahelege, dass sich der

[178] OLG Düsseldorf, NStZ 2015, 654; Gercke, ZUM 2010, 633 (641).

[179] OLG Düsseldorf, NStZ 2015, 654 (654 f.).

[180] OLG Düsseldorf, NStZ 2015, 654.

[181] OLG Düsseldorf, NStZ 2015, 654 (655).

[182] OLG Düsseldorf, NStZ 2015, 654 (655).

Angeklagte zuvor die dazugehörigen größeren Bilddateien (jpeg-Format) durch Herunterladen und Abspeichern in den entsprechenden Ordnern verschafft habe, denn dort hätten die Dateien mit der Bezeichnung thumb.db und die in ihnen enthaltenen Vorschaubilder nur generiert werden können, wenn zuvor ein Zugriff auf die originären, später gelöschten, Bilddateien erfolgt sei.[183] Denn hinsichtlich der technischen Hintergründe war es hier so, dass die Vorschaubilder in einer Datei „thumbs.db" gespeichert wurden, die bei dem verwendeten Betriebssystem in dem Ordner abgelegt wurde, in dem sich die Originaldateien befanden.[184]

Richtigerweise hat das OLG Düsseldorf die Problematik eines Nachweises von der Kenntnis des Angeklagten von der Existenz der Vorschaubilder ausdrücklich im Rahmen des Besitzwillens behandelt, denn wenn der Angeklagte keine Kenntnis von der Existenz der Thumbnails hatte, fehlt es an dem für die Annahme eines Besitzes erforderlichen Besitzwillen.[185]

Hinsichtlich der Ausführungen des Gerichts bezüglich des vorhergehenden Besitzes an den Originalbilddateien spricht vieles dafür, dass sich diese zunächst in dem fraglichen Ordner befanden und später gelöscht wurden, wobei allerdings eine Löschung der Thumbnails nicht erfolgte, weil es sich hierbei um eine Systemdatei handelt, die normalerweise vom Betriebssystem nicht angezeigt wird.[186] Allerdings ist es zweifelhaft, allein aus der Existenz der Vorschaubilder in einem Ordner darauf zu schließen, dass die dazugehörigen Originaldateien der Bilder tatsächlich zuvor aus dem Internet heruntergeladen wurden. Denn es ist zum einen möglich, dass bei einer Datenübertragung durch einen Dritten unbewusst Thumbnails in einer nicht sichtbaren Datei mitübertragen werden und zum anderen, dass zunächst heruntergeladene, entpackte und geöffnete Bilddateien bei Feststellung des kinderpornografischen Inhalts sofort wieder gelöscht werden, sodass kein Besitzwille vorliegt, sich aber dennoch weiterhin Vorschaudateien in einem sonst leeren Ordner befinden.[187]

Weitere Indizien für das Wissen über gespeicherte kinderpornografische Inhalte sind die Anzahl der Abbildungen, die Bezeichnung von Bilddateien sowie deren Aufrufen, Verschieben, Umbenennen oder Kopieren.[188] Wird dagegen nur eine kurze Verbindungsdauer festgestellt und werden nur wenige Bilder gefunden, besteht die Möglichkeit, dass der Nutzer das Herunterladen nicht bemerkt hat.[189]

Zum forensischen Wert von Thumbnails und den hieraus resultierenden Verteidigungsansätzen siehe Kap. 8, Punkt 8.2.1.2 „Thumbnails" und Punkt 8.3.1.2 „Thumbnails".

---

[183] OLG Düsseldorf, NStZ 2015, 654 (655) mit Verweis auf OLG Köln, NStZ 2011, 476.

[184] OLG Düsseldorf, NStZ 2015, 654 (655).

[185] Gercke, ZUM 2015, 772 (781), der den Besitzwillen nicht als Merkmal des subjektiven, sondern des objektiven Tatbestands sieht.

[186] Gercke, ZUM 2015, 772 (781).

[187] Vgl. Gercke, ZUM 2015, 772 (781 f.).

[188] Wüstenberg, StraFo 2009, 233 (234).

[189] LG Aachen, MMR 2008, 764.

3.2.6.2.3 Cache-Speicher

3.2.6.2.3.1 Technische Grundlagen

Ein Cache bezeichnet in der Informationstechnik einen schnellen Zwischenspeicher oder auch Pufferspeicher, durch den wiederholte Zugriffe auf langsamere Datenspeicher oder aufwendige Neuberechnungen vermieden werden können.[190] Denn Daten, die schon einmal geladen oder generiert wurden, verbleiben im Cache und können so schneller erneut abgerufen werden.

Hierfür werden im Cache Kopien von Daten gespeichert, die zuvor beispielsweise von der Festplatte oder aus dem Internet abgerufen wurden. Bei einem erneuten Zugriff auf diese Daten können diese aus dem schnelleren Cache geladen werden. Wird zum Beispiel eine Webseite besucht, werden Bilder und andere Elemente im Cache des Browsers gespeichert, um ein schnelleres Aufrufen der Seite bei einem erneuten Zugriff zu ermöglichen.[191] In der Regel bleiben die in einem Cache-Speicher gespeicherten Daten, im Gegensatz zum Arbeitsspeicher, auch nach einem Abschalten des Geräts erhalten und werden nicht automatisch gelöscht.

Daher können auch Cache-Daten digitale Beweismittel sein. Insbesondere der Browser-Cache kann als Beweis dafür herangezogen werden, dass bestimmte Webseiten mit kinder- oder jugendpornografischen Inhalten von dem Benutzer besucht wurden. Selbst wenn der Verlauf gelöscht wurde, kann der Cache wiederhergestellt werden.

3.2.6.2.3.2 Rechtliche Problematik und Rechtsprechung

Bei einer Speicherung von Daten aus dem Internet nicht nur im Arbeitsspeicher, sondern auch in einem Cache-Speicher, bleiben die Daten nach Abschalten des Gerätes erhalten, sodass der objektive Tatbestand verwirklicht ist.[192]

Allerdings kann auch in diesen Fällen das Vorliegen des subjektiven Tatbestands, insbesondere der Besitzwille, zu verneinen sein, wenn der Nutzer sich dieser Speicherung nicht bewusst ist und entsprechend kein Wissen von den Dateien im Cache-Speicher hat.[193] Denn Dateien im Cache-Speicher können ohne aktives Zutun des Nutzers generiert werden und stellen damit keine eindeutigen Indikatoren für dessen Handlungen oder Absichten dar, sodass hier die rechtliche Problematik in der Feststellung besteht, ob eine Datei durch den Beschuldigten bewusst gespeichert und geöffnet wurde oder ob diese ohne dessen Kenntnis nur als Teil einer Internetseite oder Anwendung im Cache gespeichert wurde.[194]

---

[190] Vgl. Herchel/Steinert/Dehne/Labudde (2024), INFORMATIK 2024, 309 (310).

[191] Vgl. OLG Frankfurt, Beschl. v. 08.07.2024 – 1 Ws 171/23 Rn. 37, juris.

[192] BGH, NStZ 2007, 95; OLG Hamburg, StraFo 2009, 165; Harms, NStZ 2003, 646 (650).

[193] OLG Düsseldorf, NStZ 2015, 654 (655); Harms, NStZ 2003, 646 (650); Hilgendorf/Kusche/Valerius (2022), § 3 Rn. 58; vgl. hierzu auch BGH, NStZ 2007, 95; LG Aachen, MMR 2008, 764.

[194] Herchel/Steinert/Dehne/Labudde (2024), INFORMATIK 2024, 309.

In einer neueren Entscheidung des OLG Frankfurt vom 08.07.2024[195] hat das Gericht in dem zu entscheidenden Fall bei den im Cache befindlichen inkriminierten Dateien bereits den Besitz an diesen Dateien mit Verweis darauf verneint, dass der Besitz das Aufrechterhalten des tatsächlichen Herrschaftsverhältnisses aufgrund Besitzwillens ist.[196] Zwar könnten die im Cache befindlichen Dateien jederzeit wieder aufgerufen werden, solange sie nicht manuell oder systembedingt automatisch gelöscht worden seien, sodass der Nutzer mit dem Speichern der Datei im Cache-Speicher hieran Besitz erlangen könne, allerdings müsse er sich dann auch über das Vorhandensein dieser Daten bewusst sein.[197] Hierbei erkennt das Gericht, dass die Speicherung von Bilddateien im Browser-Cache zwar ein Indiz dafür sei, dass der Nutzer die Bilddateien aufgerufen hat, dieses aber nicht zwingend sei, da eine Speicherung von Ressourcen auch dann erfolgen könne, wenn sich beim Öffnen einer Webseite gleich mehrere Seiten öffnen.[198] Jedenfalls setze aber die Kenntnis über das Vorhandensein der Daten überdurchschnittliche Computerkenntnisse des Nutzers voraus, aufgrund dessen er den Cache-Bereich der Festplatte kannte und darauf Zugriff hatte, da es keinen dahingehenden Erfahrungssatz gäbe, dass auch dem durchschnittlichen Anwender bewusst ist, dass Inhalte von aufgerufenen Webseiten im Cache gespeichert werden und aktiv gelöscht werden müssten.[199]

Das AG Pforzheim hat mit Beschluss vom 27.03.2023 über die Nichteröffnung des Hauptsacheverfahrens wegen fehlenden Tatverdachts festgestellt, dass im Browser-Cache befindliche Dateien mit kinderpornografischem Inhalt eines sichergestellten, gebraucht gekauften Mobiltelefons zwar den objektiven Tatbestand des Besitzes kinderpornografischer Inhalte gemäß § 184b StGB erfülle, allein dies aber noch nicht auf den Besitzwillen schließen lasse.[200] Das Amtsgericht verweist darauf, dass sich hier ein strafbares Verhalten allein aus der späteren Bildung eines Vorsatzes zum Besitz der inkriminierten Daten ergeben könne, wofür der Angeschuldigte zu irgendeinem Zeitpunkt des Besitzes einen bedingten Besitzwillen gebildet haben müsste, was diesem jedoch nicht nachgewiesen werden könne.[201]

Das AG Bocholt hat mit Beschluss vom 23.03.2017 die Eröffnung des Hauptverfahrens wegen Verbreitung, Erwerbs und Besitzes kinderpornografischer Schriften aus tatsächlichen Gründen zurückgewiesen und hierzu festgestellt, dass die Besitzstrafbarkeit zweifelhaft sei, wenn auf einem Computer kinderpornografische Bilder nur im Cache gespeichert sind, da jedenfalls bei einem durchschnittlichen Nutzer nicht davon ausgegangen werden könne, dass ihm die Datenspeicherung im Cache

---

[195] OLG Frankfurt, Beschl. v. 08.07.2024 – 1 Ws 171/23, juris.

[196] OLG Frankfurt, Beschl. v. 08.07.2024 – 1 Ws 171/23 Rn. 37, juris mit Verweis auf BGH, Urt. v. 28.03.2018 – 2 StR 311/17.

[197] OLG Frankfurt, Beschl. v. 08.07.2024 – 1 Ws 171/23 Rn. 37, juris mit Verweis auf BGH, Urt. v. 18.01.2012 – 2 StR 151/11.

[198] OLG Frankfurt, Beschl. v. 08.07.2024 – 1 Ws 171/23 Rn. 37, juris.

[199] OLG Frankfurt, Beschl. v. 08.07.2024 – 1 Ws 171/23 Rn. 37, juris.

[200] AG Pforzheim, BeckRS 2023, 12461.

[201] AG Pforzheim, BeckRS 2023, 12461, Rn. 4.

geläufig sei und er weiß, wie diese Daten gelöscht werden können, sodass hier der Vorsatz entfalle.[202]

Das AG Bocholt hat hierzu weiter ausgeführt, dass es nicht ausreiche, dass die inkriminierten Bilder auf dem Computer des Angeschuldigten aufgefunden wurden, da § 184b Abs. 1 in Verbindung mit § 11 Abs. 3 StGB ein tatsächliches Herrschaftsverhältnis über die Bilder voraussetze mit der Möglichkeit, die Bilder sich und anderen zugänglich zu machen und somit, ähnlich wie ein Besitzer von körperlichen Gegenständen, Einwirkungsmöglichkeit auf die Bilder haben muss.[203] Hieran hatte das AG Bocholt insoweit Zweifel, weil sich die inkriminierten Fotos, ausgehend von der Pfadbeschreibung, auf einem Bereich der Festplatte befanden, auf den der normale Nutzer regelmäßig keine Zugriffsmöglichkeit hat, da der Nutzer in diesem Festplattenbereich bewusst keine Daten speichern kann, sondern das Betriebssystem Windows ohne Einwirkungsmöglichkeit des normalen Nutzers hier automatisch Daten speichert.[204]

Jedenfalls sah das AG Bocholt einen Nachweis des Besitzwillens für nicht erbracht an, da allein der Umstand, dass kinderpornografische Inhalte in einem automatischen Verfahren auf der Festplatte gespeichert werden hierfür nicht ausreichen würden und entsprechend kein Vorsatz vorliege, wenn der Angeschuldigte nicht wusste, dass die Bilder im Cache gespeichert werden.[205] Das Gericht verweist darauf, dass der durchschnittliche Nutzer im Zweifel nicht weiß, dass bereits beim Betrachten von Bildern Daten im Cache gespeichert werden.[206] Hier setze eine Strafbarkeit erst ein, wenn der Angeschuldigte erkennt oder billigend in Kauf nimmt, dass er Kinderpornografie besitzt und den Besitz fortsetzt.[207]

Im Rahmen dieser Entscheidung hat das Gericht ausdrücklich darauf hingewiesen, dass auch die Möglichkeit besteht, dass ein ahnungsloser Angeschuldigter einen ihn übersandten Link mit kinderpornografischen Inhalten ohne Kenntnis hierüber öffnet und die Daten so im Cache gespeichert werden, ohne dass der Nutzer eine Möglichkeit hat, diese Bilder zu entfernen, da dies nur manuell möglich sei und tiefgreifende Kenntnisse über das Betriebssystem Windows erfordere.[208]

Auch das AG Backnang hat mit Beschluss vom 13.04.2014[209] festgestellt, dass die automatische Speicherung von Dateien im Zwischenspeicher oder Browser während des Betrachtens kinderpornografischer Dateien im Internet keinen Besitzwillen hinsichtlich dieser Daten und damit keinen Vorsatz des Betrachters begründen würden. Hierzu führte das Gericht weiter aus, dass die Speicherung im Cache automatisch und nicht durch einen aktiven Speichervorgang durch den Nutzer erfolgt und für diesen nicht erkennbar sei. Demnach sei der konkrete Wille des Nutzers

---

[202] AG Bocholt, MMR 2017, 568.

[203] AG Bocholt, MMR 2017, 568 mit Verweis auf BGH, NJW 2016, 1094 (1095)

[204] AG Bocholt, MMR 2017, 568 f.

[205] AG Bocholt, MMR 2017, 568 (569).

[206] AG Bocholt, MMR 2017, 568 (569) mit Verweis auf OLG Zweibrücken, MMR 2016, 831 (832).

[207] AG Bocholt, MMR 2017, 568 (569) mit Verweis auf OLG Oldenburg, MMR 2011, 118.

[208] AG Bocholt, MMR 2017, 568 (569).

[209] AG Backnang, Beschl. v. 13.01.2014 – 2 Cs 27 Js 61608/13, juris.

nur auf das Betrachten der Bilder im Internet und nicht auf eine Sachherrschaft in der Weise gerichtet, dass er über die Daten auch künftig frei verfügen könne.[210] Zu einem Besitzbegründungswillen hätte es einer Speicherung auf einem Speichermedium oder konkreter Browsereinstellungen bedurft, aus denen ersichtlich gewesen wäre, dass der Nutzer über die Daten auch außerhalb der konkreten Browseranwendung verfügen wollte.[211]

Für eine Besitzstrafbarkeit ist demnach erforderlich, dass der Nutzer Kenntnis darüber hat, dass beim Betrachten von Internetseiten automatisch Kopien des angeschauten Bildmaterials im Cache-Speicher abgelegt werden und eine Speicherung erfolgt ist, welches eine entsprechende technische Kenntnis über die Cache-Funktionen voraussetzt. Andernfalls liegt kein Besitzwille zur tatsächlichen Sachherrschaft vor, denn ohne Kenntnis von den Dateien im Browser-Cache kann von vornherein kein hierauf gerichteter Besitzwille bestehen.[212]

Dies gilt auch für im Browser-Cache eines Mobiltelefons befindliche kinderpornografische Inhalte, da hier zwar ebenfalls der objektive Tatbestand des Besitzes kinderpornografischer Inhalte gemäß § 184b StGB erfüllt ist, dies allein aber noch nicht auf den Besitzwillen schließen lässt.[213] Denn zur Bejahung des Besitzwillens hätte der Beschuldigte zu irgendeinem Zeitpunkt des Besitzes zumindest einen bedingten Besitzwillen gebildet haben müssen, wobei als Indizien hierfür die Feststellung einer Vielzahl an Dateien an unterschiedlichen Speicherorten oder ein Aufruf der Dateien aus dem Cache sein können.[214] Sammelt jemand systematisch und wiederholt Kinderpornografie, lässt dies auch entsprechende technische Kenntnisse vermuten, welche auch Kenntnisse über die Browser-Cache-Funktionen einschließen, sodass dann auch auf einen Besitzwillen geschlossen werden kann.[215]

Sofern kinderpornografische Dateien versehentlich aufgerufen und im Sinne einer versehentlichen Besitzerlangung unerwünscht im Cache gespeichert werden, so hat sich der Nutzer, bei technischer Möglichkeit, grundsätzlich durch endgültige Löschung dieser Dateien zu entledigen, soweit er sich der Speicherung bewusst ist.[216] Denn eine Strafbarkeit liegt hier erst dann vor, wenn der Nutzer erkennt, dass er kinderpornografische Dateien besitzt und diesen Besitz aufrechterhält.

Zur vertieften Analyse typischer Fallkonstellationen bei Cache-Daten und den hieraus resultierenden Verteidigungsansätzen siehe Kap. 8, Punkt 8.2.1.3 „Cache" und Punkt 8.3.1.3 „Cache".

---

[210] AG Backnang, Beschl. v. 13.01.2014 – 2 Cs 27 Js 61608/13 Rn. 5, juris.

[211] AG Backnang, Beschl. v. 13.01.2014 – 2 Cs 27 Js 61608/13 Rn. 5, juris.

[212] Vgl. OLG Hamburg, NJW 2010, 1893 (1897).

[213] AG Pforzheim, BeckRS 2023, 12461.

[214] AG Pforzheim, BeckRS 2023, 12461, Rn. 4.

[215] OLG Hamburg, NJW 2010, 1893 (1894); Hörnle, in: Erb/Schäfer (2021), MüKo-StGB, § 184b Rn. 48.

[216] OLG Oldenburg, MMR 2011, 118; Harms, NStZ 2003, 646 (647).

3.2.6.2.4 Gelöschte Dateien

3.2.6.2.4.1 Technische Grundlagen

Daten und Dateien können auf unterschiedliche Weise und in unterschiedlichen Ausprägungen gelöscht oder entfernt werden. Hierbei ist zwischen der logischen Dateieinheit und deren Inhalt zu differenzieren, sodass die Datei nach dem Löschungsvorgang zwar als gelöscht gilt, aber deren Inhalt unter Umständen im Datenspeicher noch existieren kann. Beim Löschen von Dateien können als Grundformen das Löschen in den Papierkorb, das logische Löschen und das physische Löschen unterschieden werden.

Beim Löschen von Dateien in den Papierkorb werden die Dateien lediglich in einen Papierkorb-Ordner verschoben, bleiben dort aber weiterhin gespeichert und können von dort ohne Datenverlust wiederhergestellt werden. Erst wenn der Papierkorb geleert wird, werden die Dateien aus dem Verzeichnis entfernt und logisch gelöscht.

Bei einem sogenannten logischen Löschen werden Dateien von einem Dateisystem gelöscht, in dem ihr Eintrag aus dem Dateiverzeichnis entfernt und der bisherige Speicherplatz der Daten nunmehr als überschreibbar geführt wird. Allerdings werden diese Speicherplätze erst dann überschrieben, wenn sie für andere Daten benötigt werden, sodass sich die Daten selbst bis zum Überschreiben noch weiterhin auf dem Datenträger befinden und mittels Einsatzes spezieller Programme auch, gegebenenfalls aber nur teilweise, wiederhergestellt werden können.

Dagegen wird beim sogenannten physischen Löschen (auch sicheres Löschen) der Speicherplatz ehemaliger Dateien mit bestimmten Bitkombinationen überschrieben, sodass die bisherigen Daten nicht mehr oder allenfalls mit einem erheblichen technischen Aufwand ausgewertet werden können, da das physische Löschen gerade die Rekonstruktion gelöschter Daten verhindern oder zumindest erschweren soll.

3.2.6.2.4.2 Rechtliche Problematik und Rechtsprechung

Bei gelöschten Dateien stellt sich die Frage, ob durch das Löschen von inkriminierten Dateien der Besitzwille und damit auch eine Besitzstrafbarkeit zu verneinen ist.

Der BGH hat mit Urteil vom 28.03.2018 hierzu festgestellt, dass eine Verurteilung wegen Besitzes von kinderpornografischen Bildern nicht in Betracht kommt, wenn die Bilder gelöscht wurden, welches auch dann gilt, wenn der Angeklagte die Fähigkeit besaß, die Daten wiederherzustellen.[217]

Die Vorinstanz (Landgericht Gera) hatte den Angeklagten unter anderem wegen des Besitzes kinderpornografischer Schriften in 116 tateinheitlichen Fällen verurteilt. Bei dem Angeklagten wurden am 01.03.2013 auf mehreren Datenträgern insgesamt 115 Bilddateien und eine Videodatei, die sexuelle Handlungen von oder an unter vierzehn Jahre alten Kindern zeigten, aufgefunden, wobei sich Bilddateien

[217] BGH, BeckRS 2018, 14123 Rn. 34 f.

auch in gelöschten Bereichen der Datenträger befanden.[218] Hierzu hatte das Landgericht festgestellt, dass der Angeklagte über die Kenntnis und Fähigkeit verfügte, die Dateien wiederherzustellen. Der BGH sah diesbezüglich den Schuldgehalt der Taten als zu hoch bemessen an, da dem Angeklagten der Besitz von 115 kinderpornografischen Bildern und einer Videodatei zur Gänze zur Last gelegt worden sei, obwohl eine unbestimmte Anzahl dieser Dateien zu einem unbekannten Zeitpunkt gelöscht worden waren und insoweit ein Besitzwille des Angeklagten an den gelöschten Dateien am 01.03.2013 oder in nicht verjährter Zeit davor nicht zu belegen sei.[219]

Der BGH verweist hier darauf, dass der Besitz bei vollständig gelöschten Daten entfalle.[220] Der Schuldumfang könne auch nicht dadurch erhöht werden, dass der Angeklagte über die Kenntnis und Fähigkeit verfügte, die in den gelöschten Bereichen der Datenträger befindlichen Daten wiederherzustellen. Denn das Fortbestehen von Dateien an Speicherorten, welche dem durchschnittlichen Computerbesitzer nicht ohne Weiteres zugänglich sind, begründe keinen Besitz im Sinne von § 184b Abs. 3 StGB und zudem mangele es auch an der notwendigen Feststellung zum fortbestehenden Besitzwillen des Angeklagten an den gelöschten Daten, der sich nicht von selbst verstehe.[221]

Das OLG Hamburg hatte sich mit Beschluss vom 11.11.2008 mit dem Besitzwillen bei einem gelöschten Cache-Speicher zu beschäftigen und hierzu festgestellt, dass es an einem solche fehlen kann, wenn der Cache-Speicher alsbald manuell oder systembedingt wieder gelöscht wird.[222] Das OLG sah das Sichverschaffen von Besitz mit der automatischen Speicherung im Cache-Speicher bereits als vollendet an, allerdings erkannte es Mängel hinsichtlich der Feststellungen zum notwendigen Besitzwillen des Angeklagten im angegriffenen Urteil der Vorinstanz. Das OLG vertrat hierzu die Auffassung, dass die Tatsache, dass der Angeklagte die inkriminierten Dateien aufgerufen und betrachtet und damit jedenfalls bedingt vorsätzlich deren automatische Speicherung im Internetcache bewirkt habe, nichts darüber besage, dass der Angeklagte diese Dateien auch tatsächlich besitzen wollte.[223] Das OLG verweist darauf, dass es an dem für eine Verurteilung erforderlichen Besitzwillen jedenfalls dann fehle, wenn sich der Angeklagte der am Computerbildschirm aufgerufenen Bilddateien durch promptes Löschen des Internetcache umgehend und endgültig wieder zu entledige.[224]

Demnach ist der Besitzwille, welcher auf ein tatsächliches Herrschaftsverhältnis von gewisser Dauer oder auf einen nennenswerten Zeitraum gerichtet sein muss, jedenfalls dann zu verneinen, wenn die Dateien nach dem Surfen im Internet

[218] BGH, BeckRS 2018, 14123 Rn. 21.

[219] BGH, BeckRS 2018, 14123 Rn. 33.

[220] BGH, BeckRS 2018, 14123 Rn. 34 mit Verweis auf BGH, NStZ 2007, 95.

[221] BGH, BeckRS 2018, 14123 Rn. 35.

[222] OLG Hamburg, StraFo 2009, 165.

[223] OLG Hamburg, StraFo 2009, 165.

[224] OLG Hamburg, StraFo 2009, 165 (166) mit Verweis auf BGH, NStZ 2005, 155 (156).

sogleich wieder gelöscht werden.[225] Nimmt der Täter aber Kenntnis von den ohne sein Wissen gespeicherten Daten, kann ihm eine unterbliebene Löschung vorgeworfen werden.[226]

Bei gelöschten Daten ist allerdings von Bedeutung, wo diese auf dem Rechner weiterbestehen, so hebt eine einfach wieder rückgängig zumachende Verschiebung in den Papierkorb den Besitz jedenfalls nicht auf, während ein Besitzverhältnis dann nicht mehr besteht, wenn die Daten lediglich an Orten fortbestehen, die einem durchschnittlichen Computernutzer nicht zugänglich sind.[227]

Der Besitz und ein fortbestehender Besitzwille und damit auch die Strafbarkeit entfällt dann mit dem Löschen der Daten, wenn für einen durchschnittlichen Löschenden, ohne besondere IT-Kenntnisse, die Dateien nicht mehr rekonstruierbar sind.[228] Aus dem Umstand einer Löschung ergibt sich eine Besitzaufhebung jedenfalls dann ohne Weiteres, wenn die Wiederherstellung allein mittels polizeilicher Spezialsoftware möglich war.[229] Zu weiteren Verteidigungsansätzen bei gelöschten Daten siehe Kap. 8, Punkt 8.2.1.4 „Gelöschte Daten“ und Punkt 8.3.1.4 „Gelöschte Daten“.

3.2.6.3 Irrtumskonstellationen

Bezüglich der Tat nach § 184b StGB handelt derjenige im Tatbestandsirrtum, der das kindliche Alter der abgebildeten Personen verkennt und insoweit davon ausgeht, dass es sich lediglich um Pornografie gemäß § 184 StGB oder § 184c StGB handelt.

Eine Strafbarkeit kommt hier dann aber gegebenenfalls gemäß § 184 Abs. 1 Nr. 2 StGB oder gemäß §§ 184c, 22 StGB in Betracht.[230]

3.2.7 Rechtfertigung wegen Kunstfreiheit

Fraglich ist, ob auch Kinderpornografie Kunst sein kann und als solche dem besonderen Schutz des Art. 5 Abs. 3 S. 1 GG unterliegt und damit als Rechtfertigungsgrund in Betracht kommt. Sofern die Kunstfreiheit überwiegt, wird bei der einfachen Pornografie grundsätzlich Art. 5 Abs. 3 S. 1 GG als Rechtfertigungsgrund angeführt. Es ist jedoch umstritten, ob dies ebenso für die Kinderpornografie gilt.

Zum einen wird vertreten, dass das Herstellen oder Nutzen kinderpornografischer Inhalte unabhängig von ihrer Einordnung in § 184b Abs. 1 S. 1 Nr. 1 lit. a-c StGB

---

[225] OLG Hamburg, StraFo 2009, 165 (165 f.).

[226] Vgl. BT-Drs. 12/3001, S. 6.

[227] Schmidt, in: Erb/Schäfer (2025), MüKo-StGB, § 184b Rn. 57; vgl. auch BGH BeckRS 2018, 14123; BVerwG, MMR 2020, 67; Gercke, ZUM 2010, 633 (642).

[228] BGH, BeckRS 2018, 14123 Rn. 35.

[229] Urbanzyk, StRR 2025, 6 (14).

[230] Schmidt, in: Erb/Schäfer (2025), MüKo-StGB, § 184b Rn. 66.

nicht durch die Kunstfreiheit gerechtfertigt werden kann.[231] Eine Abwägung im Rahmen des § 184b StGB sei schon bei der Gesetzgebung erfolgt, sodass eine erneute Abwägung beim Vollzug nicht mehr erforderlich sei.[232]

Nach anderer Auffassung soll auch hier Art. 5 Abs. 3 S. 1 GG als Rechtfertigungsgrund herangezogen werden können.[233] Denn grundsätzlich können auch kinderpornografische Inhalte unter den Kunstbegriff fallen.[234] Allerdings ist auch hier eine Abwägung mit den Grundrechten anderer und Rechtsgütern von Verfassungsrang vorzunehmen. Hierzu zählen insbesondere der Jugendschutz und die Persönlichkeitsrechte der betroffenen Kinder.

Eine Abwägung mit der Kunstfreiheit führt dann nicht zu einer Rechtfertigung, wenn sich die Handlung auf einen pornografischen Inhalt bezieht, der ein tatsächliches oder wirklichkeitsnahes Geschehen darstellt. Denn hier kollidiert die Kunstfreiheit mit dem Persönlichkeitsrecht des dargestellten Kindes als Verfügungsbefugnis über Inhalte, die es sexualbezogen wiedergeben.[235]

Allerdings kann eine Abwägung im Einzelfall zu einem anderen Ergebnis führen. Denn im Rahmen der Abwägung ist auch zu prüfen, ob bei der kinderpornografischen Darstellung eine über die Stimulierungsfunktion hinausgehende weitere Interpretationsmöglichkeit vorliegt. In einem solchen Fall könnte die Kunstfreiheit im Rahmen einer Abwägung stärker wiegen. Denkbar ist dies auch bei der rein fiktiven Kinderpornografie oder wenn aufgrund der künstlerischen Einkleidung das Interesse vieler Konsumenten und damit die Einbindung in ein Marktgeschehen schwach ausgeprägt ist.[236] Insoweit kann Art. 5 Abs. 3 S. 1 GG auch bei der Kinderpornografie in seltenen Fällen als Rechtsfertigungsgrund herangezogen werden.

3.2.8 Tatbestandsausschluss (§ 184b Abs. 5 und Abs. 6 StGB)

Hinsichtlich eines Tatbestandsausschlusses sind bei den kinderpornografischen Delikten gemäß § 184b StGB die Ausschlussgründe gemäß § 184b Abs. 5 und Abs. 6 StGB zu beachten.

---

[231] Erdemir, in: Spindler/Schuster (2019), JMStV, § 4 Rn. 64, 106.

[232] Hopf/Braml, ZUM 2007, 354 (358).

[233] Böse, in: FS Schröder (2006), S. 751 (759); Erdemir, MMR 2003, 628 (632).

[234] BGH, NStZ 1990, 586 (587).

[235] Schmidt, in: Erb/Schäfer (2025), MüKo-StGB, § 184b Rn. 67.

[236] Böse, in: FS Schröder (2006), S. 751 (758 f); a. A. Hopf/Braml, ZUM 2007, 354 (358).

3.2.8.1 § 184b Abs. 5 StGB

Ein Tatbestandausschluss besteht nach § 184b Abs. 5 StGB zunächst in Bezug auf § 184b Abs. 1 S. 1 Nr. 2 und Abs. 3 StGB für Handlungen, die ausschließlich der rechtmäßigen Erfüllung von staatlichen Aufgaben oder dienstlichen beziehungsweise beruflichen Pflichten dienen.

So dürfen Polizeibeamte und Staatsanwälte kinderpornografische Darstellungen abrufen und diese zu Verwahrungszwecken besitzen.[237] Zu Ermittlungszwecken dürfen hier auch kinderpornografische Dateien an potenziell Tatverdächtige gesendet werden (§ 184b Abs. 1 S. 1 Nr. 2 StGB).[238] Auch Strafverteidiger dürfen sich Abbildungen, die Gegenstand des Verfahrens sind, beschaffen und besitzen.[239] § 184b Abs. 5 Nr. 3 StGB umfasst ebenso Sachverständige, die von Ermittlungsbehörden oder Gerichten mit der Auswertung beschlagnahmten Materials beauftragt sind und der Tatbestandsausschluss gilt auch für Ärzte und Psychologen, die diagnostisch und therapeutisch mit (eventuell) pädophilen Personen arbeiten.[240]

3.2.8.2 § 184b Abs. 6 StGB

Ein Tatbestandsausschluss gilt gemäß § 184b Abs. 6 StGB in Bezug auf § 184b Abs. 1 S. 1 Nr. 1, Nr. 2, Nr. 4 und S. 2 StGB auch für dienstliche Handlungen in strafrechtlichen Ermittlungsverfahren.

Hierdurch wird es Polizeibeamten ermöglicht, computergenerierte Kinderpornografie zu Ermittlungszwecken herzustellen und diese im Darknet, beispielsweise in Tauschbörsen oder geschlossenen Nutzergruppen, als Lockangebote zugänglich zu machen.[241] Oftmals ist ein solches Vorgehen erforderlich, um so, als Nachweis der Vertrauenswürdigkeit, Zugang zu Nutzern oder Nutzergruppen zu erhalten, die kinderpornografische Darstellungen austauschen oder die nach Kindern suchen, die sie sexuell missbrauchen können.[242]

Das Herstellen von Kinderpornografie ist in diesem Rahmen allerdings nur dann erlaubt, wenn keine Bilder von echten Kindern oder Jugendlichen genutzt werden, sodass auch die Herstellung von Collagen oder verfremdeten echten Aufnahmen unzulässig ist.[243] Allerdings soll es erlaubt sein, künstliche Intelligenz (KI) zur digitalen Generierung kinderpornografischer Bilder mit echten Bildern zu trainieren, da hierin nur eine Vorbereitung für das spätere Herstellen liegt und soweit es nicht

---

[237] Schmidt, in: Erb/Schäfer (2025), MüKo-StGB, § 184b Rn. 60.

[238] Gercke, ZUM 2018, 745 (747).

[239] BGH, NStZ 2014, 514 (515).

[240] Schmidt, in: Erb/Schäfer (2025), MüKo-StGB, § 184b Rn. 61.

[241] Schmidt, in: Erb/Schäfer (2025), MüKo-StGB, § 184b Rn. 65.

[242] Hierzu Sommer, Kriminalistik 2023, 380 (380 ff.).

[243] BT-Drs. 19/16543, S. 11.

möglich ist, die auf den echten Bildern abgebildeten Realpersonen zu erkennen beziehungsweise zu filtern.[244]

Das Herstellen und Verbreiten der Kinderpornografie bedarf allerdings der Zustimmung des Gerichts, bei Gefahr in Verzug genügt eine Zustimmung der Staatsanwaltschaft (§ 110d StPO).[245]

3.3 Verbreitung, Erwerb und Besitz jugendpornografischer Inhalte (§ 184c StGB)

Als weitere spezielle Form der (harten) Pornografie normiert § 184c StGB die Strafbarkeit der Verbreitung, des Erwerbs und des Besitzes jugendpornografischer Inhalte.

3.3.1 Normzweck und kriminalpolitische Bedeutung

Normzweck der Verhaltensverbote des § 184c StGB ist der Jugendschutz und der Schutz jugendlicher Darsteller.[246] Anders als bei der Kinderpornografie geht es bei § 184c StGB aber nicht um einen umfassenden Schutz Jugendlicher vor sexuellem Missbrauch, da sexuelle Handlungen mit Jugendlichen nur unter bestimmten Voraussetzungen (vgl. §§ 174, 180, 182 StGB) und nicht generell verboten sind.[247]

Es wird größtenteils anerkannt, dass durch § 184c StGB Jugendliche vor einer Verwicklung ins kommerzielle Pornografiegewerbe geschützt werden sollen.[248] Zum Teil wird der Zweck der Norm, wie auch bei der Kinderpornografie, darin gesehen, einen Markt für Jugendpornografie zu verhindern, da dieser eine Nachfrage dafür schafft, dass Jugendliche als Darsteller angeworben werden.[249] Teilweise wird auch der Schutz des Persönlichkeitsrechts oder des Rechts am eigenen Bild als Schutzzweck angeführt, wenn jugendpornografische Inhalte ein tatsächliches Geschehen wiedergeben.[250]

---

[244] BT-Drs. 19/16543, S. 11; Schmidt, in: Erb/Schäfer (2025), MüKo-StGB, § 184b Rn. 65; Wagner, ZStW 133 (2021), 1025 (1040).

[245] Schmidt, in: Erb/Schäfer (2025), MüKo-StGB, § 184b Rn. 65.

[246] Eisele, in: TK-StGB (2025), § 184c Rn. 2; Laubenthal (2012), Handbuch Sexualstrafrecht, Rn. 1070.

[247] Schmidt, in: Erb/Schäfer (2025), MüKo-StGB, § 184c Rn. 1.

[248] Eisele, in: TK-StGB (2025), § 184c Rn. 2; Hörnle, NJW 2008, 3521 (3523); Laubenthal (2012), Handbuch Sexualstrafrecht, Rn. 1069.

[249] Hörnle, NJW 2008, 3521 (3523).

[250] Eisele, in: TK-StGB (2025), § 184c Rn. 2; Eschelbach, in: Matt/Renzikowski (2020), StGB, § 184c Rn. 2.

Als weiterer Normzweck wird in § 184c StGB ein Auffangtatbestand bei Beweisschwierigkeiten gesehen, soweit Bilder mit nicht zu identifizierenden Personen aufgefunden werden, bei den die Beobachterperspektive zwar den Rückschluss auf Minderjährigkeit erlaubt, aber letztlich nicht bestimmt werden kann, ob die dargestellten Minderjährigen die Altersgrenze von vierzehn Jahren bereits überschritten haben oder dieses nicht der Fall ist.[251] Hier soll eine Verurteilung wegen § 184c StGB möglich sein, da zwischen § 184c StGB und § 184b StGB ein normatives Stufenverhältnis besteht und § 184c StGB bei verwandtem Schutzzweck die Eingriffe von geringerer Intensität unter Strafe stellt.[252]

In Bezug auf kriminalpolitische Bedeutung des § 184c StGB ist festzustellen, dass diese Norm im Vergleich zur Kinderpornografie seltener angewendet wird. Im Jahr 2020 wurden hier 201 Personen, im Jahr 2021 219 Personen und im Jahr 2022 337 Personen verurteilt.[253] Allerdings dürfte dies nicht die tatsächliche Verbreitung von Jugendpornografie, insbesondere im Internet, abbilden.[254]

3.3.2 Wesentliche Begriffsbestimmungen und Tatbestandsmerkmale

Im Folgenden sind die wesentlichen Begriffsbestimmungen und Tatbestandsmerkmale des § 184c StGB zu erläutern.

3.3.2.1 Jugendliche

Als Jugendliche gelten Personen, die vierzehn aber noch nicht achtzehn Jahren alt sind (§ 184c Abs. 1 Nr. 1 lit. a StGB). Im Rahmen der Strafbarkeit gemäß § 184c StGB besteht die Problematik, dass Jugendliche oftmals nicht von jungen Erwachsenen zu unterscheiden sind.[255]

Bei der Wiedergabe eines tatsächlichen Geschehens oder wirklichkeitsnaher Inhalte, bei denen Originalaufnahmen eines existierenden Jugendlichen verwendet werden, sind falsche Altersangaben oder eine optische Alterung (Scheinerwachsene) nicht relevant, falls die Minderjährigkeit der Darsteller tatsächlich nachweisbar ist, da es hier um den Schutz des Persönlichkeitsrechts des Jugendlichen als Recht auf Wachsen in die sexuelle Selbstbestimmung in Verbindung mit dem Recht auf infor-

---

[251] Schmidt, in: Erb/Schäfer (2025), MüKo-StGB, § 184c Rn. 5; Schroeder, GA 2009, 213 (218).

[252] Schmidt, in: Erb/Schäfer (2025), MüKo-StGB, § 184c Rn. 5; a. A. Kudlich, in: Bosch/Leible, Jugendmedienschutz, S. 85 (94 f.).

[253] Schmidt, in: Erb/Schäfer (2025), MüKo-StGB, § 184c Rn. 6 mit Verweis auf Statistisches Bundesamt, Strafverfolgung, Tab. 2.

[254] Schmidt, in: Erb/Schäfer (2025), MüKo-StGB, § 184c Rn. 6.

[255] Vgl. BVerfG, MMR 2009, 178.

mationelle Selbstbestimmung geht, für das das wahre Alter der Person entscheidend ist.[256] Hierbei kommt es auf das Alter zum Zeitpunkt der Aufnahme an.[257]

Handelt es sich bei den dargestellten Personen um sogenannte Scheinjugendliche, die jünger aussehen, aber bereits achtzehn Jahre oder älter sind, kommt eine Strafbarkeit gemäß § 184c Abs. 1 Nr. 1, Nr. 2 und Nr. 4, Abs. 2 StGB aufgrund eines wirklichkeitsnahen Geschehens in Betracht, nicht aber gemäß § 184c Abs. 1 Nr. 3, Abs. 3 StGB, die ein tatsächliches Geschehen in Bezug auf Minderjährige voraussetzen.[258]

3.3.2.2 Jugendpornografische Inhalte

Jugendpornografische Inhalte sind gemäß der Legaldefinition des § 184c Abs. 1 StGB pornografische Inhalte (§ 11 Abs. 3 StGB), welche sexuelle Handlungen von, an oder vor einer vierzehn, aber noch nicht achtzehn Jahre alten Person (§ 184c Abs. 1 Nr. 1 lit. a StGB), die Wiedergabe einer ganz oder teilweise unbekleideten vierzehn, aber noch nicht achtzehn Jahre alten Person in unnatürlich geschlechtsbetonter Körperhaltung (§ 184c Abs. 1 Nr. 1 lit. b StGB) oder die sexuell aufreizende Wiedergabe der unbekleideten Genitalien oder des unbekleideten Gesäßes einer solchen Person (§ 184c Abs. 1 Nr. 1 lit. c StGB) zum Gegenstand haben.

Die Regelungen des § 184c Abs. 1 Nr. 1 lit. a-c StGB entsprechen denen des § 184b Abs. 1 S. 1 Nr. 1 lit. a-c StGB. Ebenso wie bei § 184b StGB ist es auch bei § 184c StGB nicht ausreichend, dass der Inhalt sich lediglich auf sexuelle Handlungen bezieht, sondern der Inhalt muss auch pornografischen Charakter haben.[259] Nicht unter § 184c StGB fallen mangels eines pornografischen Charakters regelmäßig Darstellungen jugendlicher Sexualität in Literatur und Filmen im Zusammenhang mit menschlichen Beziehungen, Aufklärungsschriften und informierenden Artikeln in Jugendschriften.[260]

3.3.3 Tatbestände (§ 184c Abs. 1 S. 1 Nr. 1 a-c StGB) und Tathandlungen

Die Tatbestände und Tathandlungen entsprechen denen in § 184b StGB, sodass auf die dortigen Ausführungen weitestgehend verwiesen werden kann.

---

[256] Schmidt, in: Erb/Schäfer (2025), MüKo-StGB, § 184c Rn. 12.

[257] VGH, MMR 2009, 351 (352).

[258] BT-Drs. 18/2601, S. 32; BVerfG, MMR 2009, 178; Schmidt, in: Erb/Schäfer (2025), MüKo-StGB, § 184c Rn. 13.

[259] BT-Drs. 16/9646, S. 38; Eisele, in: TK-StGB (2025), § 184c Rn. 6,7; Hörnle, NJW 2008, 3521 (3524).

[260] Hörnle, NJW 2008, 3521 (3524).

Ein wirklichkeitsnahes Geschehen im Sinne von § 184c Abs. 1 Nr. 2, Abs. 2 StGB liegt dann vor, wenn ein durchschnittlicher Betrachter davon ausgehen muss, dass sich das Geschehen tatsächlich so ereignet hat und ein Jugendlicher zu sehen ist.[261]

Anders als in § 184b StGB müssen sich das Abrufen und die Besitzdelikte gemäß § 184c Abs. 3 StGB auf Inhalte beziehen, die ein tatsächliches Geschehen wiedergeben. Demnach muss das sexuelle Geschehen wie aufgezeichnet tatsächlich stattgefunden haben und zumindest eine der gezeigten Personen muss tatsächlich minderjährig sein.[262]

3.3.4 Subjektiver Tatbestand

Hinsichtlich des subjektiven Tatbestands des § 184c StGB sind hier ebenso der jeweils vorausgesetzte Vorsatz und die Irrtumskonstellationen zu beachten.

3.3.4.1 Vorsatz

Bei § 184c StGB muss sich der Vorsatz des Täters auch auf das jugendliche Alter der abgebildeten Person beziehen.[263]

Soweit Pornografie abgerufen wird, ist bei der Annahme eines bedingten Vorsatzes Zurückhaltung geboten, sodass bei der Anwendung des § 184c Abs. 3 StGB zu verlangen ist, dass der Täter die Minderjährigkeit eines Darstellers nicht nur für möglich, sondern für überwiegend wahrscheinlich hält.[264] Vorsatz ist hier dann zu bejahen, wenn eine vor dem Anklicken verfügbare Information den jugendpornografischen Inhalt eindeutig bezeichnet.[265]

3.3.4.2 Irrtumskonstellationen

In einer Grundsatzentscheidung hat der Bundesgerichtshof (BGH) festgestellt, dass der Täter nur wegen eines Versuchs des § 184c StGB zu bestrafen ist, wenn er aufgrund eines Irrtums die abgebildete Person für jugendlich hielt, es sich aber tatsächlich um ein Kind handelte.[266] Eine Anwendbarkeit des § 16 Abs. 2 StGB kommt nach der Auffassung des BGH in diesen Fällen nicht in Betracht, da § 184c StGB und § 184b StGB in einem Verhältnis der Exklusivität zueinanderstehen und es sich

[261] Laubenthal (2012), Handbuch Sexualstrafrecht, Rn. 1090.

[262] Eisele, in: TK-StGB (2025), § 184c Rn. 8; Fischer (2025), StGB, § 184c Rn. 8.

[263] Eisele, in: TK-StGB (2025), § 184c Rn. 10.

[264] Schmidt, in: Erb/Schäfer (2025), MüKo-StGB, § 184c Rn. 26.

[265] Schmidt, in: Erb/Schäfer (2025), MüKo-StGB, § 184c Rn. 26.

[266] BGH, NJW 2022, 3795 (3796).

bei § 184c StGB eben nicht um eine Privilegierung gegenüber § 184b StGB handelt.[267]

Dieses Ergebnis stößt in der Literatur allerdings auf Kritik, da hier derjenige, der irrtümlich von einem Kind ausgeht, obwohl es sich um eine jugendliche Person handelt, nur wegen Versuchs des § 184c StGB bestraft wird, obwohl er das größere Unrecht verwirklicht hat.[268] Zum Teil wird in diesen Fällen daher vertreten, den Täter wegen eines untauglichen Versuchs gemäß § 184b StGB oder bei den Unternehmensdelikten gemäß § 184b Abs. 1 S. 1 Nr. 2 und Nr. 4, Abs. 3 StGB wegen Vollendung zu verurteilen.[269]

Eine Verurteilung gemäß § 184c StGB scheitert dann am Tatbestandsirrtum, wenn der Täter verkennt, dass es sich um Jugendpornografie handelt und stattdessen von einfacher Pornografie mit erwachsenen Darstellern ausgegangen ist.[270] Glaubt der Täter dagegen irrtümlich es handele sich um Jugendpornografie, während es sich tatsächlich um einfache Pornografie handelt, ist er wegen eines Versuchs des § 184c StGB oder bei den Unternehmensdelikten gemäß § 184c Abs. 1 Nr. 2 und Nr. 4, Abs. 3 StGB wegen Vollendung zu bestrafen.[271] Geht der Täter irrtümlich davon aus, dass der Einsatz von Scheinjugendlichen oder Scheinerwachsenen nicht strafbar sei, liegt ein Subsumtionsirrtum vor, der als Verbotsirrtum gemäß § 17 StGB zu behandeln ist.[272]

3.3.5 *Rechtfertigung wegen Kunstfreiheit*

Soweit die Handlung sich auf einen jugendpornografischen Inhalt bezieht, der ein tatsächliches oder wirklichkeitsnahes Geschehen darstellt, führt eine Abwägung mit der Kunstfreiheit auch hier regelmäßig nicht zu einer Rechtfertigung, da die Kunstfreiheit mit dem Persönlichkeitsrecht der dargestellten jugendlichen Person als Verfügungsbefugnis über Inhalte kollidiert, die sie sexualbezogen wiedergeben, wobei das Persönlichkeitsrecht in der Regel überwiegt.[273]

Geht es lediglich um abstrakte Gefahren, die aus der Wahrnehmung jugendpornografischer Inhalte resultieren, kann eine vorzunehmende Abwägung jedoch zugunsten der Kunstfreiheit ausfallen.[274]

---

[267] BGH, NJW 2022, 3795 (3797).

[268] Mitsch, KriPoZ 2023, 249 (250); Schmidt, in: Erb/Schäfer (2025), MüKo-StGB, § 184c Rn. 27.

[269] Roser (2024), Kinder- und Jugendpornografiedelikte, S. 374 f; Schmidt, in: Erb/Schäfer (2025), MüKo-StGB, § 184c Rn. 28.

[270] Mitsch, ZStW 124 (2012), 323 (339).

[271] Roser (2024), Kinder- und Jugendpornografiedelikte, S. 378; Schmidt, in: Erb/Schäfer (2025), MüKo-StGB, § 184c Rn. 28.

[272] Schmidt, in: Erb/Schäfer (2025), MüKo-StGB, § 184c Rn. 28.

[273] Schmidt, in: Erb/Schäfer (2025), MüKo-StGB, § 184c Rn. 29; ähnlich Erdemir, in: Spindler/Schuster (2019), JMStV, § 4 Rn. 107.

[274] Schmidt, in: Erb/Schäfer (2025), MüKo-StGB, § 184c Rn. 29.

3.3.6 *Tatbestandsausschluss (§ 184c Abs. 4 StGB)*

§ 184c Abs. 4 StGB beinhaltet einen Tatbestandsausschluss für die Verbote des § 184c Abs. 1 Nr. 3, Abs. 3 StGB in Bezug auf einen tatsächlichen jugendpornografischen Inhalt, wenn dieser ausschließlich zum persönlichen Gebrauch mit Einwilligung der dargestellten Personen hergestellt wurde. Hintergrund ist, dass es der Gesetzgeber nicht für strafwürdig erachtete, wenn Jugendliche im gegenseitigen Einverständnis innerhalb einer sexuellen Beziehung zum persönlichen Gebrauch pornografische Schriften von sich herstellen, abrufen oder besitzen.[275] Gemäß dem Gesetzeswortlaut des § 184c Abs. 4 StGB gilt der Tatbestandsausschluss aber auch für Jugendliche, die nicht in einer sexuellen Beziehung mit der dargestellten Person sind, und auch für Erwachsene.

Die Einwilligung muss wirksam sein, was voraussetzt, dass die dargestellte jugendliche Person beispielsweise auch hinreichend einsichtsfähig ist.[276] Das Herstellen von Bildern ohne Einwilligung bleibt daher strafbar, auch wenn Jugendliche bewusst sexuelle Posen oder Handlungen vornehmen oder live vor einer Webcam agieren (Screenrecords) oder nur sich selbst löschende Bilder verschicken.[277]

Die Herstellung muss ausschließlich zum persönlichen Gebrauch erfolgen. Sofern eine Weiterleitung an eine dritte Person (§ 184b Abs. 1 Nr. 2 StGB) oder eine Verbreitungshandlung (§ 184b Abs. 1 Nr. 1 StGB) schon bei der Herstellung der Aufnahme geplant oder auch nur angedacht war, ist dies nicht der Fall.[278]

Nach dem Gesetzeswortlaut des § 184b Abs. 4 StGB sind nur Herstellende und Besitzende eines jugendpornografischen Inhalts privilegiert, die diese nicht selbst darstellen. Allerdings sollen auch die dargestellten Personen dann straffrei bleiben, wenn sie selbst nicht Hersteller waren, falls sie ein Exemplar des sie wiedergebenden Inhalts besitzen.[279]

Beim sogenannten Sexting ist im Wege der teleologischen Reduktion ebenso von einem Tatbestandsausschluss auszugehen, wenn ein Jugendlicher sexualbezogene Inhalte von sich selbst herstellt und einer anderen Person zum persönlichen Gebrauch überlässt, sodass hier eine Strafbarkeit nach § 184c Abs. 1 Nr. 1 und Nr. 2 StGB ausscheidet.[280] Eine Strafbarkeit gemäß § 184c Abs. 3 StGB scheidet aufgrund teleologischer Reduktion auch für die Empfänger von Sexting-Nachrichten mit jugendpornografischen Inhalten aus, wenn der abgebildete Jugendliche den Inhalt selbst hergestellt und dem Empfänger zum persönlichen Gebrauch überlassen hat, da der Empfänger hier den Inhalt nicht selbst hergestellt hat.[281]

---

[275] Vgl. BT-Drs. 16/3439, S. 9; BT-Drs. 16/9646, S. 18.

[276] Eisele, in: TK-StGB (2025), § 184c Rn. 21; Fischer (2025), StGB, § 184c Rn. 9.

[277] BGH, NStZ-RR 2019, 341 (342).

[278] Schmidt, in: Erb/Schäfer (2025), MüKo-StGB, § 184c Rn. 21.

[279] BT-Drs. 16/3439, S. 9; BT-Drs. 16/9646, S. 18.

[280] Schmidt, in: Erb/Schäfer (2025), MüKo-StGB, § 184c Rn. 23; vgl. BT-Drs. 19/19859, S. 68.

[281] Eisele, in: TK-StGB (2025), § 184c Rn. 20; Kudlich, in: Bosch/Leible, Jugendmedienschutz, S. 85 (99); Schmidt, in: Erb/Schäfer (2025), MüKo-StGB, § 184c Rn. 24.

3.4 Verbreitung gewalt- und tierpornografischer Inhalte (§ 184a StGB)

Der Vollständigkeit halber ist im Hinblick auf die Pornografiedelikte noch auf die Strafbarkeit der Verbreitung gewalt- und tierpornografischer Inhalte gemäß § 184a StGB einzugehen. Nach § 184a StGB macht sich derjenige strafbar, der einen pornografischen Inhalt (§ 11 Abs. 3 StGB), der Gewalttätigkeiten oder sexuelle Handlungen von Menschen mit Tieren zum Gegenstand hat, verbreitet oder der Öffentlichkeit zugänglich macht (Nr. 1) oder herstellt, bezieht, liefert, vorrätig hält, anbietet, bewirbt oder es unternimmt, diesen ein- oder auszuführen, um ihn im Sinne des Nr. 1 zu verwenden oder einer anderen Person eine solche Verwendung zu ermöglichen (Nr. 2)

3.4.1 Normzweck und kriminalpolitische Bedeutung

Der Normzweck des § 184a StGB besteht im Jugendschutz, da Pornografie, die Gewalttätigkeiten zum Inhalt hat, die sexuelle und soziale Entwicklung von Jugendlichen beeinflussen kann.[282] Daneben dient § 184a StGB aber auch der Vermeidung eines Nachahmungsverhaltens, da nicht ausgeschlossen werden kann, dass auch erwachsene Konsumenten von gewaltpornografischen Inhalten, die zu sadistischen Sexualverhalten neigen, zur Nachahmung angeregt werden.[283]

Soweit ein reales Geschehen dargestellt wird oder, im Fall von Deep Fake, ein Geschehen täuschend echt mit dem Gesicht einer realen Person vorgetäuscht wird, dient § 184a StGB ebenfalls dem Schutz des Persönlichkeitsrechts der wiedergegebenen Person in seinen Ausprägungen als Recht am eigenen Bild und als Recht auf sexuelle Selbstbestimmung, welches auch als Verfügungsbefugnis einer Person über Inhalte zu verstehen ist, die sie selbst sexualbezogen darstellt.[284]

Der Zweck der besonderen Straftatbestände hinsichtlich tierpornografischer Inhalte wird darin gesehen, dass derartige Darstellungen als besonders widerwärtig und anstößig empfunden werden.[285] Letztlich geht es daher um die Sanktionierung eines Tabubruchs und somit eines unmoralischen Verhaltens.[286]

Im Übrigen könnte als Normzweck im Hinblick auf die Produktion solcher Inhalte und auf mögliche nachahmende Handlungen von Konsumenten hier auch der Tierschutz herangezogen werden, da es gemäß dem Tierschutzgesetz (TierSchG) verboten und sanktioniert ist, ein Tier für sexuelle Handlungen zu nutzen und es

[282] Hierzu Schmidt, in: Erb/Schäfer (2025), MüKo-StGB, § 184a Rn. 1.

[283] Schmidt, in: Erb/Schäfer (2025), MüKo-StGB, § 184a Rn. 1.

[284] Schmidt, in: Erb/Schäfer (2025), MüKo-StGB, § 184a Rn. 2.

[285] Eisele, in: TK-StGB (2025), § 184a Rn. 1a; Fischer (2025), StGB, § 184a Rn. 2; Weigend, ZStW 129 (2017), 513 (525).

[286] Eisele, in: TK-StGB (2025), § 184a Rn. 1a.

hierdurch zu einem artwidrigen Verhalten zu zwingen (§§ 3 S. 1 Nr. 13, § 18 Abs. 1 Nr. 4 TierSchG).[287]

Die kriminalpolitische Bedeutung von § 184a StGB ist gering, da Verurteilungen nach dieser Norm nur äußerst selten erfolgen. Im Jahr 2020 wurden 14 Personen, im Jahr 2021 16 Personen und im Jahr 2022 24 Personen verurteilt.[288] Hieraus kann jedoch nicht gefolgert werden, dass es wesentlich weniger Gewalt- und Tierpornografie auf dem Markt, insbesondere im Internet, gibt, als Kinderpornografie, denn besonders die Gewaltpornografie ist in einem wesentlich größeren Umfang verbreitet als es die Verurteilungsziffern vermuten lassen und diese wird auch von Jugendlichen konsumiert.[289]

3.4.2 Tatbestandsmerkmale und Tathandlungen

Der objektive Tatbestand des § 184a StGB erfordert pornografische Inhalte, die Gewalttätigkeiten oder sexuelle Handlungen von Menschen mit Tieren zum Gegenstand haben und als Tathandlungen ein Verbreiten oder der Öffentlichkeit Zugänglichmachen dieser Inhalte (§ 184a Nr. 1 StGB) oder ein Herstellen, Beziehen, Liefern, Vorrätighalten, Anbieten, Bewerben oder Unternehmen zum ein- und ausführen solcher Inhalte (§ 184a Nr. 2 StGB).

3.4.2.1 Gewalttätigkeiten

Der pornografische Inhalt muss gemäß § 184a Alt. 1 StGB Gewalttätigkeiten zum Gegenstand haben, mithin gewaltpornografisch sein. Ein Inhalt ist gewaltpornografisch, wenn er sexuelle Handlungen im Zusammenhang mit Gewalttätigkeiten auf pornografische Weise darstellt.[290] Eine aggressive Handlung ist gewalttätig, wenn sie die körperliche und seelische Unversehrtheit des Opfers zumindest konkret gefährdet.[291] Als gewalttätig ist beispielsweise die Darstellung von Sexualmorden oder Vergewaltigungen und sexuelle Nötigungen mit erheblicher Gewalt anzusehen.[292] Eine gewaltpornografische Einordnung ist unabhängig davon, ob der Inhalt ein tatsächliches oder wirklichkeitsnahes Geschehen wiedergibt oder erkennbar fiktiv ist.[293]

---

[287] Vgl. BVerfG, NJW 2016, 1229.

[288] Schmidt, in: Erb/Schäfer (2025), MüKo-StGB, § 184a Rn. 4.

[289] Krahé, ZEPP 2011, 133 (134).

[290] Schmidt, in: Erb/Schäfer (2025), MüKo-StGB, § 184a Rn. 6.

[291] OLG Köln, NJW 1981, 1458 (1459); Eisele, in: TK-StGB (2025), § 184a Rn. 3; Fischer (2025), StGB, § 184a Rn. 4.

[292] Fischer (2025), StGB, § 184a Rn. 5.

[293] BGH, NStZ 2000, 307 (309); Schmidt, in: Erb/Schäfer (2025), MüKo-StGB, § 184a Rn. 6, 9.

§ 184a Alt. 1 StGB setzt voraus, dass die Gewalttätigkeit im Zusammenhang mit sexuellen Handlungen steht, demnach mit diesen verbunden sind oder ihrer Durchführung dienen.[294] Dabei ist es ausreichend, wenn bei einem Gesamtwerk nur einzelne Teile sexuelle Handlungen gekoppelt mit Gewalttätigkeiten wiedergeben, soweit es sich um einen prägnanten Ausschnitt des Werkes handelt.[295] § 184a StGB normiert nicht, dass Menschen Opfer der dargestellten Gewalttätigkeiten sein müssen, daher können ebenso Inhalte einbezogen werden, in denen erfundene menschenähnliche Wesen oder auch Puppen verwendet werden.[296]

Streitig ist, ob § 184a Alt. 1 StGB ebenfalls anzuwenden ist, wenn die gewaltsame Einwirkung von Anfang an mit Einverständnis der anderen Person (beispielsweise bei BDSM-Praktiken) vorgenommen wird.[297] Sofern offensichtlich einverständliche Verhaltensweisen innerhalb der Grenzen des § 228 StGB gezeigt werden, kann es bereits am Merkmal der Pornografie fehlen.[298] Eine einschränkende Auslegung des Merkmals der Gewalttätigkeit ist jedenfalls dann geboten, wenn es bei BDSM-Praktiken nicht zu ernsthaften Verletzungen der körperlichen oder seelischen Integrität kommt.[299]

3.4.2.2 Sexuelle Handlungen von Menschen mit Tieren

Der pornografische Inhalt muss gemäß § 184a Alt. 2 StGB sexuelle Handlungen von Menschen und Tieren zum Gegenstand haben (sogenannte Sodomiepornografie).

Sexuelle Handlungen sind gemäß § 184h Nr. 1 StGB nur solche, die im Hinblick auf das jeweils geschützte Rechtsgut von einiger Erheblichkeit sind. Eine erhebliche sexuelle Handlung setzt im Rahmen des § 184a StGB voraus, dass es zwischen einem Menschen und einem Tier zu Körperkontakt kommt.[300] Dabei ist es außerdem erforderlich, dass der Körperkontakt sich auf den Intimbereich des Menschen und/oder des Tieres erstreckt, wobei auch der sexuelle Kontakt mit einem toten Tier eingeschlossen ist.[301]

---

[294] Schmidt, in: Erb/Schäfer (2025), MüKo-StGB, § 184a Rn. 8.

[295] Heger, in: Lackner/Kühl/Heger (2023), StGB, § 184a Rn. 2; Schmidt, in: Erb/Schäfer (2025), MüKo-StGB, § 184a Rn. 8; strenger BGH, NStZ 1990, 586 (587).

[296] Schmidt, in: Erb/Schäfer (2025), MüKo-StGB, § 184a Rn. 9; vgl. auch BGH, NStZ 2000, 307 (308).

[297] So BGH, NStZ 2000, 307 (309); OLG Köln, MMR 2014, 135; Eisele, in: TK-StGB (2025), § 184a Rn. 3a; krit. Fischer (2025), StGB, § 184a Rn. 6 f.

[298] Eisele, in: TK-StGB (2025), § 184a Rn. 3a; Fischer (2025), StGB, § 184a Rn. 5.

[299] Eisele, in: TK-StGB (2025), § 184a Rn. 3; Schmidt, in: Erb/Schäfer (2025), MüKo-StGB, § 184a Rn. 11.

[300] Eisele, in: TK-StGB (2025), § 184a Rn. 4; Fischer (2025), StGB, § 184a Rn. 8.

[301] Eisele, in: TK-StGB (2025), § 184a Rn. 4; Schmidt, in: Erb/Schäfer (2025), MüKo-StGB, § 184a Rn. 12.

3.4.2.3 Tathandlungen

Hinsichtlich der Tathandlungen des Verbreitens und Zugänglichmachens (§ 184a Nr. 1 StGB) sowie des Herstellens (§ 184a Nr. 2 StGB) kann auf die oben zu § 184b StGB gemachten Ausführungen verwiesen werden. Hierbei ist zu beachten, dass die Tathandlungen des Verbreitens und des der Öffentlichkeit Zugänglichmachens bei § 184a StGB auch unter Erwachsenen strafbar sind.[302]

§ 184a Nr. 2 StGB stellt die Vorbereitungshandlung zu den Taten des § 184a Nr. 1 StGB unter Strafe, nämlich das Herstellen, Beziehen, Liefern, Vorrätighalten, Anbieten, Bewerben oder Unternehmen, den Inhalt ein- oder auszuführen, um ihn im Sinne des § 184a Nr. 1 StGB zu verwenden oder einer anderen Person eine solche Verwendung zu ermöglichen.

Der Besitz und das Besitzverschaffen wird bei § 184a StGB, anders als bei §§ 184b, 184c StGB, nicht erfasst. Gegenüber § 184b Abs. 1 S. 1 Nr. 2, Abs. 3 StGB sieht § 184a StGB auch keine Strafbarkeit bei Besitzverschaffung, Besitz oder Abruf vor.

Echtzeitübertragungen von gewalt- oder tierpornografischen Inhalten ohne Speicherung werden durch § 184a StGB ebenfalls nicht erfasst, da sie dem Empfänger mangels Gewahrsams keine nachfolgende Verbreitung ermöglichen.[303]

3.4.3 Subjektiver Tatbestand

Der Vorsatz des Täters muss sich auf den pornografischen Inhalt beziehen und überdies muss er es ernstlich für möglich halten, dass zu dem Inhalt Gewalttätigkeiten oder sexuelle Handlungen von Menschen mit Tieren gehören, wobei die bedingt vorsätzliche Vornahme der Tathandlung regelmäßig ausreicht, sofern nicht in § 184a Nr. 2 StGB Absicht vorausgesetzt wird.[304]

3.4.4 Rechtfertigung wegen Kunstfreiheit

Sowohl gewalt- als auch tierpornografische Inhalte können unter bestimmten Voraussetzungen Kunst sein.[305] Da bei einer Produktion von gewalt- oder tierpornografischen Inhalten, anders als bei kinderpornografischen Inhalten, nicht zwingend Grundrechte der Darsteller verletzt werden, wäre eine Regel dergestalt, dass die

---

[302] Eisele, in: TK-StGB (2025), § 184a Rn. 5.

[303] BT-Drs. 19/19859, S. 54, 65.

[304] Schmidt, in: Erb/Schäfer (2025), MüKo-StGB, § 184a Rn. 15.

[305] BGH, NStZ 1990, 586 (587).

Kunstfreiheit ausnahmslos zurücktreten müsse und daher niemals eine Rechtfertigung aus Art. 5 Abs. 3 GG in Betracht komme, unangebracht.[306]

Die Kunstfreiheit hat aber regelmäßig dann zurückzutreten, wenn das Persönlichkeitsrecht einer wiedergegebenen oder dargestellten Person als Recht am eigenen Bild in Verbindung mit dem Recht auf sexuelle Selbstbestimmung verletzt wird, da es sich insoweit um eine schwerwiegende Persönlichkeitsrechtsverletzung handelt.[307]

Literatur

Böse, Martin (2006), Die Europäisierung der Strafvorschriften gegen Kinderpornografie, in: Festschrift für Friedrich-Christian Schröder zu 70. Geburtstag, von Andreas Hoyer, Henning Ernst Müller, Michael Pawlik und Jürgen Wolter (Hrsg.), C.F. Müller Verlag, Heidelberg.

Brodowski, Dominik (2011), Anmerkung zu Hans. OLG Hamburg, Urt. v. 15.02.2010 – 2-27/09 (REV) 1 Ss 86/09, StV 2011, 99 (Zugriff auf inkriminierte Schriften im Inernet), StV 2011: 105–108.

Eckstein, Ken (2011), Ist das „Surfen" im Internet strafbar? – Anmerkungen zum Urteil des OLG Hamburg vom 15.2.2010, NStZ 2011: 18–22.

Eisele, Jörg (2021), Neues Gesetz zur Bekämpfung von sexuellem Missbrauch von Kindern, DRiZ 2021: 184–187.

Eisele, Jörg/Franosch, Rainer (2016), Posing und der Begriff der Kinderpornografie in § 184b StGB nach dem 49. Strafrechtsänderungsgesetz, ZIS 8/2016: 519–525.

Erb, Volker/Schäfer, Jürgen (2025), Münchener Kommentar zum Strafgesetzbuch: StGB, Band 3: §§ 80-184l, 5. Auflage, Verlag C.H. Beck, München.

Erb, Volker/Schäfer, Jürgen (2021), Münchener Kommentar zum Strafgesetzbuch: StGB, Band 3: §§ 80-184k, 4. Auflage, Verlag C.H. Beck, München.

Erdemir, Murad (2003), Neue Paradigmen der Pornografie? – Ein unbestimmter Rechtsbegriff auf dem Prüfstand, MMR 2003: 628–635.

Fischer, Thomas (2025), Strafgesetzbuch: StGB – mit Nebengesetzen, Kommentar, 72. Auflage, Verlag C.H. Beck, München.

Gercke, Marco (2018), Die Entwicklung des Internetstrafrechts 2017/2018, ZUM 2018: 745–753.

Gercke, Marco (2015), Die Entwicklung des Internetstrafrechts 2014/2015, ZUM 2015: 772–782.

Gercke, Marco (2010), Die Entwicklung des Internetstrafrechts 2009/2010, ZUM 2010: 633–645.

Harms, Sven (2003), Ist das „bloße" Anschauen von kinderpornographischen Bildern im Internet nach geltendem Recht strafbar?, NStZ 2003: 646–650.

Heinrich, Manfred (2016), Die Verbreitung von Pornografie gem. § 184 StGB – Teil 1, ZJS 2/2016: 132–149.

Heinrich, Manfred (2016), Das „Verbreiten" als Tathandlung im Medienstrafrecht, Beiträge zum Medienstrafrecht – Teil 5, ZJS 5/2016: 569–588.

Heinrich, Manfred (2005), Neue Medien und klassisches Strafrecht – § 184b IV StGB im Lichte der Internetdelinquenz, NStZ 2005: 361–366.

Herchel, Sabrina/Steinert, Mirijam/Dehne, Vivien/Labudde, Dirk (2024), Der forensische Wert von Thumbnails und Cache-Dateien im Ermittlungsverfahren, S. 309–319, in: Klein, Maike/Krupka, Daniel/Winter, Cornelia/Gergeleit, Martin/Martin, Ludger (Hrsg.), INFORMATIK 2024, Verlag Köllen, Bonn.

[306] BVerfG, NJW 1991, 1471 (1472 f.); Schmidt, in: Erb/Schäfer (2025), MüKo-StGB, § 184a Rn. 13.

[307] Schmidt, in: Erb/Schäfer (2025), MüKo-StGB, § 184a Rn. 13.

Hilgendorf, Eric/Kusche, Carsten/Valerius, Brian (2022), Computer- und Internetstrafrecht, 3. Auflage, Springer-Verlag, Berlin Heidelberg.
Hörnle, Tatjana (2010), Besitz von Internet-Kinderpornografie, Anmerkung zu OLG Hamburg, Urteil vom 15.2.2010 – 27/09 (REV), NStZ 2010: 704–706.
Hörnle, Tatjana (2008), Die Umsetzung des Rahmenbeschlusses zur Bekämpfung der sexuellen Ausbeutung von Kindern und der Kinderpornographie, NJW 2008: 3521–3525.
Hopf, Kristina/Braml, Birgit (2007), Virtuelle Kinderpornographie vor dem Hintergrund des Online-Spiels Second Life, ZUM 2007: 354–364.
Krahé, Barbara (2011), Pornografiekonsum, sexuelle Skripts und sexuelle Aggression im Jugendalter, Zeitschrift für Entwicklungspsychologie und Pädagogische Psychologie (ZEPP) 43 (3) 2011: 133-141.
Krause, Benjamin (2016), Alte und neue Rechtsprobleme nach der „Edathy-Affäre", MMR 2016: 665–669.
Kudlich, Hans (2012), Sexting und andere Probleme des Verbots jugendpornographischer Schriften in § 184c StGB, S. 85–104, in: Bosch, Nikolaus/Leible, Stefan (Hrsg.), Jugendmedienschutz im Informationszeitalter, Jenaer Wissenschaftliche Verlagsgesellschaft, Jena.
Lackner, Karl/Kühl, Kristian/Heger, Martin (2023), Strafgesetzbuch: StGB, Kommentar, 30. Auflage, Verlag C.H. Beck, München.
Laubenthal, Klaus (2012), Handbuch der Sexualstraftaten, Die Delikte gegen die sexuelle Selbstbestimmung, Springer-Verlag, Berlin Heidelberg New York.
Lund, Nils (2023), Das Verbreiten von Inhalten in geschlossenen Chatgruppen, NStZ 2023: 641–646.
Matt, Holger/Renzikowski, Joachim (2020), Strafgesetzbuch: StGB, 2. Auflage, Verlag Franz Vahlen, München.
Mitsch, Wolfgang (2023), Kinder- und Jugendpornographische Inhalte (§§ 184b, 184c StGB) und § 30 StGB, KriPoZ 4/2023: 249–253.
Mitsch, Wolfgang (2012), Fehlvorstellungen über das Alter der Darsteller bei Kinder- und Jugendpornographie, §§ 184b, c StGB, ZStW 124 (2012): 323–342.
Reinbacher, Tobias/Welzel, Simon (2022), Verbreiten und der Öffentlichkeit Zugänglichmachen als Tathandlungen der Inhaltsdelikte, GA 2022: 256–272.
Roser, Lukas (2024), Die Kinder- und Jugendpornografiedelikte im Zeitalter der Neuen Medien, Verlag Duncker & Humblot, Berlin.
Schmidt, Anja (2024), Das Gesetz zur Anpassung der Mindeststrafen bei den Besitzdelikten § 184b StGB, KriPoZ 2024: 181–188.
Schroeder, Friedrich-Christian (2009), Gesetzestechnische Mängel im Gesetz zur Umsetzung des EU-Rahmenbeschlusses zur Bekämpfung der sexuellen Ausbeutung von Kindern und der Kinderpornographie, GA 2009: 213–218.
Schumann, Heribert (2015), Verbreitungsverbot für Nabokovs „Lolita"?, Anmerkungen zu BGH, Urt. v. 11.2.2014 – 1 StR 485/13 und § 185b StGB n.F., ZIS 4/2015: 234–243.
Sommer, Nina (2023), Die fiktionale Keuschheitsprobe – Möglichkeiten und Grenzen des Einsatzes künstlichen Bildmaterials im Kontekt von Ermittlungsverfahren im Deliktsbereich der Kinderpornografie, Kriminalistik 2023: 380–386.
Spindler, Gerald/Schuster, Fabian (2019), Recht der elektronischen Medien, Kommentar, 4. Auflage, Verlag C.H. Beck, München.
Tübinger Kommentar (2025), Strafgesetzbuch: StGB, Kommentar, 31. Auflage, Verlag C.H. Beck, München.
Wagner, Markus (2021), Polizeiliche „Keuschheitsproben" im dark web – Überlegungen zu § 110d StPO, § 184b Abs. 6 StGB, ZStW 4/133 (2021): 1025-1048.
Weigend, Thomas (2017), Tatbestände zum Schutz der Sexualmoral, ZStW 129 (2017): 513–528.
Wüstenberg, Dirk (2009), Zum Vorsatz bei digitalen Besitzstraftaten, StraFo 2009: 233–236.

Kapitel 4
Verteidigung in Ermittlungsverfahren wegen Kinder- und Jugendpornographie

Gegenstand dieses Kapitels ist die Verteidigung in Ermittlungsverfahren wegen Kinder- und Jugendpornografie, deren Hauptaspekte nachfolgend erörtert werden.

4.1 Bedeutung des Ermittlungsverfahrens

Auch in Verfahren wegen Kinder- und Jugendpornografie findet bereits im Ermittlungsverfahren die entscheidende Richtungsweisung hinsichtlich eines Strafverfahrens statt, denn, soweit es nicht zu einer Verfahrenseinstellung kommt, wird eine spätere Hauptverhandlung tatsächlich und rechtlich durch die Ermittlungstätigkeit der Strafverfolgungsbehörde generell vorgeprägt.[1] Dies ergibt sich daraus, dass in der Hauptverhandlung oftmals die hinsichtlich des Tatverdachts, des Schuldumfangs der vorgeworfenen Straftat, deren rechtlicher Einordnung und der maßgeblichen Strafzumessungsfaktoren von den Ermittlungsinstanzen vorgenommenen Wertungen in den richterlichen Urteilsspruch aufgrund Vorurteilsbildung übertragen werden, wodurch der Beschuldigte im Wesentlichen strukturell benachteiligt wird.[2]

Gerade in Verfahren wegen Kinder- und Jugendpornografie sollte es allerdings das vornehmliche Ziel der Strafverteidigung sein, möglichst eine Einstellung des Verfahrens anzustreben, um eine Anklageerhebung und ein Hauptverfahren mit weiteren negativen Konsequenzen für den Beschuldigten, beispielsweise durch weitere mediale Berichterstattung, zu vermeiden. Hierzu ist seitens der Strafverteidigung insbesondere eine rechtlich fundierte Überzeugungsarbeit gegenüber der Staatsanwaltschaft erforderlich.[3] Dies gilt jedoch auch in den Fällen, in denen eine

[1] Schlothauer, in: Müller/Schlothauer/Knauer (2022), MAH Strafverteidigung, § 3 Rn. 1.

[2] Schlothauer, StV 2016, 607 ff.

[3] Schlothauer, in: Müller/Schlothauer/Knauer (2022), MAH Strafverteidigung, § 3 Rn. 2.

N. Odebralski, *Strafverteidigung in Verfahren wegen Kinder- und Jugendpornografie*, https://doi.org/10.1007/978-3-662-73769-9_4

Einstellung des Verfahrens nicht in Betracht kommt, um gegebenenfalls ein Strafbefehlsverfahren oder wenigstens eine möglichst schonende Anklageerhebung zu erreichen.[4]

In jedem Fall stellt bereits das Ermittlungsverfahren eines wegen Kinder- und Jugendpornografie Beschuldigten für diesen eine erhebliche psychische Belastung dar, insbesondere, wenn der Beschuldigte belastenden Ermittlungseingriffen oder Maßnahmen zur Verfahrenssicherung unterworfen ist, und führt oftmals zu einer Gefährdung seiner beruflichen und wirtschaftlichen Existenz sowie seiner sozialen Stellung.[5]

4.2 Ablauf des Ermittlungsverfahrens

Die Natur des Ermittlungsverfahrens ist ein Prozess der Verdachtsklärung.[6] Das Ermittlungsverfahren wird aufgrund eines (Anfangs-)Verdachts einer strafbaren Handlung, hier gemäß der §§ 184, 184a, 184b oder 184c StGB, in der Regel durch die zuständige Staatsanwaltschaft gegen den Beschuldigten eingeleitet. Ziel des Ermittlungsverfahrens ist aus Perspektive der Staatsanwaltschaft die Ausforschung des Sachverhalts.

Die Durchführung der Ermittlungen erfolgt durch Beweiserhebungen, wie durch Vernehmung von Zeugen und Sicherung von Beweismitteln, aber auch durch Vernehmung des Beschuldigten. Darüber hinaus besteht die Möglichkeit von Zwangsmaßnahmen, wie Durchsuchungen, Überwachungen oder der Einsatz technischer Mittel, die regelmäßig eine gerichtliche Entscheidung voraussetzen. In besonderen Fällen kann gegen den Beschuldigten auch eine Untersuchungshaft richterlich angeordnet werden. Nach der Erhebung aller erforderlichen Beweise entscheidet die Staatsanwaltschaft darüber, in welcher Weise das Ermittlungsverfahrens abgeschlossen werden soll, beispielsweise durch Anklageerhebung, Strafbefehl oder Einstellung.

In dem Stadium des Ermittlungsverfahrens ist es Aufgabe der Verteidigung dem Beschuldigten zu vermitteln, wie die Art und Weise der Ermittlungen und das Ergebnis des Ermittlungsverfahrens durch die Verteidigung beeinflusst werden können und welche Verfahrensbeendigungsalternativen es gegebenenfalls gibt.[7] Insbesondere ist der Beschuldigte über seine Rechte und Pflichten im Ermittlungsverfahren und Verhaltensweisen in bestimmten Verfahrenssituationen aufzuklären.[8]

---

[4] Schlothauer, in: Müller/Schlothauer/Knauer (2022), MAH Strafverteidigung, § 3 Rn. 2.

[5] Schlothauer, in: Müller/Schlothauer/Knauer (2022), MAH Strafverteidigung, § 3 Rn. 3.

[6] Schlothauer, in: Müller/Schlothauer/Knauer (2022), MAH Strafverteidigung, § 3 Rn. 7.

[7] Schlothauer, in: Müller/Schlothauer/Knauer (2022), MAH Strafverteidigung, § 3 Rn. 7.

[8] Schlothauer, in: Müller/Schlothauer/Knauer (2022), MAH Strafverteidigung, § 3 Rn. 8.

4.3 Durchsuchung und Beschlagnahme

4.3.1 NCMEC und Anfangsverdacht

4.3.1.1 NCMEC

Gerade bei Verdächtigungen wegen Kinder- und Jugendpornografiedelikten kommt es bei den Beschuldigten zumeist zu (Haus-)Durchsuchungen und Beschlagnahmungen. Heute identifizieren große Provider kinder- oder jugendpornografische Bild- oder Videodateien, ordnen sie einer IP-Adresse zu und melden die Identifikation an die Ermittlungsbehörden, woraufhin die Staatsanwaltschaften in der Regel relativ einfach einen Durchsuchungsbeschluss gegen den Beschuldigten erwirken können (§§ 102, 105 StPO), da dem Ermittlungsrichter hierfür zumeist ein solcher Anfangsverdacht[9] wegen des Verdachts des Besitzes kinder- und jugendpornografischer Inhalte genügt.

Der Anfangsverdacht, und damit der Anlass für eine Hausdurchsuchung, basiert heute zumeist auf einer Meldung des NCMEC (National Centre for Missing and Exploited Children) mit Sitz in den USA, das unter anderem auch Meldungen zu Kinder- und Jugendpornografie weiterleitet.[10] Die sogenannten Provider sind in den USA unter Androhung erheblicher Strafen verpflichtet, Verdachtsmomente von Kinderpornografie an das NCMEC zu melden und das NCMEC ist wiederum verpflichtet, die Meldungen an Bundes- und Landesbehörden in den USA und an die entsprechenden internationalen Strafverfolgungsbehörden weiterzugeben.[11]

Das NCMEC ist eine privatrechtlich organisierte NGO (private, nonprofit organization), die mit US-amerikanischen Bundesbehörden (Office of Juvenile Justice and Delinquency Prevention – OJJDP) und Geheimdiensten zusammenarbeitet, und aufgrund dieser Zwitterstellung zwischen staatlicher Aufgabenwahrnehmung und privatrechtlicher Organisation als halbstaatlich bezeichnet wird.[12] Das NCMEC arbeitet mit großen Internetdienstleistern und Plattformen zusammen und dessen Meldungen basieren zumeist auf automatisierten Erkennungssystemen, die Bilder und Videos mit bekannten Missbrauchsdarstellungen vergleichen (sogenannte Hash-Werte).

Im Jahr 2022 meldete das NCMEC dem Bundeskriminalamt (BKA) mehr als 100.000 Verdachtsfälle.[13] Dem BKA wird durch einen sogenannten CyberTipeline-Report (CT-Report), bei dem es sich um die Bezeichnung für standardisierte Verdachtsmeldungen hinsichtlich des Verdachts der Kinderpornografie handelt,[14] mitgeteilt, dass ein Verdachtsfall durch einen Kooperationspartner gemeldet wurde und

---

[9] Zum Anfangsverdacht bei Jugendpornografie BVerfG, NJW 2024, 3643.

[10] Urbanzyk, StRR 2025, 6.

[11] Pschorr/Wörner, StV 2023, 274 f.

[12] BT-Drs. 20/3175, S. 23; Pschorr/Wörner, StV 2023, 274 (275).

[13] Rau/Schröder, DRiZ 2023, 88 (89).

[14] Pschorr/Wörner, StV 2023, 274.

übermittelt mit dem Report, auf der Grundlage einer Kooperationsvereinbarung,[15] alle verfügbaren Daten. Das BKA leitet die Meldung an die zuständigen Landesbehörden und diese an die lokal zuständigen Staatsanwaltschaften weiter, welche dann regelmäßig eine Hausdurchsuchung bei dem Beschuldigten beantragen.

Die Daten werden bei NCMEC nicht individuelle geprüft, sondern die Prüfung erfolgt durch eine Erkennungssoftware des umstrittenen Anbieters Palantir,[16] sodass eine individuelle Prüfung auf strafrechtliche Relevanz gegebenenfalls erstmals bei den deutschen Behörden stattfindet, aufgrund deren Ermittlungen dann letztlich regelmäßig die Hausdurchsuchung erfolgt.[17]

Auch sind die in den Berichten des BKA und des NCMEC enthaltenen Tatsachen forensisch nicht überprüfbar, denn deutsche Behörden haben weder Zugriff auf die technische Infrastruktur noch auf die eingesetzten Algorithmen, die die Meldungen generieren.[18]

Das NCMEC als faktisch private Strafverfolgungs- und Datensammeleinrichtung wird innerhalb Deutschlands und der EU daher kritisch betrachtet.[19] Dies gilt im Hinblick auf derart massenhaft abgefischte Daten auch bei der deutschen Richterschaft, die hier eine saubere Vorarbeit bei der Datenerlangung und eine fehlerfreie Rechtshilfe verlangt, um Beweisverwertungsverbote zu vermeiden.[20] Dennoch gibt es innerhalb der Rechtsprechung kaum derartige Beweisverwertungsverbote oder konkrete Kritik an der Verwendung von NCMEC-Meldungen in deutschen Strafverfahren.[21]

4.3.1.2 Anfangsverdacht

Hierbei stellt sich allerdings bereits die Frage, ob eine Meldung durch das NCMEC, jedenfalls bei Mehrfamilienhäusern und Wohnungen mit mehreren Bewohnern, überhaupt einen Anfangsverdacht gegen eine konkrete Person begründen kann, da diese lediglich zu einer IP-Adresse, einem Anschlussinhaber und damit in einen Haushalt, nicht aber ohne Weiteres zu einem bestimmten Endgerät oder Nutzer führt.[22]

Dennoch lässt die Rechtsprechung zumeist die Meldung des NCMEC für einen Anfangsverdacht gegen den Anschlussinhaber und die Anordnung der Durchsuchung genügen, auch wenn andere Haushaltsmitglieder Zugriff auf den Internetanschluss und ein oder mehrere Endgeräte hatten.[23]

---

[15] BT-Drs. 17/3366, S. 6.

[16] Pschorr/Wörner, StV 2023, 274 (275).

[17] Urbanzyk, StRR 2025, 6 (7 f.).

[18] AG Reutlingen, Beschl. v. 18.08.2022 – 5 Ds 52 Js 9104/22 jug Rn. 23, juris.

[19] Hierzu Pschorr/Wörner, StV 2023, 274 ff.

[20] Rau/Schröder, DRiZ 2023, 88 (89).

[21] Vgl. LG Halle, Beschl. v. 12.0.2020 – 10a Qs 77/20 Rn. 11, juris; Urbanzyk, StRR 2025, 6 (7).

[22] Urbanzyk, StRR 2025, 6 (9).

[23] LG Paderborn, Beschl. v. 20.09.2024 – 1 Qs 94/24; LG Bamberg, Beschl. v. 18.12.2023 – 15 Qs 86/23.

Es gibt allerdings auch Entscheidungen, in denen ein Anfangsverdacht aufgrund einer NCMEC-Meldung verneint wurde, da die zur E-Mail-Adresse hinterlegte Rufnummer nicht dem Beschuldigten zuzuordnen war und es weitere Haushaltsmitglieder gab, die potenziell als Tatverdächtige in Betracht kamen.[24]

Insgesamt ist aber festzustellen, dass die Voraussetzungen für die Begründung eines Anfangsverdachts eher gering sind, im Gegensatz zu den Voraussetzungen zur Bejahung des für die Eröffnung des Hauptverfahrens erforderlichen hinreichenden Tatverdachts.[25] Zur vertieften Analyse der Rechtsprechung bezüglich der IP-Zuordnung und den hieraus abzuleitenden Verteidigungsansätzen siehe Kap. 8, Punkt 8.1.1 „BGH – IP-Zuordnung", Punkt 8.2.2 „Zuordnung von IP-Adressen" und Punkt 8.3.2 „IP-Adresse".

4.3.2 Durchführung von Durchsuchung und Beschlagnahme

Zumeist erfährt der Beschuldigte erst aus dem Durchsuchungsbeschluss das gegen ihn ein Anfangsverdacht wegen eines Tatvorwurfs aus §§ 184b, 184c StGB besteht. Ziel der Durchsuchung ist dann regelmäßig die Beschlagnahme sämtlicher Computer, Laptops, Tablets, Mobiltelefone und sonstiger Speichermedien, um diese anschließend auf den Bestand von kinder- und jugendpornografischen Inhalten zu untersuchen.

Hier ist es Aufgabe der Verteidigung die Zulässigkeit und eine baldige Beendigung der Maßnahmen zu prüfen und zu erwirken, um eventuelle Auswirkungen auf das weitere Verfahren zu beeinflussen, welches sowohl rechtliche als auch taktische Fragen aufwirft.[26]

Bei der Durchführung der Durchsuchung und einer etwaigen Beschlagnahme steht dem anwesenden Beschuldigten gemäß § 106 Abs. 1 S. 1 StPO ein Anwesenheitsrecht zu.[27] Ein solch gesetzliches Anwesenheitsrecht wird dem Verteidiger zwar nicht eingeräumt, allerdings darf er des Ortes der Durchsuchung von den durchführenden Beamten nicht verwiesen werden, sofern er die Amtshandlungen der Ermittlungsbehörden nicht stört (§ 164 StPO).[28]

Der Durchsuchung sollte baldmöglichst ausdrücklich widersprochen werden, damit einer nachträglichen rechtlichen Überprüfung der Durchsuchungsmaßnahme und einer eventuellen Geltendmachung von sich aus einer unzulässigen Durchsuchung ergebenden Beweisverwertungsverboten nicht ein (konkludentes)

[24] AG Reutlingen, Beschl. v. 18.08.2022 – 5 Ds 52 Js 9104/22 jug Rn. 14, juris; LG Detmold, Beschl. v. 11.04.2022 – 23 Qs 27/22.

[25] Urbanzyk, StRR 2025, 6 (10).

[26] Schlothauer, in: Müller/Schlothauer/Knauer (2022), MAH Strafverteidigung, § 3 Rn. 106.

[27] Hierzu Peters, NZWiSt 2017, 465 (470); dazu auch Arnemann, StraFo 2021, 142 (145).

[28] Park, Durchsuchung und Beschlagnahme, Rn. 217 ff.

Einverständnis des Betroffenen entgegengehalten werden kann.[29] Insbesondere hat die Verteidigung auch zu kontrollieren, aufgrund welcher rechtlichen Grundlage (Anordnung) die Durchsuchung erfolgt ist, um die Rechtsmäßigkeit der Durchsuchungsmaßnahme und eine eventuelle Beschlagnahme sowie etwaige Rechtsschutzmöglichkeiten hiergegen prüfen zu können.

Bei einer Anordnung der Durchsuchung durch die Staatsanwaltschaft oder ihrer Ermittlungspersonen wegen Gefahr im Verzug (§ 105 Abs. 1 S. 1 Alt. 2 StPO) ist dem von der Durchsuchung Betroffenen und somit auch dessen Verteidiger zunächst nur eine mündliche Mitteilung zu machen (vgl. § 107 S. 1 StPO), die aber zumindest Angaben zum Tatvorwurf und darüber enthalten muss, die Auffindung welcher Beweismittel die Ermittlungsbehörden erwarten.[30] Bei einer Durchsuchung aufgrund richterlicher Anordnung ist dem Betroffenen beziehungsweise dessen Verteidiger vor Beginn der Durchsuchung eine Abschrift des Beschlusses mit vollständiger Begründung durch Aushändigung bekanntzumachen (§ 35 StPO), soweit nicht hierdurch der Untersuchungszweck gefährdet wird.[31]

Die Verteidigung hat in Kenntnis der rechtlichen Grundlage zu kontrollieren, ob die jeweiligen Durchsuchungsmaßnahmen aufgrund der zugrunde liegenden Anordnung rechtlich zulässig sind. Unzulässig ist jedenfalls die gezielte Suche nach sogenannten Zufallsfunden,[32] die Durchsuchung von Räumlichkeiten oder Behältnissen, zu denen der Beschuldigte keinen Zugang hat beziehungsweise ihm nicht gehören[33] oder welche im Durchsuchungsbeschluss nicht genannt werden.[34] Im Übrigen haben die Durchsuchungspersonen das Zugriffsrecht auf sämtliche Örtlichkeiten, an denen verfahrensrelevantes Beweismaterial aufgefunden werden könnte.[35]

Werden verfahrensgegenständliche Beweismittel oder sogenannte Zufallsfunde (§ 108 Abs. 1 StPO) sichergestellt oder beschlagnahmt, erfolgt dies regelmäßig in der Weise, dass die Durchsuchungsbeamten die beschlagnahmten Gegenstände zur amtlichen Verwahrung mitnehmen.[36] Wie bei Papieren ist dem Beschuldigten auch bei dem Inhalt von Datenspeichern und externen Datenträgern (CD-ROM, USB-Stick, externe Festplatte), soweit diese als Beweismittel oder Einziehungsgegenstände beschlagnahmt werden dürfen, die Möglichkeit einzuräumen, Kopien anzufertigen.[37]

Nach Beendigung der Durchsuchung ist dem Betroffenen auf Verlangen ein zu erstellendes Sicherstellungsverzeichnis (§ 109 StPO) auszuhändigen, aber auch wenn die Durchsuchung ergebnislos verlief, ist hierüber eine Bescheinigung (Negativattest) zu erteilen (§ 107 S. 2 StPO).

---

[29] Schlothauer, in: Müller/Schlothauer/Knauer (2022), MAH Strafverteidigung, § 3 Rn. 108.

[30] Schlothauer, in: Müller/Schlothauer/Knauer (2022), MAH Strafverteidigung, § 3 Rn. 109.

[31] BGH, StraFo 2017, 334 (335).

[32] LG Kiel, StV 2017, 22.

[33] LG Heilbronn, StV 2005, 380; AG Hamburg-St. Georg, StV 2008, 630.

[34] BVerfG, StRR 2018, 10.

[35] Schlothauer, in: Müller/Schlothauer/Knauer (2022), MAH Strafverteidigung, § 3 Rn. 111.

[36] Schlothauer, in: Müller/Schlothauer/Knauer (2022), MAH Strafverteidigung, § 3 Rn. 115.

[37] Schlothauer, in: Müller/Schlothauer/Knauer (2022), MAH Strafverteidigung, § 3 Rn. 115.

Von den Strafverfolgungsbehörden nach Sicherstellung gespeicherte Daten sind nach Erledigung des Verfahrens von Amts wegen gemäß § 489 StPO zu löschen.[38]

4.3.3 Durchsuchung und Beschlagnahme bei elektronischen Speichermedien

Gemäß § 110 Abs. 3 StPO ist auch die Durchsicht von elektronischen Speichermedien bei dem von der Durchsuchung Betroffenen nach Maßgabe des § 110 Abs. 1, Abs. 2 StPO zulässig.

Die Durchsuchung und Beschlagnahme von elektronischen Speichermedien, wie EDV-Anlagen, sind gerade in Ermittlungsverfahren wegen Kinder- und Jugendpornografie von besonderer Bedeutung. Diese dürfen bei der Durchsuchung von den Durchsuchungsbeamten in Betrieb genommen und einer ersten Sichtung unterzogen werden, um festzustellen, ob auf ihnen überhaupt beweisrelevante Daten gespeichert sind.[39]

Die weitere Sichtung im Sinne einer inhaltlichen Kenntnisnahme ist ohne Genehmigung des Beschuldigten (§ 110 Abs. 2 S. 1 StPO) allerdings der Staatsanwaltschaft und auf deren Anordnung ihren Ermittlungspersonen (§ 152 GVG) vorbehalten (§ 110 Abs. 1 StPO). Dies gilt gemäß § 110 Abs. 3 S. 1 StPO auch für die Durchsicht von elektronischen Speichermedien. Die betreffenden Datenträger sind, wie auch aufgefundene Papiere, versiegelt der Staatsanwaltschaft zu übergeben (§ 110 Abs. 2 S. 2 StPO). Vom Sichtungsrecht der Staatsanwaltschaft und ihren Ermittlungspersonen (§ 110 Abs. 1 StPO) ist auch die Mitnahme der EDV-Hardware umfasst, ohne dass ein vorheriger Beschlagnahmebeschluss erforderlich ist.[40]

Die zeitliche Dauer der Durchsicht wird lediglich durch den Verhältnismäßigkeitsgrundsatz begrenzt, sodass eine Befristung nicht geboten ist.[41] Vor diesem Hintergrund sind die zur Durchsicht befugten Personen berechtigt, den vollständigen Speicher von EDV-Anlagen zu kopieren[42] und auch den nicht zur Durchsicht befugten Beamten soll es im Einzelfall gestattet sein, Kopien anzufertigen, um so eine Mitnahme der Hardware zu vermeiden.[43] Allerdings wird sich eine Mitnahme dann nicht umgehen lassen, wenn der Verdacht besteht, dass auf der Festplatte unsichtbare Daten gespeichert sein könnten, wobei die Beschlagnahme der Hardware dann jedoch nicht länger andauern darf, als zur Auswertung erforderlich.[44] Dem Beschuldigten ist aber auch schon vor Abschluss der Sichtung die Möglichkeit zu

[38] Hierzu Basar/Hiéramente, NStZ 2018, 681.

[39] LG Dessau-Roßlau, StV 2018, 79; LG Saarbrücken, NStZ 2016, 751; Marberth-Kubicki, StraFo 2002, 277 (281).

[40] BGH, NStZ 2003, 670.

[41] LG Saarbrücken, NStZ 2016, 751 (752).

[42] Wohlers/Jäger (2016), in: SK-StPO, § 110 Rn. 16; hierzu auch Warken, NZWiSt 2017, 289 (294).

[43] Park, Durchsuchung und Beschlagnahme, Rn. 819.

[44] LG Kiel, StraFo 2004, 93.

geben, auf seine Kosten hergestellte Kopien der beschlagnahmten Papiere und Dateien zu erhalten.[45]

Unter § 110 StPO fällt ebenfalls die Durchsicht von geöffneten oder ungeöffneten E-Mails, SMS, Twitter-, Facebook- oder Messenger-Nachrichten, welche sich auf einem Computer oder einem anderen informationstechnischen System befinden (§ 110 Abs. 3 StPO).[46] Sofern sich auf dem Server des E-Mail-Betreibers (Providers) des Beschuldigten oder in dessen Mailbox Nachrichten befinden, die zunächst noch heruntergeladen werden müssen, dürfen auch diese unter den Voraussetzungen der §§ 99, 100 StPO beschlagnahmt werden.[47]

Darüber hinaus umfasst das Durchsuchungsrecht ebenso die sonstige Auswertung von Telekommunikationsanlagen, Anrufaufzeichnungsgeräten sowie Mobilfunkgeräten des Beschuldigten.[48] Das Auslesen der SIM-Karte eines Mobiltelefons des Beschuldigten ist, auch ohne Vorliegen der zusätzlichen Voraussetzungen des § 100g StPO, ebenfalls zulässig.[49]

Bei einer individuellen Verschlüsselung von Computern, Tablets oder Smartphones durch eine Zahlen-/Buchstabenkombination ist der Beschuldigte nicht verpflichtet, den zur Entschlüsselung benötigten Code zu nennen.[50]

Erfolgt die Verschlüsselung durch biometrische Daten (Fingerabdruck, Gesichtserkennung) ist streitig, ob eine Eingabe aufgrund eines gemäß § 81b StPO (Erkennungsdienstliche Maßnahmen) erzwungenen Fingerabdrucks oder einer Gesichtsaufnahme vorgenommen werden darf.[51]

Hierzu hat der BGH jüngst mit Beschluss vom 13.03.2025 festgestellt, dass das zwangsweise Auflegen des Fingers des Beschuldigten auf den Fingerabdrucksensor durch die Ermittlungsbehörden zur Erlangung des Zugangs zu dessen Mobiltelefon von § 81b Abs. 1 StPO in Verbindung mit §§ 94 ff. StPO als Ermächtigungsgrundlage jedenfalls dann gedeckt ist, wenn eine zuvor nach §§ 102, 105 Abs. 1 StPO erlassene richterliche Durchsuchungsanordnung gerade auch dem Auffinden von Mobiltelefonen dient und der beabsichtigte Datenzugriff trotz seiner Eingriffsintensität verhältnismäßig ist.[52]

---

[45] Heinrich, wistra 2017, 219 (223).

[46] BVerfG, StV 2009, 617.

[47] BVerfG, StV 2009, 617.

[48] Hierzu Schlothauer, in: Müller/Schlothauer/Knauer (2022), MAH Strafverteidigung, § 3 Rn. 111.

[49] Vgl. hierzu BVerfG, StraFo 2006, 157; BVerfG, StraFo 2005, 156.

[50] Schlothauer, in: Müller/Schlothauer/Knauer (2022), MAH Strafverteidigung, § 3 Rn. 111.

[51] Schlothauer, in: Müller/Schlothauer/Knauer (2022), MAH Strafverteidigung, § 3 Rn. 111.

[52] BGH, StraFo 2025, 269; so auch OLG Bremen, StraFo 2025, 101; a. A. Grzesiek/Zühlke, StV-S 2021, 117 ff.; Horn, Kriminalistik 2019, 641 ff.; Momsen, DRiZ 2018, 140 ff.

4.4 Rechte des Beschuldigten

4.4.1 Rechtsschutz gegen Durchsuchung und Beschlagnahme

Bei Rechtsschutz gegen die Anordnung einer Durchsuchung im Ermittlungsverfahren ist zu differenzieren, ob es sich um eine richterliche Anordnung oder die Anordnung der Staatsanwaltschaft beziehungsweise ihrer Ermittlungspersonen handelt und ob die Maßnahme noch andauert oder bereits beendet ist.

Gegen die richterliche Anordnung der Durchsuchung ist die einfache Beschwerde gemäß § 304 Abs. 1 StPO statthaft, die an keine Frist gebunden ist. Gegen eine Anordnung der Staatsanwaltschaft oder ihrer Ermittlungspersonen kann gemäß § 98 Abs. 2 S. 2 StPO die Entscheidung des Ermittlungsrichters beantragt werden, gegen dessen Entscheidung wiederum die einfache Beschwerde gemäß § 304 Abs. 1 StPO erhoben werden kann. Diese Rechtschutzmöglichkeiten gelten sowohl, wenn die Durchsuchung noch andauert,[53] als auch nach abgeschlossener Durchsuchung, wenn ein nachwirkendes Bedürfnis für eine richterliche Überprüfung besteht.[54]

Entsprechendes gilt auch für den Rechtsschutz gegen Beschlagnahmemaßnahmen. Hier hat der Beschuldigte außerdem die Möglichkeit, gemäß § 98 Abs. 2 S. 2 StPO jederzeit eine richterliche Entscheidung über die Aufrechterhaltung der Sicherstellung herbeizuführen. Ein Überprüfungsrecht besteht auch dann, wenn eine nichtrichterlich angeordnete Beschlagnahme bereits beendet ist, die Beschlagnahme aber erhebliche Folgen für den Beschuldigten hatte oder Wiederholungsgefahr besteht.[55] Aber auch eine richterlich angeordnete Beschlagnahme kann nach Erledigung mittels einfacher Beschwerde gemäß § 304 Abs. 1 StPO durch das Beschwerdegericht überprüft werden, soweit ein Rechtschutzbedürfnis besteht.

Eine gerichtliche Überprüfung einer Durchsuchungs- beziehungsweise Beschlagnahmemaßnahme kann die Beendigung einer noch nicht abgeschlossenen Durchsuchung beziehungsweise die Aufhebung der Beschlagnahme und die Pflicht zur Herausgabe des beschlagnahmten Gegenstandes zu Folge haben.[56] Bei einer abgeschlossenen Durchsuchung oder Beschlagnahme kann die Rechtswidrigkeit der jeweiligen Maßnahme festgestellt werden.[57]

---

[53] Hierzu LG Kiel, StV 2015, 623.

[54] BVerfG, StV 2005, 251.

[55] Vgl. AG Bremen, StV 2012, 14.

[56] Menges, in: Löwe-Rosenberg (2019), StPO, § 98 Rn. 65; Park, Durchsuchung und Beschlagnahme, Rn. 657 ff.

[57] Schlothauer, in: Müller/Schlothauer/Knauer (2022), MAH Strafverteidigung, § 3 Rn. 128, 240.

4.4.2 *Rechte bei unvollständiger oder unzutreffender Aktendokumentation*

Ist die Aktendokumentation unzutreffend oder unvollständig, kann gegenüber der Staatsanwaltschaft eine Ergänzung oder Korrektur des Akteninhalts angemahnt werden und gegebenenfalls auch Gegenstand einer Dienstaufsichtsbeschwerde sein.[58] Sofern die Staatsanwaltschaft einem Antrag auf Vervollständigung oder Korrektur des Akteninhalts nicht nachkommt, kann eventuell der Rechtsweg gemäß § 23 EGGVG in Betracht kommen.[59] Des Weiteren kann im Ausnahmefall wegen lückenhafter oder unwahrer Aktenführung die Verletzung des Rechts des Beschuldigten auf rechtliches Gehör und auf ein faires Verfahren (Art. 6 Abs. 1 EMRK) oder grundloser Verweigerung der Akteneinsicht eine Einstellung des Verfahrens geboten sein.[60]

4.5 Akteneinsicht (§ 147 Abs. 1 StPO)

Im Ermittlungsverfahren ist das wichtigste Instrument zur Informationsverschaffung die Akteneinsicht, denn sie hat den Zweck, den Verteidiger auf denselben Informationsstand wie die Staatsanwaltschaft zu bringen und eine sachgerechte Verteidigung zu ermöglichen.[61] Voraussetzung hierfür ist allerdings, dass die Akteneinsicht uneingeschränkt gewährt wird (§ 147 Abs. 1, Abs. 2 S. 1 StPO) und die Akten zum Zeitpunkt der Einsichtnahme die vorhandenen Erkenntnisse der Ermittlungsbehörden vollständig und zutreffend wiedergeben.[62]

Unzulässig ist die Darstellung eines unwahren oder lückenhaften Sachverhalts in den Ermittlungsakten auch dann, wenn diese den Zweck hat, dem Beschuldigten hinsichtlich laufender verdeckter Ermittlungen keine Informationen zukommen zu lassen.[63] Ebenfalls zu dokumentieren sind ergebnislos gebliebene Untersuchungshandlungen.[64]

Das Akteneinsichtsrecht der Verteidigung gemäß § 147 Abs. 1 StPO, welches die Staatsanwaltschaft nach entsprechendem Antrag zeitnah zu gewähren hat, besteht ab Einleitung des Ermittlungsverfahrens.[65] Der Antrag auf Akteneinsicht sollte sich auf alle bei der Staatsanwaltschaft vorhandenen Akten (auch Sonderakten, Nebenakten, Beiakten), die im Fall der Anklageerhebung dem Gericht vorzulegen wären

---

[58] Schlothauer, in: Müller/Schlothauer/Knauer (2022), MAH Strafverteidigung, § 3 Rn. 44.

[59] Vgl. OLG Karlsruhe, NJW 1992, 642 (644); OLG Hamburg, StV 1984, 11.

[60] Vgl. KG, StV 2016, 545; LG Berlin, StV 1991, 371; AG Dillingen, StV 2020, 167.

[61] Schlothauer, in: Müller/Schlothauer/Knauer (2022), MAH Strafverteidigung, § 3 Rn. 42 f.

[62] Schlothauer, in: Müller/Schlothauer/Knauer (2022), MAH Strafverteidigung, § 3 Rn. 42.

[63] BGH, StV 2010, 285; OLG Köln, StV 2015, 677; Krehl, StraFo 2018, 265 (271, 273).

[64] Erb, in: Löwe-Rosenberg (2018), StPO, § 168b Rn. 7.

[65] Jahn, in: Löwe-Rosenberg (2021), StPO, § 147 Rn. 82.

(§ 199 Abs. 2 S. 2 StPO), sowie auch auf die amtlich verwahrten Beweismittel beziehen (§ 147 Abs. 1 StPO). Hierzu gehören ebenso die im Hinblick auf Fälle der Kinder- und Jugendpornografie besonders relevanten Computerdateien,[66] Computerprogramme[67] und alle Datenträger[68] sowie auch im Zuge einer Online-Durchsuchung (§ 100b StPO) erhobene Daten. Die amtlich verwahrten Beweismittel dürfen ausschließlich in den Räumen der Staatsanwaltschaft und gegebenenfalls der Polizei besichtigt werden und die Beweismittelbesichtigung kann sowohl in Anwesenheit des Beschuldigten als auch eines Sachverständigen vorgenommen werden.[69]

Bei einem Verfahren gegen mehrere Beschuldigte umfasst das Akteneinsichtsrecht die gesamten Akten, auch wenn diese nicht nur den eigenen Mandanten, sondern auch den oder die Mitbeschuldigten betreffen.[70]

Eine Beschränkung des Rechts auf Akteneinsicht und Beweismittelbesichtigung ist gemäß § 147 Abs. 2 S. 1 StPO vor einem Vermerk über den Abschluss der Ermittlungen in den Akten ausnahmsweise zulässig, wenn andernfalls der Untersuchungszweck gefährdet sein kann.[71] Dies ist dann der Fall, wenn eine durch Tatsachen belegte konkrete Gefahr besteht, dass die Ermittlungen aufgrund der durch die Akteneinsicht erlangten Erkenntnisse beeinträchtigt werden.[72] Dies kann nur durch Weitergabe des Wissens durch den Verteidiger an den Beschuldigten erfolgen, wenn Tatsachen dafür vorliegen, dass der Beschuldigte seine Kenntnisse beispielsweise zur Beeinflussung von Zeugen, Sachverständigen oder Mitbeschuldigten oder zur Einwirkung auf sächliche Beweismittel nutzen könnte.[73]

4.6 Umgang mit digitalen Beweismitteln

4.6.1 Sicherung und Auswertung digitaler Spuren

4.6.1.1 Digitale Spuren

Im Bereich der Kinder- und Jugendpornografie basiert der Anfangsverdacht zumeist auf digitalen Spuren des Beschuldigten, deren Sicherung und Auswertung hier daher von besonderer Bedeutung sind und auch bei den beteiligten Juristen,

[66] BGH, StV 2010, 228.

[67] Vgl. VerfGH Saarland, StV 2019, 172; LG Hamburg, StV 2016, 158; LG Frankfurt, StV 2016, 166.

[68] Hierzu Schlothauer, in: Müller/Schlothauer/Knauer (2022), MAH Strafverteidigung, § 3 Rn. 55, 59.

[69] Schlothauer, in: Müller/Schlothauer/Knauer (2022), MAH Strafverteidigung, § 3 Rn. 57 f.

[70] Jahn, in: Löwe-Rosenberg (2021), StPO, § 147 Rn. 62.

[71] Vgl. Lange, NStZ 2003, 348 ff.

[72] Jahn, in: Löwe-Rosenberg (2021), StPO, § 147 Rn. 151 f.

[73] Schlothauer, in: Müller/Schlothauer/Knauer (2022), MAH Strafverteidigung, § 3 Rn. 50.

insbesondere auch bei der Verteidigung, ein gewisses Maß an technischen Kenntnissen und Funktionsweisen erfordert.

Bei der Sicherung und Auswertung digitaler Spuren (IT-Forensik, Digitale Forensik) geht es um die Erhebung, für das Strafverfahren relevanter, digitaler Beweismittel.[74] Hierunter werden nach allgemeingebräuchlicher Definition Spuren verstanden, die auf Daten basieren, die in Computersystemen gespeichert oder übertragen worden sind.[75]

Den rechtlichen Rahmen für den direkten Zugriff auf die Hardware und auf die in der Hardware gespeicherten Daten bilden als Eingriffsgrundlagen grundsätzlich die §§ 94, 98, 110 StPO.[76] Die Online-Durchsuchung gemäß § 100b StPO stellt hierzu eine der wichtigsten Ausnahmen dar.[77]

Neue Ermittlungsansätze bietet die Digitaltechnik, insbesondere auch im Bereich der Straftaten der Kinder-, Jugend-, Gewalt- und Tierpornografie, auch deshalb, weil mittlerweile aus dem täglichen Leben eine Flut von Daten gespeichert wird und eine Spurenvermeidung praktisch unmöglich ist, wodurch die digitalen Spuren eine Art Gedächtnis bilden.[78]

Bei den digitalen Spuren sind zwei Formen zu unterscheiden, nämlich die digitalen Spuren, die mit einem physischen Datenträger verbunden sind (Computer-Festplatten, USB-Sticks, Handy-Speicher, Digitalkameras, Scanner) und die rein virtuellen digitalen Spuren (sogenannte Clouds).

4.6.1.2 Sicherung

Die Sicherung von Daten ist davon abhängig, wie der Zugriff auf die Daten erfolgt ist: War das System zum Zeitpunkt des Zugriffs abgeschaltet, kann dieses von den Ermittlern erst mit einem zeitlichen Verzug analysiert werden; war das System beim Zugriff eingeschaltet, besteht die Möglichkeit, auch flüchtige Daten (beispielsweise im Arbeitsspeicher) vor dem Ausschalten des Systems zu sichern sowie Informationen zu laufenden Anwendungen, Hintergrundprozessen und angemeldeten Nutzer-Konten zu erhalten; während das System im Betrieb ist, kann auch ein unbemerkter Zugriff erfolgen.[79]

Eine Sicherung von Daten auf mobilen Geräten ist problematisch, da die SIM-Karte in der Regel durch eine PIN entsperrt werden muss oder der Zugang durch biometrische Maßnahmen (Fingerabdruck, Gesichtserkennung) oder durch eine Verschlüsselung der Geräte zur Sicherung der Daten geschützt ist.[80] Zu beachten ist

[74] Neuhaus/Artkämper/Weise (2024), Kriminaltechnik und Beweisführung, Rn. 201.

[75] Dewald/Freiling (2015), Forensische Informatik, S. 29.

[76] Park, Durchsuchung und Beschlagnahme, Rn. 255.

[77] Henrichs/Weingast, in: KK-StPO (2023), § 100b Rn. 4.

[78] Neuhaus/Artkämper/Weise (2024), Kriminaltechnik und Beweisführung, Rn. 204.

[79] Neuhaus/Artkämper/Weise (2024), Kriminaltechnik und Beweisführung, Rn. 207.

[80] Droz, Kriminalistik 2021, 176 (178); Neuhaus/Artkämper/Weise (2024), Kriminaltechnik und Beweisführung, Rn. 207.

auch, dass gespeicherte Daten bei modernen Smartphones aus der Ferne gelöscht werden können, was auch die Daten bei der Sicherstellung des Gerätes bedroht, sodass sämtliche ein- und ausgehende Verbindungen zum Gerät unterbrochen werden sollten, aber die Stromversorgung aufrechterhalten bleiben sollte, um ein Ausschalten des Geräts mit der damit verbundenen Entsperrungsproblematik und eventuellem Datenverlust zu vermeiden.[81] Für die Verteidigung ist in diesem Zusammenhang zu beachten, dass manche Betriebssysteme schon beim Starten neue Dateien erzeugen und auf den Datenträger schreiben, sodass hierdurch der Datenträger bereits verändert wird.[82]

Bei Bildern und Videos, die von dem Nutzer im Papierkorb abgelegt wurden, ist die jeweilige Löschungsfrist zu berücksichtigen, nach deren Ablauf die Daten unwiderruflich vom Gerät entfernt sind.[83]

Bereits beim Auffinden körperlicher Datenträger ist eine Prüfung zwingend, ob es sich bei den aufgefundenen belastenden Daten um sogenannte flüchtige Daten handelt.[84] Ein flüchtiger Datenspeicher ist der sogenannte RAM (Random Access Memory), den als Arbeitsspeicher jedes digitale Gerät enthält und in dem Daten der ausgeführten Programme vorgehalten, verarbeitet und nach dem Ausschalten des Geräts wieder gelöscht werden.[85] Um digitale Spuren im RAM zu sichern, muss das Gerät beim Auffinden eingeschaltet sein, der Datenträger darf nicht ausgeschaltet werden und muss mit Strom versorgt sein, es dürfen keine Eingaben am Gerät vorgenommen werden und die Internetverbindung darf nicht getrennt werden, um zu verhindern, dass sich geöffnete Webseiten, Laufwerke und Zugänge (Accounts, Clouds) schließen.[86]

4.6.1.3 Auswertung

Bei der forensischen Auswertung der aufgefundenen Daten ist zu beachten, dass diese nicht anhand der Originaldateien erfolgen darf, da diese durch die Untersuchung verändert werden können, sodass mit einer physikalischen 1:1-Kopie (Klon) zu arbeiten ist.[87] Bei der physikalischen Kopie wird der gesamte Datenträger kopiert, sodass auch gelöschte Daten und Dateifragmente gesichert werden, was insbesondere bei Ermittlungen wegen des Vorwurfs der Kinder- und Jugendpornografie von besonderem forensischen Interesse ist.[88] Bei der Erstellung der Kopie

---

[81] Droz, Kriminalistik 2021, 176 (178); Neuhaus/Artkämper/Weise (2024), Kriminaltechnik und Beweisführung, Rn. 207.

[82] Kricsanowits, in: Müller/Schlothauer/Knauer (2022), MAH Strafverteidigung, § 79 Rn. 20.

[83] Neuhaus/Artkämper/Weise (2024), Kriminaltechnik und Beweisführung, Rn. 207.

[84] Vgl. Tecklenborg/Stupperich, Kriminalistik 2018, 203 (205).

[85] Neuhaus/Artkämper/Weise (2024), Kriminaltechnik und Beweisführung, Rn. 208.

[86] Neuhaus/Artkämper/Weise (2024), Kriminaltechnik und Beweisführung, Rn. 208; Tecklenborg/Stupperich, Kriminalistik 2018, 203 (205).

[87] Kricsanowits, in: Müller/Schlothauer/Knauer (2022), MAH Strafverteidigung, § 79 Rn. 22.

[88] Kricsanowits, in: Müller/Schlothauer/Knauer (2022), MAH Strafverteidigung, § 79 Rn. 45.

müssen sogenannte Write-Blocker verwendet und auch dokumentiert werden, um eine Veränderung der gesicherten Dateien im Systembetrieb zu verhindern.[89]

Hat der Beschuldigte Dateien, Programme, Verläufe oder dergleichen gelöscht, wird zur erforderlichen Datenrekonstruktion heute die Methode des sogenannten Carving-Verfahrens angewendet.[90] Der Begriff Carving bezeichnet dabei in der IT-Forensik eine Technik, um Datenfragmente auf digitalen Speichermedien aufzufinden und zu rekonstruieren, auch wenn diese Daten zuvor gelöscht oder beschädigt wurden.

Bei der Auswertung kommt hierzu spezialisierte forensische Software[91] zur Anwendung, mit der der gesamte Festplatteninhalt nach Passwörtern, Codes und Ähnlichem durchsucht werden kann, wodurch eben auch Dateifragmente von zuvor gelöschten Daten aufgefunden werden und auch durch eine Neuformatierung der Festplatte vermeintlich gelöschte Daten wiederhergestellt werden können sowie auch zur Verschleierung des Dateityps einfach umbenannte Dateien erkannt werden.[92]

Im Rahmen der digitalen Forensik wird ebenfalls die digitale Chronologie der Daten rekonstruiert, um nachzuvollziehen, wie der Nutzer mit ihnen interagiert hat, denn nicht nur der Nachweis von inkriminierten Dateien, sondern auch der Nachweis hinsichtlich deren Nutzung oder Nichtnutzung ist wesentlich für die rechtlichen Schlussfolgerungen.[93]

Bei einem Windows-Betriebssystem ist für die Auswertung insbesondere die Windows-Registry von besonderer Bedeutung, wobei es sich um die zentrale Konfigurationsdatenbank des gesamten Betriebssystems handelt, aus der Informationen über Benutzer-Accounts, verwendete Software, verbundene WLAN, vorhandene und auch in der Vergangenheit verwendete Hardware (USB-Sticks, Kameras, Audiogeräte) sowie auch im Browser gespeicherte Daten (Webseiten, Formulareingaben, Internet-Suchen) abgelesen werden können.[94]

Die digitalen Spuren können nach der computerforensischen Auswertung als Beweise verwertet werden, wobei die verwendete Technik den am Verfahren beteiligten Juristen nachvollziehbar zu erläutern ist und das Prinzip der wissenschaftlichen Beweisführung gilt, sodass es unter Rückgriff auf die fraglichen digitalen Beweismittel auch zu einem späteren Zeitpunkt noch möglich sein muss, bei wiederholter Analyse zum gleichen Ergebnis zu kommen, wobei besonderer Wert auf die Integrität und Authentizität zu legen ist, die auf einer guten Dokumentation aufbauen und am Ende zur Nachvollziehbarkeit durch Dritte führen muss.[95]

Problematisch bei digitalen Spuren für den Beschuldigten und dessen Verteidigung ist, dass die mit der Auswertung befassten Ermittler wesentlich darüber ent-

---

[89] Neuhaus/Artkämper/Weise (2024), Kriminaltechnik und Beweisführung, Rn. 210.

[90] Hierzu Müller, Kriminalistik 2023, 359 (360).

[91] Hierzu Öffner, Die Kriminalpolizei 2023, 16 (17).

[92] Neuhaus/Artkämper/Weise (2024), Kriminaltechnik und Beweisführung, Rn. 213.

[93] Herchel/Steinert/Dehne/Labudde (2024), INFORMATIK 2024, 309 (317).

[94] Neuhaus/Artkämper/Weise (2024), Kriminaltechnik und Beweisführung, Rn. 215.

[95] Ferner, AnwZert ITR 13/2023, Anm. 3, 6 (8 f.); Neuhaus/Artkämper/Weise (2024), Kriminaltechnik und Beweisführung, Rn. 216 ff.

scheiden, was Aktenbestandteil wird und was nicht, welches zu einer Selektion belastender Umstände führt und entlastende Umstände oftmals unberücksichtigt bleiben. Oftmals genügen auch die polizeilichen Auswertungsberichte in den Ermittlungsakten nicht den Mindestanforderungen, sodass es beispielsweise an einer Differenzierung von gelöschten und wiederhergestellten Daten oder einer konkreten Bezeichnung des Fundortes der Datei auf dem Datenträger fehlt.[96]

Es ist daher ebenso Aufgabe der Verteidigung auf eine genaue Auswertung zu drängen und darauf zu achten, dass beim Umgang mit digitalen Beweismitteln das hierfür vorgesehene Prozedere und die zugrunde liegenden rechtlichen Grundlagen und Standards (§§ 100a Abs. 6, 100b Abs. 4, 107, 109, 483 ff. StPO) gegenüber dem Betroffenen eingehalten werden.[97]

Zu den neuen Auswertungsmethoden mittels KI und Massendatenanalyse sowie deren Auswirkungen auf die Strafverteidigung siehe Kap. 7, Punkt 7.3 „Neue Auswertungsmethoden", insbesondere Punkt 7.3.3 „Massendatenanalyse" und Punkt 7.3.4 „Auswertung mittels KI".

4.6.2 Auswertung mit Künstlicher Intelligenz (KI)

Aufgrund der stetig größer werdenden Datenmengen wird die computerforensische Analyse und Auswertung digitaler Beweismittel immer schwieriger, allerdings hat die Künstliche Intelligenz (KI) bei der Verarbeitung großer Datenmengen im Deliktsbereich der Kinder- und Jugendpornografie in den letzten Jahren immer mehr an Bedeutung gewonnen.[98]

Mittels des Einsatzes von KI kann die Auswertung beschlagnahmter digitaler Beweismittel erheblich beschleunigt werden. Mithilfe von KI ist es schon heute möglich, Kinder- und Jugendpornografie mit einer Genauigkeit von über 90 % zu erkennen und von der nicht strafbaren Erwachsenenpornografie zu unterscheiden, beschlagnahmtes (Bild-)Material entsprechend vorzusortieren und das Alter der abgebildeten Opfer zu erkennen.[99] Diese Einschätzung beruht auf einem seit 2019 laufenden Forschungsprojekt bei der Zentral- und Ansprechstelle Cybercrime (ZAC) in Köln in Kooperation mit Microsoft.

Allerdings stößt die genannte Erfolgsquote in der Praxis auf Skepsis, da diese im Zusammenhang mit weiteren Parametern wie der Anzahl des fälschlicherweise als inkriminiert erkannten und kategorisierten Materials (false positiv), der Anzahl des fälschlicherweise als nicht inkriminiert erkannten und kategorisierten Materials (false negative) und der Anzahl des richtigerweise als nicht inkriminiert erkannten und kategorisierten Materials (true negative) betrachtet werden muss, sodass insbe-

[96] Urbanzyk, StRR 2025, 6 (14).

[97] Neuhaus/Artkämper/Weise (2024), Kriminaltechnik und Beweisführung, Rn. 218 ff.

[98] Dewald/Freiling/Gross/Kniel/Michael/Rieck, Kriminalistik 2023, 43 ff.; Müller, Kriminalistik 2023, 359.

[99] Vgl. Öffner, Die Kriminalpolizei 2023, 16.

sondere im Hinblick auf false positives immer noch eine erhebliche Menge an Material manuell zu sichten wäre.[100]

Heute zur Verfügung stehende KI, die hinsichtlich inkriminierten Materials im Bereich der Kinder- und Jugendpornografie trainiert ist, ordnet das entsprechende Bild- und Videomaterial in die Kategorien „CSA (Child Sexual Abuse) High" (hochrelevantes Material), „CSA Uncertain" (unsicher im Hinblick auf die Relevanz) und „CSA Low" (niedrige Wahrscheinlichkeit im Hinblick auf die Relevanz) ein, wobei die Klassifizierung anhand eines festgelegten Wahrscheinlichkeitsgrades erfolgt.[101]

Zur vertieften Darstellung der KI-gestützten Auswertung und den hierzu laufenden Forschungsprojekten siehe Kap. 7, Punkt 7.3.4 „Auswertung mittels KI" und Punkt 7.3.5 „Forschungsprojekte zur KI-basierten Auswertung".

4.6.3 *Dauer der Beschlagnahme*

Zumeist wird dem durch die Beschlagnahme Betroffenen hinsichtlich der Dauer der Beschlagnahme von Computern, Mobiltelefonen und sonstigen Speichermedien eine Bearbeitungszeit für die Auswertung von mehreren Monaten avisiert.

Eine derart lange Beschlagnahmungsdauer muss von dem Betroffenen allerdings nicht hingenommen werden, insbesondere, wenn die beschlagnahmten Geräte für die berufliche Existenz dringend benötigt werden. Eine zügigere Herausgabe kann gegebenenfalls durch Verständigung mit der Staatsanwaltschaft oder durch eine gerichtliche Beschwerde erreicht werden, da bei einer überlangen Dauer der Beschlagnahme der Verhältnismäßigkeitsgrundsatz zu beachten ist. Es ist hier stets eine Abwägung zwischen den grundrechtlich geschützten Interessen des Beschuldigten und dem staatlichen Aufklärungsinteresse vorzunehmen.[102]

Eine unverhältnismäßige Dauer der Beschlagnahme, sowie auch eine unsachgemäße Behandlung des Beschlagnahmegegenstands, kann zur Rechtswidrigkeit der Beschlagnahme und zur Aufhebung des Beschlagnahmebeschlusses führen.[103]

[100] Öffner, Die Kriminalpolizei 2023, 16.

[101] Öffner, Die Kriminalpolizei 2023, 16 (17).

[102] LG Kiel, StraFo 2004, 93 (94).

[103] LG Kiel, StraFo 2004, 93 (94); Schlothauer, in: Müller/Schlothauer/Knauer (2022), MAH Strafverteidigung, § 3 Rn. 134.

4.7 Hinzuziehung von (technischen) Sachverständigen

Bei Verfahren wegen des Vorwurfs von Kinder- und Jugendpornografie kommt es zumeist entscheidend auf die Auswertung von Dateien in elektronischen Speichermedien an, welche in der Regel Spezialkenntnisse in der IT-Technik und der digitalen Forensik erfordert.

Bereits im Ermittlungsverfahren kann daher die Staatsanwaltschaft gemäß §§ 161 Abs. 1, 161a Abs. 1 StPO auch private IT-Dienstleister[104] oder (technische) Sachverständige zur IT-forensischen Auswertung der beschlagnahmten Datenträger und Erstellung eines entsprechenden IT-Gutachtens beauftragen, um deren Expertise zur Aufklärung zu nutzen. Die Befugnis zur Beauftragung von Sachverständigen im Ermittlungsverfahren obliegt gemäß §§ 161 Abs. 1, 161a Abs. 1, 163 Abs. 1 und 2 StPO ebenso der Polizei.

Dem Beschuldigten kommt diesbezüglich allerdings das Recht zu, zur Auswahl des Sachverständigen Stellung zu nehmen, einen Antrag auf dessen Enthebung zu stellen oder einen eigenen Gutachter vorzuschlagen sowie gegebenenfalls ein Obergutachten zu beantragen.[105]

Zum Recht der Verteidigung eigene Ermittlungen durchzuführen, gehört auch die Beauftragung eines Sachverständigen.[106] Der Beschuldigte kann demnach auch selbst einen Privatsachverständigen beauftragen, beispielsweise um die notwendige Fachkompetenz des beauftragten Sachverständigen zu überprüfen oder fachliche Mängel des Gutachtens aufzuzeigen. Allerdings werden Privatgutachten von der Rechtsprechung nicht als Sachverständigenbeweis anerkannt, gleichwohl können sie geeignet sein, um Zweifel an dem von dem bestellten Sachverständigen erstellten Gutachten und gegebenenfalls an der Schuld des Beschuldigten hervorzurufen.

In der Praxis ist allerdings kritisch zu beobachten, dass Staatsanwaltschaften die IT-forensische Auswertung beschlagnahmter Datenträger zunehmend durch die Beauftragung externer Sachverständiger vornehmen lassen, obwohl es sich hierbei vielfach um originäre Ermittlungstätigkeit handelt, die von den Ermittlungsbehörden selbst oder ihren Ermittlungspersonen (§ 152 GVG) durchzuführen wäre. Die beauftragten Sachverständigen sichten, kategorisieren und bewerten dabei das aufgefundene Material eigenständig und treffen so Vorentscheidungen, die den weiteren Verfahrensgang maßgeblich bestimmen.

Da die Kosten eines solchen Sachverständigengutachtens als Auslagen der Staatskasse (§§ 464a Abs. 1, 464 StPO i. V. m. §§ 8 ff. JVEG) zunächst von dieser getragen und dem Beschuldigten im Falle einer Verurteilung als Verfahrenskosten auferlegt werden (§ 465 Abs. 1 StPO), hat die Auslagerung von Ermittlungstätigkeit auf externe Sachverständige unmittelbare finanzielle Folgen für den Verurteilten.

---

[104] Hierzu OLG Schleswig, StV 2017, 660.

[105] Vgl. Burhofovi, in: Burhoff (2024), EV, Rn. 3067.

[106] Burhoff/Hirsch/Hillenbrand/Schneider, in: Burhoff (2024), EV, Rn. 5136.

Die Verteidigung hat daher zum einen kritisch zu prüfen, ob der beauftragte Sachverständige lediglich sein Fachwissen zur Beantwortung konkreter technischer Fragen eingebracht oder ob er darüber hinaus eigenständig Ermittlungstätigkeit ausgeübt hat, insbesondere ob eine eigenständige Selektion und Bewertung des Datenmaterials erfolgte, die der Staatsanwaltschaft als Herrin des Ermittlungsverfahrens (§ 160 Abs. 1 StPO) vorbehalten ist. Zum anderen kann im Rahmen der Kostenentscheidung geltend gemacht werden, dass die Beauftragung eines externen Sachverständigen nicht erforderlich war, soweit es sich um eine bloße Auslagerung regulärer Ermittlungstätigkeit handelte.

4.8 Einstellungsmöglichkeiten (§§ 170 Abs. 2, 153, 153a StPO)

Vorrangiges Ziel der Verteidigung in einem Ermittlungsverfahren wegen Kinder- und Jugendpornografie ist die Verfahrensbeendigung durch Verfahrenseinstellung gemäß §§ 170 Abs. 2, 153 ff. StPO, auch um dem Beschuldigten eine weiter rufschädigende Hauptverhandlung mit den damit verbundenen weiteren (psychischen, finanziellen, sozialen) Belastungen zu ersparen. Kommt eine Verfahrenseinstellung nicht in Betracht, sollte auf eine Verfahrensbeendigung durch Erlass eines Strafbefehls abgezielt werden, sofern sich die zu erwartenden Rechtsfolgen im Rahmen des § 407 Abs. 2 StPO bewegen.

Der größtmögliche Verteidigungserfolg im Ermittlungsverfahren ist eine Verfahrenseinstellung gemäß § 170 Abs. 2 StPO. Eine Verfahrenseinstellung nach § 170 Abs. 2 StPO erfolgt vornehmlich dann, wenn Verfahrensvoraussetzungen nicht vorliegen oder Verfahrenshindernisse bestehen, materiell-rechtlich anhand des verwertbaren Sachverhalts kein strafbares Verhalten festgestellt werden kann oder es in tatsächlicher Hinsicht an einem hinreichenden Tatverdacht (§§ 170 Abs. 1, 203 StPO) mangelt.[107]

Aber auch wenn ein hinreichender Tatverdacht gemäß § 170 Abs. 1 StPO zu vorliegt, kann die Staatsanwaltschaft von einer Anklageerhebung absehen und von den Einstellungsmöglichkeiten der §§ 153 ff. StPO Gebrauch machen. Allerdings ist die Staatsanwaltschaft, auch bei Vorliegen der jeweiligen Voraussetzungen, hierzu nicht verpflichtet, sondern die Einstellungsentscheidung liegt in ihrem freien Ermessen. Für die Verteidigung bedeutet dies, dass es nicht ausreicht, lediglich darzulegen, dass die Voraussetzungen der jeweiligen Einstellungsnorm vorliegen, sondern die Staatsanwaltschaft muss auch davon überzeugt werden, von der Einstellungsmöglichkeit Gebrauch zu machen.[108] Zudem ist bei §§ 153 Abs. 1, 153a Abs. 1, 153b Abs. 1 StPO die Einstellung von der Zustimmung des für die Eröffnung des Hauptverfahrens zuständigen Gerichts abhängig. Zu beachten ist aber auch, dass bei

[107] Schlothauer, in: Müller/Schlothauer/Knauer (2022), MAH Strafverteidigung, § 3 Rn. 255.

[108] Schlothauer, in: Müller/Schlothauer/Knauer (2022), MAH Strafverteidigung, § 3 Rn. 263.

einer Einstellung gemäß §§ 153 ff. StPO, insbesondere bei § 153a StPO, immer auch ein Rest an Verdacht bleibt und dem Beschuldigten, bei dessen Unschuld, die Möglichkeit einer öffentlichen Rehabilitierung genommen wird.[109]

Soweit sich eine Verfahrenseinstellung nicht bewirken lässt, kann seitens der Verteidigung die Beantragung eines Strafbefehls bei der Staatsanwaltschaft angeregt werden, soweit die zu erwartenden Rechtsfolgen im Rahmen der im Strafbefehlsverfahren möglichen Sanktionen liegen (§ 407 Abs. 2 StPO). Ein solches Vorgehen ist allerdings nur dann zweckdienlich, wenn in der Hauptverhandlung mit an Sicherheit grenzender Wahrscheinlichkeit eine Verurteilung des Mandanten zu erwarten ist.

Eine Beendigung im Wege des Strafbefehlsverfahrens ist für den Beschuldigten dann von Vorteil, da ihm eine öffentliche Hauptverhandlung mit den hiermit verbundenen Nachteilen (öffentliches Aufsehen und Medienberichterstattung, gegebenenfalls Offenlegung des Intimlebens, weitere Beeinträchtigungen der beruflichen, wirtschaftlichen und sozialen Stellung, psychische Belastung, erhöhte Kosten) erspart bleibt. Dies sind auch die Gründe dafür, dass manche Beschuldigte einen Abschluss des Verfahrens im Wege des Strafbefehlsverfahrens auch dann bevorzugen, wenn ein Freispruch in einer Hauptverhandlung möglich wäre, da in einer solchen eine gründlichere Aufklärung des Sachverhalts und eine bessere Beurteilung des Tatvorwurfs und der Persönlichkeit des Angeklagten erfolgen kann.

In jedem Fall steht der Strafbefehl einer Verurteilung im Rahmen einer Hauptverhandlung gleich und die verhängte Sanktion stellt eine Vorstrafe dar.[110]

Literatur

Arnemann, Carolin (2021), Vernehmung und Verhaftung anlässlich der Durchsuchung, StraFo 04/2021: 142–146.

Basar, Eren/Hiéramente, Mayeul (2018), Datenbeschlagnahme in Wirtschaftsstrafverfahren und die Frage der Datenlöschung, NStZ 2018: 681–687.

Burhoff, Detlef (2024), Handbuch für das strafrechtliche Ermittlungsverfahren, 10. Auflage, ZAP-Verlag, Bonn.

Dewald, Andreas/Freiling, Felix/Gross, Tobias/Kniel, Dennis/Michael, Robert/Rieck, Konrad (2023), Möglichkeiten und Grenzen KI-gestützter Analyse digitaler Spuren, Kriminalistik 2023: 43–46.

Dewald, Andreas/Freiling, Felix C. (2015), Forensische Informatik, 2. Auflage, Verlag BoD, Norderstedt.

Droz, Bernhard (2021), Mobile Forensik – Dem drohenden Datenverlust bei der Strafprozessualen Siegelung entgegenwirken, Kriminalistik 2021: 176–181.

Ferner, Jens (2023), IT-Forensik, AnwZert ITR 13/2023 Anm. 3.

Grzesiek, Mathias/Zühlke, Daniel (2021), Die Entschlüsselung von Smartphones gegen den Willen des Beschuldigten zum Zwecke der Durchführung des Strafverfahrens, StV-S 3/2021: 117–124.

Heinrich, Jens (2017), Die Durchsuchung in Wirtschaftsstrafverfahren, wistra 2017: 219–225.

109 Schlothauer, in: Müller/Schlothauer/Knauer (2022), MAH Strafverteidigung, § 3 Rn. 265.

110 Schlothauer, in: Müller/Schlothauer/Knauer (2022), MAH Strafverteidigung, § 3 Rn. 294.

Herchel, Sabrina/Steinert, Mirijam/Dehne, Vivien/Labudde, Dirk (2024), Der forensische Wert von Thumbnails und Cache-Dateien im Ermittlungsverfahren, S. 309–319, in: Klein, Maike/ Krupka, Daniel/Winter, Cornelia/Gergeleit, Martin/Martin, Ludger (Hrsg.), INFORMATIK 2024, Verlag Köllen, Bonn.

Horn, Felix (2019), Biometrische Sicherungen mobiler Endgeräte – Brauchen wir neue Ermächtigungsgrundlagen?, Kriminalistik 2019: 641–647.

Krehl, Christoph (2018), Was wird aus den legendierten Kontrollen?, StraFo 2018: 265–273.

Lange, Jürgen (2003), Vollständige oder teilweise Akteneinsicht für inhaftierte Beschuldigte in den Fällen des § 147 II StPO? Falsche und richtige Folgerungen aus den Urteilen des EGMR vom 13.2.2001 gegen Deutschland, NStZ 2003: 348–353.

Löwe-Rosenberg (2019), Strafprozessordnung: StPO, Großkommentar der Praxis, Band 3/1: §§ 94–111a, von Menges, Eva/Hauck, Pierre/Tsambikakis, Michael, 27. Auflage, Verlag De Gruyter, Berlin.

Löwe-Rosenberg (2021), Strafprozessordnung: StPO, Großkommentar der Praxis, Band 4/2: §§ 137–150, von Jahn, Matthias/Klie, Christian, 27. Auflage, Verlag De Gruyter: Berlin 2021.

Löwe-Rosenberg (2018), Strafprozessordnung: StPO, Großkommentar der Praxis, Band 5/2: §§ 158–211, von Erb, Volker/Graalmann-Scheerer, Kirsten/Stuckenberg, Carl-Friedrich, 27. Auflage, Verlag De Gruyter, Berlin.

Marberth-Kubicki, Annette (2002), Internet und Strafrecht, StraFo 09/2002: 277–282.

Momsen, Carsten (2018), Entsperrung biometrischer Sicherungen im Strafverfahren, DRiZ 2018: 140–143.

Müller, Eckhart/Schlothauer, Reinhold/Knauer, Christoph (2022), Münchener Anwaltshandbuch Strafverteidigung, 3. Auflage, Verlag C.H. Beck, München.

Müller, Matthias (2023), Die Krümel des Kuchens – CARVE-DL: KI-basiertes Carving in der digitalen Forensik, Kriminalistik 2023: 359–361.

Neuhaus, Ralf/Artkämper, Heiko/Weise, Grit (2024), Kriminaltechnik und Beweisführung im Strafverfahren, 2. Auflage, Verlag C.H.Beck, München.

Öffner, Lars (2023), KIcK – Künstliche Intelligenz contra Kindesmissbrauch, Die Kriminalpolizei Nr. 1/2023: 16–20.

Park, Tido (2022), Durchsuchung und Beschlagnahme, 5. Auflage, Verlag C.H. Beck, München.

Peters, Kristina (2017), Anwesenheitsrechte bei der Durchsicht gemäß § 110 StPO: Bekämpfung der Risiken und Nebenwirkungen einer übermächtigen Ermittlungsmaßnahme, NZWiSt 2017: 465–473.

Pschorr, Simon/Wörner, Liane (2023), Strafverfolgung in Deutschland aufgrund US-amerikanischer Daten, StV 4/2023: 274–282.

Rau, Charlotte/Schröder, Christine (2023), Massenverfahren im Strafrecht, DRiZ 03/2023: 88–89.

Schlothauer, Reinhold (2016), Reform des Ermittlungsverfahrens, StV 2016: 607–616.

Tecklenborg, Tim/Stupperich, Alexandra (2018), Häuser mit Smart-Home Technologie als Ziele von Einbrechern, Kriminalistik 2018: 203–207.

Urbanzyk, Heiko (2025), Meldungen des MCMEC – Grundlagen und Ideen für die Verteidigung im Bereich Kinder- und Jugendpornografie, StRR 2/2025: 6–17.

Warken, Claudia (2017), Elektronische Beweismittel im Strafprozessrecht – eine Momentaufnahme über den deutschen Tellerrand hinaus, Teil 1, NZWiSt 2017: 289–298.

Kapitel 5
Verteidigungsstrategien in (Haupt-) Verfahren wegen Kinder- und Jugendpornographie

In diesem Kapitel sind die Verteidigung und die Verteidigungsstrategien in Verfahren wegen Kinder- und Jugendpornografie, insbesondere im Hauptverfahren, darzulegen und zu erörtern.

5.1 Grundprinzipien und Aufgaben der Verteidigung

5.1.1 Gewährleistung eines fairen, rechtsstaatlichen Verfahrens

Die grundlegendste Aufgabe der Verteidigung besteht in erster Linie darin, als einseitiger, streng parteilicher Beistand des Beschuldigten eine verfahrensrechtliche Gegenmacht zu dem das Strafverfahren betreibenden Staat zu bilden und als solcher dafür zu sorgen, dass die Verfahrensrechte des Mandanten und auch die übrigen verfahrensrechtlichen Normen der Strafprozessordnung beachtet werden, da nur so ein faires, rechtsstaatliches Verfahren und eine zutreffende Urteilsgrundlage gewährleistet werden können.[1]

Insoweit ist es auch Aufgabe der Strafverteidigung gegen die Verletzung von Verfahrensvorschriften mittels der ihr von der Strafprozessordnung zur Verfügung gestellten Maßnahmen vorzugehen, selbst wenn aufgrund dessen ein Schuldnachweis nicht geführt werden kann.[2]

---

[1] 1 Elbs/Klemke, in: Klemke/Elbs (2019), Strafverteidigung, Rn. 42.

[2] Elbs/Klemke, in: Klemke/Elbs (2019), Strafverteidigung, Rn. 44 f.

N. Odebralski, *Strafverteidigung in Verfahren wegen Kinder- und Jugendpornografie*, https://doi.org/10.1007/978-3-662-73769-9_5

5.1.2 *Zweifelssatz*

Es ist weiterhin Aufgabe der Verteidigung, alle Umstände darzulegen, die Zweifel an der Schuld des Angeklagten begründen können, da das im Rechtsstaatsprinzip des Grundgesetzes verankerte Schuldprinzip bei berechtigten Zweifeln des Gerichts an der Schuld des Angeklagten es erfordert, diesen freizusprechen.[3]

Dies gilt selbst dann, wenn der Verteidiger von der Schuld seines Mandanten überzeugt ist oder gar Kenntnis von dessen Schuld hat, da der Verteidiger aufgrund seiner Verschwiegenheitspflicht und Beistandsfunktion verpflichtet ist, streng parteilich nur die zugunsten seines Mandanten sprechenden Umstände in das Verfahren einzuführen.[4]

5.2 Prüfung der Anklageschrift

Von wesentlicher Bedeutung für die Verteidigung in Verfahren wegen Kinder- und Jugendpornografie ist die Prüfung der Anklageschrift auf vorhandene Mängel. Die Anklageschrift hat gemäß § 200 StPO den Tatvorwurf hinreichend zu umgrenzen (Umgrenzungsfunktion) und den Angeklagten hierüber ausreichend zu informieren (Informationsfunktion).[5]

Ein Eröffnungsbeschluss, der auf einer ungenauen Anklageschrift basiert, ist unwirksam und stellt ein Verfahrenshindernis dar, wenn der gravierende Mangel die Umgrenzungsfunktion betrifft.[6] Insoweit wirkt sich eine Anklageschrift, die die Umgrenzungsfunktion nicht erfüllt, auch auf den Eröffnungsbeschluss des Gerichts aus, sodass ein Verfahrenshindernis vorliegt, welches auch in der Revision noch geltend gemacht werden kann.[7] Ergibt daher die Prüfung der Anklageschrift durch die Verteidigung, dass die festgestellten Mängel die Umgrenzungsfunktion betreffen, sollte wegen des Verfahrenshindernisses auf die Einstellung des Verfahrens abgezielt werden.[8]

Elementare Rechte des Angeklagten, wie sein Erklärungsrecht gemäß § 243 Abs. 5 S. 2 StPO, können aber auch dann betroffen sein, wenn die Informationsfunktion der Anklageschrift erhebliche Mängel aufweist.[9] Die Verteidigung sollte hier Mängel der Anklageschrift, die die Informationsfunktion betreffen, vor einer

[3] Elbs/Klemke, in: Klemke/Elbs (2019), Strafverteidigung, Rn. 46.

[4] Beulke/Swoboda (2025), Strafprozessrecht, Rn. 176, 178; Elbs/Klemke, in: Klemke/Elbs (2019), Strafverteidigung, Rn. 46 f.

[5] Art. 103 Abs. 1 GG, Art. 6 Abs. 3 lit. a MRK; BGH, NStZ 2014, 49; Schneider, in: KK-StPO (2023), § 200 Rn. 3, 5 ff.

[6] Schroth/Deckers, in: Müller/Schlothauer/Knauer (2022), MAH Strafverteidigung, § 48 Rn. 77.

[7] Hierzu Schneider, in: KK-StPO (2023), § 200 Rn. 31 ff.

[8] Schroth/Deckers, in: Müller/Schlothauer/Knauer (2022), MAH Strafverteidigung, § 48 Rn. 77.

[9] BGH, StraFo 2006, 330; Schroth/Deckers, in: Müller/Schlothauer/Knauer (2022), MAH Strafverteidigung, § 48 Rn. 77.

Erklärung des Angeklagten rügen und darauf hinweisen, dass die unzureichende Anklage den Anspruch auf rechtliches Gehör (Art. 103 Abs. 2 GG) und das strafprozessuale Erklärungsrecht (§ 243 Abs. 5 S. 2 StPO) des Angeklagten wesentlich beeinträchtig.[10]

Von der höchstrichterlichen Rechtsprechung werden unterschiedliche Anforderungen an die Beschreibung der Tat nach Tatort, Tatzeit und Tathandlung gestellt, dies gilt insbesondere in Sexualstrafsachen, in denen Kinder betroffen sind.[11] Je größer die Konzessionen der Rechtsprechung an die Erfordernisse des § 200 StPO hier ausfallen, desto evidenter sinken die Chancen des Angeklagten, sich effizient verteidigen zu können.[12]

5.3 Prüfung der Beweisgrundlage

Zur Prüfung der Beweisgrundlagen in Fällen von Kinder- und Jugendpornografie gehört die Auseinandersetzung mit den wesentlichen technischen Grundlagen (Computern, Messengerdiensten, Suchmaschinen) aber auch mit den technisch notwendigen Kenntnissen eines Auswerteberichts (CyberTipline-Report), um Fehler oder Schwachstellen hinsichtlich der hierauf basierenden Beweisgrundlage erkennen und entsprechend darauf hinweisen zu können und gegebenenfalls gar ein Beweisverwertungsverbot zu erreichen.

Die erhobenen, in der Regel digitalen, Beweise sind dahingehend zu überprüfen, wie und wann die inkriminierten Dateien auf das Gerät gelangt sind, um dadurch gegebenenfalls nachzuweisen, dass die Dateien versehentlich oder durch einen Dritten dort hinterlassen wurden.

Die Beweisgrundlage ist von der Verteidigung, insbesondere im Hinblick auf die Erfüllung des subjektiven Tatbestands (Besitzwille), auch daraufhin zu überprüfen, ob sie geeignet ist, den Nachweis darüber zu erbringen, dass der Angeklagte überhaupt eine tatsächliche Kontrolle über die inkriminierten Daten hatte oder dieses eben nicht der Fall ist, weil die Dateien in versteckten Ordnern abgelegt oder beispielsweise durch Schadsoftware auf das Gerät gelangt sind.

Von dem Ergebnis der Prüfung der Beweisgrundlage ist dann auch das weitere strategische Vorgehen der Verteidigung abhängig.

---

[10] Schroth/Deckers, in: Müller/Schlothauer/Knauer (2022), MAH Strafverteidigung, § 48 Rn. 77.
[11] Vgl. BGHSt 40, 44; BGHSt 44, 153.
[12] Schroth/Deckers, in: Müller/Schlothauer/Knauer (2022), MAH Strafverteidigung, § 48 Rn. 77.

5.4 Argumentationslinien und -taktiken

5.4.1 Unschuld des Angeklagten

In Sexualstrafsachen, wie auch in Verfahren wegen Kinder- und Jugendpornografie, kommt es nicht selten vor, dass der Beschuldigte die gegen ihn erhobenen Vorwürfe von Anfang an und oft auch über den rechtskräftigen Abschluss des Verfahrens hinaus nachhaltig bestreitet.[13] Dies liegt bei Kinder- und Jugendpornografiedelikten zumeist darin begründet, dass das zu erwartende soziale Unwerturteil und die Stigmatisierung hier besonders hoch sind und daher auch dem wirklichen Täter das Einräumen des Tatvorwurfs äußerst schwer fällt, sodass dieser dazu tendiert, die Vorwürfe, auch gegenüber dem Verteidiger, abzustreiten.[14] Dies kann dann aber dazu führen, dass wesentliche Details nicht erörtert und damit im Rahmen der Verteidigung, insbesondere beim Aktenstudium und der Bewertung der vorliegenden Beweismittel, nicht berücksichtigt werden.[15]

Kann aber durch die Beweismittel dem Angeklagten bereits nicht nachgewiesen werden, dass eine Strafbarkeit gemäß §§ 184b, 184c StGB vorliegt und damit auch kein Tatnachweis geführt werden, ist hinsichtlich der weiteren Verteidigung von der Unschuld des Angeklagten auszugehen, auch wenn er es tatsächlich nicht ist. Es ist dann seitens der Verteidigung auf die Schwächen der Beweisgrundlage hinzuweisen und auf einen Freispruch hinzuarbeiten.

5.4.2 Tatbestandsmäßigkeit

Die Frage der Tatbestandsmäßigkeit stellt sich bei kinder- und jugendpornografischen Delikten insbesondere beim Auffinden von Bildern und Videos auf Datenträgern, welches hier zumeist der Fall ist. Neben der bereits oben erörterten Problematik im Hinblick auf den Besitzwillen bei inkriminierten Daten im Arbeitsspeicher, bei Thumbnails, im Cache oder bei gelöschten Daten,[16] stellt sich die Frage der Strafbarkeit darüber hinaus auch beim Upload in Clouds und automatischen System-Downloads.

[13] Schroth/Deckers, in: Müller/Schlothauer/Knauer (2022), MAH Strafverteidigung, § 48 Rn. 29.

[14] Schroth/Deckers, in: Müller/Schlothauer/Knauer (2022), MAH Strafverteidigung, § 48 Rn. 29.

[15] Vgl. Schroth/Deckers, in: Müller/Schlothauer/Knauer (2022), MAH Strafverteidigung, § 48 Rn. 28.

[16] Kap. 3, Punkt 3.2.6.2.

5.4.2.1 Upload in Clouds

Bei einem Upload in Clouds, der oftmals Gegenstand des CT-Reports ist, stellt sich im Hinblick auf die Tatbestandsmäßigkeit die auch für die Strafzumessung relevante Frage, ob es sich lediglich um Besitzverschaffung (§ 184b Abs. 3 Alt. 2 StGB), mit einer Strafandrohung von drei Monaten bis fünf Jahren, oder auch um eine Verbreitungshandlung (§ 184b Abs. 1 S. 1 Nr. 1 StGB), mit einer Strafandrohung von sechs Monaten bis zehn Jahren, handelt.

Hierzu hat die Rechtsprechung festgestellt, dass das Hochladen eines kinderpornografischen Bildes über eine Suchmaschine (Google Fotos, Bing-Image) auf einen Server (Google, Microsoft-Server) im Rahmen eines nicht-öffentlichen Accounts für den Nachweis eines strafbaren Verbreitens, dadurch das Mitarbeiter dieser Gesellschaften eventuell illegal Zugriff auf die dem Täter zugehörenden Dokumente nehmen könnten, nicht ausreicht.[17] Bei einem für Dritte nicht zugänglichen Cloudsystem oder einem bloßen Server eines Anbieters liegt demnach kein Verbreiten oder Zugänglichmachen für die Öffentlichkeit vor.[18]

Aber auch hinsichtlich des Besitzes kann es bei einem Upload über Suchmaschinen an einem Vorsatz fehlen, nämlich wenn die verwendete Suchmaschine trotz unverfänglicher Suchanfragen im Internet automatisch kinderpornografische Inhalte vorschlägt (so im Jahr 2024 bei der Suchmaschine Bing).[19]

5.4.2.2 Automatischer System-Download

Probleme im Hinblick auf die Tatbestandsmäßigkeit, insbesondere die subjektive Tatbestandsmäßigkeit, ergeben sich auch beim Auffinden inkriminierter Daten in Chats, die aber weder abgerufen noch überhaupt zur Kenntnis genommen wurden. Denn wer beispielsweise über eine Chatgruppe ein Bild mit einem kinder- oder jugendpornografischen Inhalt durch ein anderes Mitglied der Chatgruppe empfangen hat, muss nicht zwangsläufig Kenntnis hierüber haben, da die Gruppe auch längere Zeit nicht genutzt worden sein kann.[20]

Auch dies kann sich die Verteidigung zunutze machen, da es für die Strafverfolgungsbehörden regelmäßig schwierig sein wird, eine Kenntnis des Angeklagten als Grundlage des Besitzwillens nachzuweisen. Das Gericht wird hier dann ebenfalls die Frage zu klären haben, ob eine systemseitige automatische Ablage der Datei auch dann erfolgen kann, wenn zwar ein Bild über einen Messengerdienst gesendet wird, der Nutzer die Messenger-App aber gar nicht genutzt hat.[21] Jedenfalls reicht für den Nachweis einer Kenntnis und eines Besitzwillens auch hier eine

---

[17] AG Villingen-Schwenningen, Urt. v. 14.08.2019 – 6 Ds 33 Js 2222/19 Rn. 49, juris; AG Ahaus, Urt. v. 1011.2023 – 3 Ls 76/23 (unveröffentlicht).

[18] Urbanzyk, StRR 2025, 6 (11).

[19] Vgl. Urbanzyk, StRR 2025, 6 (12).

[20] Urbanzyk, StRR 2025, 6 (13).

[21] Urbanzyk, StRR 2025, 6 (14).

lediglich systemseitige Speicherung in der Regel nicht aus.[22] Zur Problematik des unreflektierten Besitzes durch Messengerdienste und der Verbreitung durch Jugendliche siehe Kap. 7, Punkt 7.1.2 „Unreflektierter Besitz durch Messengerdienste“ und Punkt 7.1.3 „Verbreitung durch Jugendliche“. Zur Rechtsprechung beim Nichtlöschen automatischer Downloads siehe Kap. 8, Punkt 8.1.2 „AG Buchen – Nichtlöschen automatischer Downloads“ und Punkt 8.2.3 „Nichtlöschen automatischer Downloads“.

5.4.3 Rechtmäßigkeit der Beweiserhebung und Beweisverwertungsverbote

Im Rahmen der Erarbeitung von Argumentationslinien- und -taktiken der Verteidigung ist ebenso die Frage der Rechtsmäßigkeit der Beweiserhebung und eventuell bestehende Beweisverwertungsverbote von wesentlicher Bedeutung. Hierbei geht es um die Frage, ob zurechenbare Beweismittel durch die Strafverfolgungsbehörden eventuell rechtswidrig erlangt worden sind und daher etwaige Verwertungsverbote bestehen.

Ein Beweisverwertungsverbot hat zur Folge, dass bestimmte Informationen und Beweisergebnisse nicht zulasten des Angeklagten verwertet werden dürfen.[23] Beweisverwertungsverbote können unterschiedliche Rechtsgrundlagen haben, sie können sich etwa aus dem Gesetz ergeben (§ 136a StPO), auf einer Verletzung der Grundlagen der verfahrensrechtlichen Stellung des Betroffenen beruhen oder sich auch unmittelbar aus dem Grundgesetz (insbesondere Art. 1, 2 GG) ergeben.[24]

Bei Vorliegen eines aufgrund eines Beweisverwertungsverbots unverwertbaren Beweismittels hat die Verteidigung gegen die Verwertung, auch im Hinblick auf eine eventuelle Revision, Wiederspruch einzulegen und einen Beschluss gemäß § 238 Abs. 2 StPO herbeizuführen.

---

[22] AG Bocholt, MMR 2017, 568 (569).

[23] Burhoff/Hillenbrand/Laudon, in: There are more than one reference matching the citation Burhoff (2024); Please confirm which of the following references the citation should be linked to:Burhoff, Detlef (2024), Handbuch für das strafrechtliche Ermittlungsverfahren, 10. Auflage, ZAP-Verlag, Bonn.Burhoff, Detlef (2024), Handbuch für die strafrechtliche Hauptverhandlung, 11. Auflage, ZAP-Verlag, Bonn.Burhoff, Detlef (2024), Handbuch für das strafrechtliche Ermittlungsverfahren, 10. Auflage, ZAP-Verlag, Bonn.Burhoff, Detlef (2024), Handbuch für die strafrechtliche Hauptverhandlung, 11. Auflage, ZAP-Verlag, Bonn.Burhoff (2024), EV, Rn. 1288.

[24] Burhoff/Hillenbrand/Laudon, in: There are more than one reference matching the citation Burhoff (2024); Please confirm which of the following references the citation should be linked to:Burhoff, Detlef (2024), Handbuch für das strafrechtliche Ermittlungsverfahren, 10. Auflage, ZAP-Verlag, Bonn.Burhoff, Detlef (2024), Handbuch für die strafrechtliche Hauptverhandlung, 11. Auflage, ZAP-Verlag, Bonn.Burhoff (2024), EV, Rn. 1291 ff.

5.4.3.1 Datenerlangung (NCMEC-Meldungen und CT-Report)

Die Art und Weise der gänzlich undurchsichtigen (privatwirtschaftlichen) Datenerlangung und Datenübermittlung an das BKA durch das NCMEC ist im Hinblick auf Beweisverwertungsverbote sowohl im Ermittlungsverfahren als auch im Hauptverfahren kritisch zu hinterfragen und zu prüfen.

Bedenken gegenüber der Datenerlangung ergeben sich hier insbesondere wegen rechtlicher und technischer Probleme bei den NCMEC-Meldungen aufgrund fehlender Transparenz (keine Möglichkeiten des Einblicks deutscher Ermittlungsbehörden in die technischen Methoden), fehlender individueller Prüfung (Verdachtsfälle werden automatisch erstellt), zahlreicher falscher Verdachtsmeldungen und fehlender direkter Beweise (angezeigt wird zumeist lediglich eine IP-Adresse oder ein Online-Account, keine bestimmte Person oder ein bestimmtes Gerät).

Rechtsstaatliche Bedenken ergeben sich auch dadurch, dass durch eine der gerichtlichen Kontrolle entzogenen Stelle das Recht auf effektiven Rechtsschutz gemäß Art. 19 Abs. 4 GG in verfassungswidriger Weise unterlaufen wird, Aufgaben im Kernbereich der Strafverfolgung einem privaten Akteur übertragen werden und die deutsche Strafverfolgung systematisch auf private Informationen zurückgreift, deren Gewinnung strukturell der gerichtlichen Kontrolle entzogen ist, sodass die Verwertung derartiger Daten allein bereits einen Verstoß gegen die Grundlagen rechtsstaatlicher Justiz und somit gegen Art. 20 Abs. 3 GG darstellt.[25]

Anerkannt ist auch, dass das NCMEC in das Recht auf Privatsphäre, Datenschutz und einschlägige Grundrechte der EU-Charta im Ergebnis eingreift, da Online-Nutzer sich gedrängt sehen können, ihr legales Nutzungsverhalten einzuschränken, um die Gefahr von Fehlerkennungen zu vermeiden.[26]

Allerdings ist diese Art der Datengewinnung und die Verwertung von NCMEC-Beweismitteln in der Rechtsprechung bislang dennoch nicht auf durchgreifende Bedenken gestoßen.[27] Dies mag jedoch auch daran liegen, dass nur sehr wenige Anklagen direkt auf der Grundlage der Datenberichte der CyberTipeline erhoben werden, sondern diese werden zumeist nur zur Begründung eines Anfangsverdachts herangezogen, der eine Hausdurchsuchung rechtfertigt, während die Anklage dann auf dem Ergebnis dieser Durchsuchung und den dort aufgefundenen Daten und nicht auf den gemeldeten Daten basiert.

Jedenfalls wurden keine verfassungsrechtlichen Bedenken dagegen erhoben, dass ein mit einer NCMEC-Meldung übersandtes Video von der Rechtsprechung als Beweismittel für die Strafbarkeit des Besitzes und der Verbreitung von kinder- und jugendpornografischem Material seiner Entscheidung zugrunde gelegt wurde.[28]

---

[25] Pschorr/Wörner, StV 2023, 274 (276).

[26] Vgl. Urbanzyk, StRR 2025, 6 (16).

[27] Vgl. OLG München, Beschl. v. 01.03.2021 – 3 Ws 140/21; LG Bochum, Urt. v. 19.01.2021 – 8 KLs 14/20, juris; LG Halle/Saale, Beschl. v. 12.08.2020 – 10a Qs 77/20, juris; LG Aachen, Urt. v. 15.10.2020 – 65 Kls 15/20, juris.

[28] BVerfG, NJW 2024, 3643.

Insoweit ist fraglich, ob Beweisverwertungsverbote in diesem Bereich, jedenfalls derzeit, überhaupt erfolgreich gerügt werden können.

5.4.3.2 Durchsuchung und Beschlagnahme

In Verfahren wegen Kinder- und Jugendpornografie beruhen die Beweise vornehmlich auf Durchsuchungen und Beschlagnahmen, zumeist ausgelöst durch NCMEC-Meldungen und CT-Reporte, sodass sich hier insbesondere die Frage nach einem Beschlagnahmeverbot wegen einer fehlerhaften Durchsuchung stellt.

Allerdings wird in der obergerichtlichen Rechtsprechung hierzu die Auffassung vertreten, dass es der Beschlagnahme und Verwertung eines Beweisgegenstands nicht ohne Weiteres entgegensteht, wenn dieser aufgrund einer fehlerhaften Durchsuchung erlangt wurde.[29] Insofern ist die Annahme eines Beweisverwertungsverbots aufgrund einer fehlerhaften Durchsuchung immer noch eine Ausnahme, die jeweils auf Einzelfallentscheidungen beruht, sodass es die Aufgabe der Verteidigung ist, solche Umstände des Einzelfalls darzulegen.[30]

Ein Beweisverwertungsverbot aufgrund einer fehlerhaften Durchsuchung wurde beispielsweise angenommen bei Fehlen einer (richterlichen) Durchsuchungsanordnung, bei schweren Fehlern im Rahmen der Durchsuchung (beispielsweise die Herausgabe einer PIN oder eines Passworts zu einem elektronischen Datenträger ohne ausreichende Belehrung[31]), bei einer zu unbestimmten Durchsuchungsanordnung, bei Beantragung der Durchsuchungsanordnung durch eine unzuständige Behörde, bei einer gezielten Suche nach anderen Gegenständen, als beim Zweck der Durchsuchung angegeben (planmäßige Suche nach Zufallsfunden), bei zu langem Zeitablauf zwischen Erlass der Durchsuchungsanordnung und Vollstreckung,[32] bei der Verletzung von Ordnungsvorschriften (§§ 104 ff. StPO), bei schwerwiegenden Verstößen bei der Durchsicht von Papieren und elektronischen Speichermedien[33] oder die unzulässige Zuziehung anderer Personen zur Durchsuchung.[34]

---

[29] BGH, NStZ 2019, 227; BGHSt 51, 285; a. A. Burhoff, StraFo 2005, 140 (146); Piel, StraFo 2017, 54 ff.

[30] Burhoff/Eggers, in: There are more than one reference matching the citation Burhoff (2024); Please confirm which of the following references the citation should be linked to: Burhoff, Detlef (2024), Handbuch für das strafrechtliche Ermittlungsverfahren, 10. Auflage, ZAP-Verlag, Bonn. Burhoff, Detlef (2024), Handbuch für die strafrechtliche Hauptverhandlung, 11. Auflage, ZAP-Verlag, Bonn.Burhoff (2024), EV, Rn. 1915.

[31] AG Tiergarten, StraFo 2018, 67.

[32] BVerfG, StraFo 1997, 242 (244 f.).

[33] BVerfG, StraFo 2005, 286 (292); BVerfG, NJW 2009, 2431 zur Durchsuchung von Datenträgern und Beschlagnahme von E-Mails.

[34] Burhoff/Eggers, in: There are more than one reference matching the citation Burhoff (2024); Please confirm which of the following references the citation should be linked to:Burhoff, Detlef (2024), Handbuch für das strafrechtliche Ermittlungsverfahren, 10. Auflage, ZAP-Verlag, Bonn. Burhoff, Detlef (2024), Handbuch für die strafrechtliche Hauptverhandlung, 11. Auflage, ZAP-Verlag, Bonn.Burhoff (2024), EV, Rn. 1916 ff.

5.5 Verteidigungskonzeption

Für die Verteidigung stellt sich zuerst die Frage, welche Grundverteidigungskonzeption verfolgt werden soll, wobei unter einer Verteidigungskonzeption die Grundsatzentscheidung verstanden wird, welches Verteidigungsziel mit welchen Mitteln erreicht werden soll.[35]

5.5.1 *Schweigen oder Einlassung*

Die Verteidigung in jedem Strafverfahren, so auch in Verfahren wegen Kinder- und Jugendpornografie, hat vorab die Grundentscheidung zu treffen, ob der Mandant schweigen soll oder eine Einlassung abgibt.

Für ein Schweigen des Angeklagten kann sprechen, dass die Beweismittel derart schwach sind, dass ein Tatnachweis ohne Einlassung nicht geführt werden kann, der Angeklagte bei einer Einlassung intellektuell überfordert ist und sich dadurch eventuell selbst schadet, eine Einlassung zum Teil widerlegt wird und damit auch der sonstigen Einlassung des Angeklagten nicht mehr geglaubt wird oder eine zu frühe Festlegung vermieden werden soll, um zunächst die Entwicklung der Beweisaufnahme abzuwarten.[36]

Bezüglich des Schweigens des Angeklagten gilt der Grundsatz „nemo tenetur se ipsum accusare", aus dem gemäß §§ 136 Abs. 1 S. 2, 163a Abs. 3 S. 2 StPO das verfassungsrechtliche Recht des Beschuldigten folgt, zu den gegen ihn erhobenen Vorwürfen zu schweigen, wobei aus dem Schweigen auch keine nachteiligen Schlüsse gezogen werden dürfen.[37]

Für eine Einlassung des Angeklagten kann sprechen, dass entlastende Umstände (Rechtfertigungs-, Entschuldigungs-, Strafmilderungsgründe) vorgebracht werden können, der Angeklagte seine Version zum Tatvorwurf schildern kann, Einfluss auf Umfang und Gang des Verfahrens genommen werden kann, gegebenenfalls eine Einstellung erreicht werden kann, das Gericht sich mit der Einlassung auseinandersetzen und diese widerlegen muss, der Tatvorwurf durch eine überzeugende

---

[35] Barton (2013), Einführung in die Strafverteidigung, § 9 Rn. 66; Geipel/Renzikowski (2022), Verteidigung bei Sexualdelikten, Teil 3 Rn. 95.

[36] Burhoff/Schneider/Hirsch, in: There are more than one reference matching the citation Burhoff (2024); Please confirm which of the following references the citation should be linked to:Burhoff, Detlef (2024), Handbuch für das strafrechtliche Ermittlungsverfahren, 10. Auflage, ZAP-Verlag, Bonn.Burhoff, Detlef (2024), Handbuch für die strafrechtliche Hauptverhandlung, 11. Auflage, ZAP-Verlag, Bonn.Burhoff (2024), EV, Rn. 2063; Geipel/Renzikowski (2022), Verteidigung bei Sexualdelikten, Teil 3 Rn. 99.

[37] Burhoff/Hirsch, in: There are more than one reference matching the citation Burhoff (2024); Please confirm which of the following references the citation should be linked to:Burhoff, Detlef (2024), Handbuch für das strafrechtliche Ermittlungsverfahren, 10. Auflage, ZAP-Verlag, Bonn. Burhoff, Detlef (2024), Handbuch für die strafrechtliche Hauptverhandlung, 11. Auflage, ZAP-Verlag, Bonn.Burhoff (2024), HV, Rn. 4057.

Einlassung entkräftet werden kann oder sich der Angeklagte bereits zuvor ohnehin eingelassen hat.[38]

Wird der Schuldvorwurf von dem Angeklagten eingeräumt, ist regelmäßig auch eine Einlassung in der Hauptverhandlung angezeigt, da sich der Angeklagte dann dahingehend erklären kann, wie es zu der strafbaren Handlung gekommen ist und sich ein Geständnis auch strafmildernd auswirkt.[39]

Bestreitet der Angeklagte dagegen den Tatvorwurf ganz oder teilweise, ist eine Einlassung sorgsam abzuwägen, um nicht Gefahr zu laufen, dass sich der Angeklagte zum Beweismittel gegen sich selbst macht oder machen lässt (vgl. § 261 StPO).[40]

5.5.2 *Freispruchverteidigung*

Eine Freispruchverteidigung kann in Verfahren wegen Kinder- und Jugendpornografie dann erfolgreich sein, wenn Verfahrensfehler vorliegen, dem Angeklagten der Tatvorwurf mangels hinreichender Beweise nicht nachgewiesen werden kann oder erhebliche Zweifel an der Schuld des Angeklagten bestehen.

Dies kann der Fall sein, wenn im Zusammenhang mit Kinder- und Jugendpornografie lediglich eine IP-Adresse ermittelt wurde, aus dessen Zugehörigkeit zum Angeklagten dessen Strafbarkeit gefolgert wird. Dies ist allerdings für eine Verurteilung nicht ausreichend, sondern es muss auch der Nachweis erbracht werden, dass eben genau der Angeklagte die Dateien auf den Computer heruntergeladen hat, was insbesondere dann problematisch ist, wenn mehrere Personen Zugriff auf den Computer oder den Internetanschluss hatten und somit ebenfalls als potenzielle Täter in Betracht kommen.[41]

---

[38] Burhoff/Schneider/Hirsch, in: There are more than one reference matching the citation Burhoff (2024); Please confirm which of the following references the citation should be linked to:Burhoff, Detlef (2024), Handbuch für das strafrechtliche Ermittlungsverfahren, 10. Auflage, ZAP-Verlag, Bonn.Burhoff, Detlef (2024), Handbuch für die strafrechtliche Hauptverhandlung, 11. Auflage, ZAP-Verlag, Bonn.Burhoff (2024), EV, Rn. 2062; Geipel/Renzikowski (2022), Verteidigung bei Sexualdelikten, Teil 3 Rn. 98.

[39] Burhoff/Hirsch, in: There are more than one reference matching the citation Burhoff (2024); Please confirm which of the following references the citation should be linked to:Burhoff, Detlef (2024), Handbuch für das strafrechtliche Ermittlungsverfahren, 10. Auflage, ZAP-Verlag, Bonn. Burhoff, Detlef (2024), Handbuch für die strafrechtliche Hauptverhandlung, 11. Auflage, ZAP-Verlag, Bonn.Burhoff (2024), HV, Rn. 4058.

[40] Burhoff/Hirsch, in: There are more than one reference matching the citation Burhoff (2024); Please confirm which of the following references the citation should be linked to:Burhoff, Detlef (2024), Handbuch für das strafrechtliche Ermittlungsverfahren, 10. Auflage, ZAP-Verlag, Bonn. Burhoff, Detlef (2024), Handbuch für die strafrechtliche Hauptverhandlung, 11. Auflage, ZAP-Verlag, Bonn.Burhoff (2024), HV, Rn. 4060.

[41] Vgl. LG Detmold, Beschl. v. 11.04.2022 – 23 Qs 27/22; AG Reutlingen, Beschl. v. 18.08.2022 – 5 Ds 52 Js 9104/22 jug, juris.

Ein Freispruch kommt auch dann in Betracht, wenn der Angeklagte nicht tatbestandsmäßig gehandelt hat, was insbesondere bei den besonders relevanten Fällen gegeben ist, in denen dem Angeklagten hinsichtlich des Vorwurfes des Verbreitens und Besitzes kinder- oder jugendpornografischer Inhalte kein Wille zum Besitz nachgewiesen werden kann, welches insbesondere beim Nachweis inkriminierter Daten lediglich im Arbeitsspeicher, im (Browser-)Cache, bei Thumbnails oder gelöschten Dateien der Fall sein kann.[42] Eine Freispruchverteidigung kann insbesondere dann erfolgreich sein, wenn bei dem Angeklagten überhaupt nur ein geringer Umfang von Bildmaterial aufgefunden wird.[43]

Ebenso kann eine Freispruchverteidigung aussichtsreich sein, wenn allein der Vorwurf aus der NCMEC-Meldung bestehen bleibt, da hier bereits fraglich ist, ob diese überhaupt als Beweismittel herangezogen werden kann oder einem Beweisverwertungsverbot unterliegt.[44] Aber auch, wenn man die NCMEC-Meldung als Beweismittel zulässt, wie die meisten deutschen Gerichte dies tun,[45] bleibt dennoch das Problem der konkreten Zuordnung der inkriminierten Daten zu dem Angeklagten, jedenfalls dann, wenn mehrere Personen potenziell Zugriff hatten.[46] Entsprechend muss die Datenintegrität in jedem Verfahren gesondert überprüft werden können.[47]

5.5.3 *Geständnisverteidigung*

Das Geständnis ist ein strafmildernd wirkender Strafzumessungsfaktor, daneben hängen von dem (Teil-)Geständnis aber oftmals auch prozessuale Entscheidungen oder die Bereitschaft der Staatsanwaltschaft zu einer Einstellung aus Opportunitätsgründen ab.[48] Ein (Teil-)Geständnis bietet auch die Möglichkeit, dass nur eine minderschwere Variante des Tatvorwurfs eingeräumt und letztlich angenommen wird.[49]

Regelmäßig wird das Geständnis zu Beginn der Hauptverhandlung im Rahmen der Äußerung zur Sache (§ 243 Abs. 5 S. 2 StPO) abgegeben und erfordert im Vorfeld eine sorgfältige Vorbereitung anhand des gesamten Akteninhalts, um

---

[42] Vgl. BGH, BeckRS 2018, 14123; OLG Frankfurt, Beschl. v. 08.07.2024 – 1 Ws 171/23, juris; OLG Düsseldorf, NStZ 2015, 654; OLG Hamburg, NJW 2010, 1893.

[43] Vgl. LG Aachen, MMR 2008, 764.

[44] So Pschorr/Wörner, StV 2023, 274 (278).

[45] Kritisch nur AG Reutlingen, Beschl. v. 18.08.2022 – 5 Ds 52 Js 9104/22 jug Rn. 26 f., juris.

[46] LG Detmold, Beschl. v. 11.04.2022 – 23 Qs 27/22; AG Reutlingen, Beschl. v. 18.08.2022 – 5 Ds 52 Js 9104/22 jug Rn. 3 ff., juris.

[47] Pschorr/Wörner, StV 2023, 274 (278).

[48] Gerson/Gubitz, in: Gubitz/Gerson/Hailer/Weber (2023), Strafmaßfindung und Strafmaßverteidigung, Rn. 846.

[49] Gerson/Gubitz, in: Gubitz/Gerson/Hailer/Weber (2023), Strafmaßfindung und Strafmaßverteidigung, Rn. 851.

Widersprüche und Plausibilitätsprobleme zu vermeiden.[50] Das Geständnis kann aber auch erst später im Verfahren erfolgen, wobei allerdings zu beachten ist, dass der Wert eines Geständnisses mit fortschreitender Beweisaufnahme zumeist sinkt.[51] Insbesondere bei Sexualstraftaten ist ein Geständnis dann strafmildernd, wenn den Opfern hierdurch weitere Aussagen erspart werden.[52]

Eine strafmildernde Bedeutung kann einem Geständnis aber allenfalls dann abgesprochen werden, wenn es auf erdrückenden Beweisen oder taktischen Überlegungen beruht und nicht aufgrund eines echten Reue- und Schuldgefühls abgegeben wird,[53] wobei die Verteidigung dann darauf hinzuweisen hat, dass eine täterungünstige Beweislage eine Einsicht und Reue des geständigen Täters nicht ausschließt.[54]

In jedem Fall ist aber unabhängig von dem Motiv des Geständnisses die Abkürzung der Beweisaufnahme zu beachten.[55] Es ist somit auch Aufgabe der Verteidigung auf den Wert des Geständnisses (schwierige Beweislage, Verfahrensvereinfachung, Verfahrensverkürzung, Entbehrlichkeit psychisch belasteter Zeugen) hinzuweisen.[56]

Zur Form des Geständnisses enthält die StPO keine konkreten Vorgaben. Der Angeklagte kann das Geständnis selbst mündlich abgeben oder es kann durch Verlesen einer schriftlichen Erklärung durch den Angeklagten oder durch die Verteidigung erfolgen.[57]

5.5.4 *Strafmaßverteidigung (Strafmilderungsfaktoren)*

Die Strafmaßverteidigung (auch Strafzumessungsverteidigung) stellt den Regelfall der Tätigkeit der Strafverteidigung dar.[58] Sie ist dann angezeigt, wenn eine, zumindest teilweise, Verurteilung höchstwahrscheinlich ist, um so die staatliche Bestrafung des Angeklagten möglichst milde ausfallen zu lassen.

---

[50] Gerson/Gubitz, in: Gubitz/Gerson/Hailer/Weber (2023), Strafmaßfindung und Strafmaßverteidigung, Rn. 846, 849.

[51] Gerson/Gubitz, in: Gubitz/Gerson/Hailer/Weber (2023), Strafmaßfindung und Strafmaßverteidigung, Rn. 850.

[52] Krause, in: Müller/Schlothauer/Knauer (2022), MAH Strafverteidigung, § 7 Rn. 126; Schroth/Deckers, in: Müller/Schlothauer/Knauer (2022), MAH Strafverteidigung, § 48 Rn. 30.

[53] BGH, StV 2014, 475; BGH, StraFo 2007, 341; BGH, StV 1998, 481.

[54] BGH, NStZ-RR 1998, 103; BGH, Beschl. v. 30.09.1997 – 4 StR 399/97; BGH, StV 1991, 106 (107 f.).

[55] Gerson/Gubitz, in: Gubitz/Gerson/Hailer/Weber (2023), Strafmaßfindung und Strafmaßverteidigung, Rn. 852 f.

[56] Vgl. BGH, StV 1998, 481; BGH, NStZ 1998, 31 (34).

[57] Gerson/Gubitz, in: Gubitz/Gerson/Hailer/Weber (2023), Strafmaßfindung und Strafmaßverteidigung, Rn. 854 ff.

[58] König, in: Müller/Schlothauer/Knauer (2022), MAH Strafverteidigung, § 8 Rn. 71; hierzu anhand der Zahlen auch Gubitz, StraFo 2023, 120 in Fn. 2.

Mangels einer geeigneten Definition wird die Strafmaßverteidigung zumeist als das Gegenteil der Freispruchverteidigung beschrieben und von dieser abgegrenzt. Richtig ist insoweit, dass die Freispruchverteidigung auf die Vermeidung einer Verurteilung abzielt, während das Ziel der Strafmaßverteidigung die Erreichung einer möglichst milden Strafe ist.[59] Allerdings kann sich die verfahrensspezifische Zielsetzung im Verlauf des Verfahrens ändern, sodass die Strafmaßverteidigung auch bei einer zunächst anvisierten Freispruchverteidigung eine stets mitzudenkende Handlungsvariante und nicht dessen Gegenteil ist.[60]

Die Strafmaßverteidigung kommt insoweit immer dann in Betracht, wenn ein Freispruch oder eine Einstellung gemäß § 170 Abs. 2 StPO nicht mehr das Ziel der Verteidigung ist. Sondern Ziel der Strafmaßverteidigung ist dann letztlich die Verhinderung einer überspannten und unverhältnismäßigen Bestrafung des Angeklagten in Fällen, in denen ein Schuldausspruch und eine Verurteilung im Sinne der Anklage unumgänglich sind.[61]

Im Zusammenhang mit einer Strafmaßverteidigung steht auch das Geständnis, da es zumeist Voraussetzung für eine Strafmaßverteidigung ist, weil das Geständnis ein wesentlich strafmildernd wirkender Strafzumessungsfaktor ist (§ 267 StPO).[62] Allerdings ist eine Strafmaßverteidigung auch ohne ein Geständnis oder eine Äußerung des Angeklagten zur Sache möglich.[63]

Als Strafmilderungsgründe kommen die §§ 46a, 46b StGB, aber auch § 46 Abs. 2 StGB (Bemühung um Schadenswidergutmachung und Ausgleich) als allgemeiner Strafmilderungsfaktor, in Betracht, die die Möglichkeit bieten, die Strafe gemäß § 49 Abs. 1 StGB zu mildern oder gar eine Einstellung gemäß § 153a StPO zu bewirken.[64] Des Weiteren kommen auch Strafmilderungsgründe gemäß §§ 20, 21 StGB in Betracht. Darüber hinaus können bei einer Strafzumessungsverteidigung auch weitere Instrumente der Strafprozessordnung genutzt werden, wie ein sogenanntes „Opening Statement", Prozesserklärungen (§ 257 StPO) oder Beweisanträge, die sich auch auf Strafzumessungsaspekte beziehen können.[65]

---

[59] Gerson/Gubitz, in: Gubitz/Gerson/Hailer/Weber (2023), Strafmaßfindung und Strafmaßverteidigung, Rn. 533 f.

[60] Gerson/Gubitz, in: Gubitz/Gerson/Hailer/Weber (2023), Strafmaßfindung und Strafmaßverteidigung, Rn. 536.

[61] Gerson/Gubitz, in: Gubitz/Gerson/Hailer/Weber (2023), Strafmaßfindung und Strafmaßverteidigung, Rn. 536 f.

[62] Gerson/Gubitz, in: Gubitz/Gerson/Hailer/Weber (2023), Strafmaßfindung und Strafmaßverteidigung, Rn. 846; Kempf/Oesterle, in: Müller/Schlothauer/Knauer (2022), MAH Strafverteidigung, § 6 Rn. 100.

[63] Gubitz, StraFo 2023, 120 f.

[64] Gubitz, StraFo 2023, 120 (122).

[65] Gubitz, StraFo 2023, 120 (126).

5.5.5 *Absprachenverteidigung (Verfahrensabsprachen)*

Eine Absprachenverteidigung ist immer dann in Betracht zu ziehen, wenn das Ziel der Verteidigung eine Einstellung gemäß §§ 153 ff. StPO ist. Hierbei ist zu beachten, dass Sexualstraftätern, gerade auch im Bereich der Kinder- und Jugendpornografie, eine Einräumung des Tatvorwurfs besonders auch im Hinblick auf eine befürchtete Stigmatisierung besonders schwerfällt.[66]

Die Absprachenverteidigung unterliegt immer einer Risikoabschätzung im Einzelfall, an deren Ende die Wahl getroffen werden muss, ob eine Freispruchverteidigung erfolgen oder eine Absprache getroffen werden soll, denn eine seriöse Verteidigung kann immer nur Wahrscheinlichkeitseinschätzungen abgeben und kein bestimmtes Ergebnis garantieren.[67]

Bei einer Absprachenverteidigung sollte frühzeitig (aktiv) Kontakt mit der Staatsanwaltschaft beziehungsweise dem Gericht aufgenommen werden. Es gibt in der Praxis allerdings nicht selten auch Fälle einer aufgezwungenen Abspracheverteidigung durch das Gericht, insbesondere, wenn mit der sogenannten Sanktionsschere gedroht wird.[68] Jedoch verstößt dieses Vorgehen gegen §§ 257c StPO und führt zur Rechtswidrigkeit einer so getroffenen Verständigung.

Die Verteidigung sollte den Angeklagten im Hinblick auf eine Absprache einerseits nie leichtfertig zu einem (falschen) Geständnis raten oder gar drängen, ihn andererseits aber auch über die prozessualen Realitäten aufklären. Hierzu gehört, dass der in dubio pro reo-Grundsatz keinen hinreichenden Schutz vor Fehlverurteilung bietet, Opferzeugen zumeist a priori geglaubt wird (Wahrhypothese), das Nichtvorliegen eines Geständnisses contra legem oft sogar straferhöhend gewertet wird[69] oder der Richter, der eben auch die Anklage zugelassen hat, bereits (psychologisch) voreingenommen gegen den Angeklagten ist, besonders auch bei den Tatvorwürfen von Kinder- und Jugendpornografie.[70]

Letztlich bleibt dem Angeklagten dann nur die Möglichkeit zwischen zwei Übeln zu wählen, nämlich entweder einem (falschen) Geständnis gegen Strafmilderung oder einem mutmaßlich a priori unfairen Verfahren mit der Wahrscheinlichkeit einer erheblichen Bestrafung.

Gerade bei Verfahren wegen Kinder- und Jugendpornografie kommen dabei noch psychologische Aspekte hinzu, die den Angeklagten zusätzlich unter Druck setzen. Denn einerseits wird der Angeklagte hier kein, noch dazu falsches, Geständnis abgeben und sich damit einer weiteren Stigmatisierung und Existenzvernichtung aussetzen wollen, andererseits ist es zumeist in seinem Interesse, das Verfahren schnellstmöglich zu beenden und sich der Situation zu entziehen und so

---

[66] Vgl. Geipel/Renzikowski (2022), Verteidigung bei Sexualdelikten, Teil 3 Rn. 168.

[67] Geipel/Renzikowski (2022), Verteidigung bei Sexualdelikten, Teil 3 Rn. 169.

[68] Hierzu BVerfG, StV 2006, 57; BGH, StraFo 2005, 239 (2409); Geipel/Renzikowski (2022), Verteidigung bei Sexualdelikten, Teil 3 Rn. 175.

[69] Vgl. Eschelbach, in: Matt/Renzikowski (2020), StGB, § 176 Rn. 38.

[70] Geipel/Renzikowski (2022), Verteidigung bei Sexualdelikten, Teil 3 Rn. 178.

gegebenenfalls auch zu verhindern, dass im Rahmen einer Beweisaufnahme noch mehr für ihn peinliche Umstände geschildert und dieser einer Medienöffentlichkeit bekannt werden. Letztlich obliegt die Entscheidung über eine Absprachenverteidigung immer allein dem Angeklagten.

5.5.6 Beweiswürdigungsverteidigung

Die Beweiswürdigungsverteidigung zielt darauf ab, die Überzeugung des Gerichts im Hinblick auf die freie richterliche Beweiswürdigung (§ 261 StPO) zu beeinflussen, indem sie versucht, die Beweismittel so zu interpretieren, dass sie zugunsten des Angeklagten ausfallen oder die Beweise aus Sicht des Angeklagten zu widerlegen mit dem Ergebnis, dass die Beweismittel für eine Verurteilung nicht ausreichen oder jedenfalls berechtigte Zweifel an der Schuld des Angeklagten bestehen.

Die Beweiswürdigungsverteidigung kann sich im Ergebnis mit der Freispruchverteidigung überschneiden oder aber auch zum Ziel haben, die Beweise so zu interpretieren, dass eine Verurteilung lediglich wegen eines minder schweren Delikts in Betracht kommt, welches sich dann auch auf die Strafzumessung auswirkt (beispielsweise im Bereich der Kinder- und Jugendpornografie bloßer Besitz statt Verbreitung).

Bei Verfahren wegen Kinder- und Jugendpornografie kommen im Hinblick auf die erhobenen Beweise mehrere Ansätze in Betracht, um die Beweislage und die hierauf beruhende Beweiswürdigung anzugreifen und zu widerlegen. Zu den aus der Rechtsprechungsanalyse abzuleitenden konkreten Verteidigungsansätzen siehe Kap. 8, Punkt 8.3 „Lehren für die Verteidigung und Verteidigungsansätze".

5.5.6.1 NCMEC-Meldung und CT-Report

Beruhen die Anklage und das Hauptverfahren allein auf der NCMEC-Meldung und dem übermittelten CT-Report, stellt sich bereits die Frage nach einem Beweisverwertungsverbot.

Denn kritisiert wird diesbezüglich die juristische Undurchsichtigkeit des gesamten NCMEC-Systems,[71] zudem seien die mitgeteilten Daten von einem deutschen Gericht oder einem Sachverständigen forensisch nicht überprüfbar und es fehle eine, an den anerkannten Grundsätzen der IT-Forensik zu messende, Dokumentation der Datenzuordnung.[72]

Eine hierauf gestützte Beweiswürdigung und Verurteilung des Angeklagten wäre dann unzulässig und dieser wäre aus Mangel an Beweisen freizusprechen.

---

[71] AG Reutlingen, Beschl. v. 18.08.2022 – 5 Ds 52 Js 9104/22 jug Rn. 3, 23, juris.

[72] Vgl. Urbanzyk, StRR 2025, 6 (10).

5.5.6.2 Fehlende Zuordnung zum Angeklagten

Im Zusammenhang mit NCMEC-Meldungen und dem CT-Report kann auch eine fehlende Zuordnung von inkriminierten Dateien zum Angeklagten stehen und im Rahmen der Beweiswürdigungsverteidigung beanstandet werden.

Denn die Meldung führt hier zumeist lediglich zu einer IP-Adresse und damit zu einem Anschlussinhaber und einen Haushalt, aber nicht zu einem konkreten Endgerät und einem konkreten Nutzer einer inkriminierten Datei zum Zeitpunkt der Erfassung, sodass sie letztlich juristisch unbedeutend ist, denn es ist weder rechtlich noch kriminologisch belastbar möglich oder zulässig, aus dem Inhalt einer verbotenen Datei auf den möglichen Verwender zu schließen.[73] Eine einseitige Beweiserhebung nur gegen den Anschlussinhaber als späteren Angeklagten ist daher zu beanstanden.

Das Problem der fehlenden Zuordnung entsteht insbesondere in Mehrpersonenhaushalten, in denen mehrere Nutzer und potenzielle Täter infrage kommen. Allein die NCMEC-Meldung und der CT-Report mit Nennung der IP-Adresse, die zu dem Angeklagten als Anschlussinhaber führt, kann daher als Beweis für den Tatvorwurf nicht herangezogen werden.

5.5.6.3 Versehentliche oder aufgezwungene Downloads

Wurden bei dem Angeklagten im Rahmen der Ermittlungen Bilder oder Videos mit kinder- oder jugendpornografischen Inhalten auf Datenträgern aufgefunden, wird von den Gerichten zumeist unterstellt, dass die Strafbarkeit des Angeklagten damit nachweisbar sei. Hier ist einzuwenden, dass dies nicht ohne Weiteres ein Beweis für ein strafbares Handeln des Angeklagten ist, da auch die Möglichkeit versehentlicher oder aufgezwungener Downloads besteht.

So ist es beispielsweise möglich, dass bei einer Suche im Internet nach legaler Pornografie unerwünscht und insoweit aufgezwungen Fenster mit kinder- oder jugendpornografischen Inhalten erscheinen und im Arbeitsspeicher oder Browser-Cache gespeichert werden und gegebenenfalls sogar auf einen Server geraten.[74]

Insoweit besteht hier für die Verteidigung die Möglichkeit, die Beweismittel, in Form der aufgefundenen inkriminierten Dateien, durch das Aufzeigen anderer technischer Variablen und lebensnaher, strafloser Alternativerklärungen für ein Speichern dieser Dateien zu widerlegen und das Gericht von einem unbewussten oder aufgezwungenen Herunterladen und Speichern der Daten zu überzeugen.[75]

[73] AG Reutlingen, Beschl. v. 18.08.2022 – 5 Ds 52 Js 9104/22 jug Rn. 19, juris.

[74] Vgl. Urbanzyk, StRR 2025, 6 (12).

[75] Vgl. AG Ahaus, Urt. v. 10.11.2023 – Ls 76/23; Urbanzyk, StRR 2025, 6 (12).

5.5.6.4 Fehlender Besitzwille

Beim Fund inkriminierter Bilder und Videos auf Datenträgern beim Angeklagten ist des Weiteren von der Verteidigung darauf hinzuweisen, dass hierdurch nicht auch die Kenntnis des Angeklagten vom Besitz dieser Dateien nachzuweisen ist.

Die Problematik der Nachweisbarkeit des Besitzwillens stellt sich insbesondere, wenn Dateien mit kinder- oder jugendpornografischem Inhalt lediglich im Arbeitsspeicher, in einem Cache, als Thumbnails oder als gelöschte Dateien aufgefunden werden.

Als subjektive Voraussetzungen an den Besitz wird ein Besitz- oder Herrschaftswille gefordert,[76] wobei ein bedingter Besitzwille genügt.[77]

Eine Verteidigung, die auf den fehlenden Besitzwillen abstellt, kann insbesondere dann erfolgreich sein, wenn der Angeklagte sich in dem bisherigen Verfahren noch nicht eingelassen oder den Vorwurf derart bestritten hat, dass auch ein Rückschluss auf eine billigende Inkaufnahme oder gar Kenntnis nicht möglich ist.[78] Des Weiteren darf sein Nutzerverhalten keine Anhaltspunkte dafür liefern, dass der Angeklagte bewusst den Besitz der inkriminierten Dateien angestrebt oder zumindest billigend in Kauf genommen hat, was dann der Fall sein kann, wenn der Angeklagte an verschiedenen Tagen im Internet gezielt Seiten mit kinder- oder jugendpornografischen Abbildungen gesucht und aufgerufen hat, andernfalls kann nicht angenommen werden, dass er sich der Existenz dieser Dateien bewusst war.[79]

Beim bloßen Auffinden von Dateien mit kinder- oder jugendpornografischem Inhalt im Arbeitsspeicher, in einem Cache oder als Thumbnails kann nicht ohne Weiteres davon ausgegangen werden, dass allen Nutzern die Funktionen, die solch automatische Downloads verursachen, bekannt sind. Oftmals sind nicht einmal die mit der Auswertung befassten Personen in der Lage, Angaben darüber zu machen, ob die fraglichen Daten automatisch systemseitig oder wissentlich aktiv heruntergeladen und gespeichert wurden.[80]

Es hat hier daher im Hinblick auf eine Verurteilung zu gelten, dass kein Nachweis einer Kenntnis, die Grundlage des Besitzwillens ist, allein aus dem Umstand gefolgert werden kann, dass kinder- oder jugendpornografische Inhalte systemseitig in einem Ordner gespeichert wurden.[81] Das Gericht hat in diesen Fällen zu prüfen, ob die Datei nur in dem Ordner abgelegt wird, wenn der Nutzer sie aktiv speichert, oder ob sie systemseitig automatisch dort abgelegt wird, wenn der Nutzer das Bild oder Video aufgerufen hat oder ob eine Ablage sogar dann erfolgen kann, wenn ein Bild beispielsweise über eine Messenger-App lediglich übersendet wird, der Nutzer diese aber gar nicht aktiv benutzt.[82] Jedenfalls reicht für den Nachweis einer

---

[76] Schmidt, in: Erb/Schäfer (2025), MüKo-StGB, § 184b Rn. 54 ff.

[77] BGH, StraFo 2015, 471 (472); a. A. Schmidt, in: Erb/Schäfer (2025), MüKo-StGB, § 184b Rn. 56.

[78] Urbanzyk, StRR 2025, 6 (13).

[79] Urbanzyk, StRR 2025, 6 (13).

[80] Urbanzyk, StRR 2025, 6 (14).

[81] Gercke, ZUM 2019, 798 (807); Urbanzyk, StRR 2025, 6 (13 f.).

[82] Gercke, ZUM 2019, 798 (807).

Kenntnis und eines Besitzwillens eine lediglich systemseitige Speicherung regelmäßig nicht aus.[83]

Bei gelöschten Dateien ist für die Frage des Besitzwillens entscheidend, wo sie auf dem Speichermedium weiterbestehen. Eine bloße Verschiebung in den sogenannten Papierkorb hebt den Besitz nicht auf, wogegen bei einem Fortbestehen der Datei an einem Ort, der dem durchschnittlichen Nutzer nicht zugänglich ist, kein Besitzverhältnis mehr besteht, selbst dann nicht, wenn der konkrete Angeklagte wegen überdurchschnittlicher Kenntnisse in der Lage wäre, die Inhalte wiederherzustellen.[84] Aus einer Löschung der Dateien folgt ohne Weiteres die Besitzaufhebung, wenn eine Wiederherstellung allein mittels polizeilicher Spezialsoftware möglich ist.[85]

Für die Verteidigung ergeben sich hier dann gute Ansatzpunkte, wenn es in den Auswerteberichten beispielsweise an einer Differenzierung von gelöschten oder wiederhergestellten Daten oder an einer konkreten Bezeichnung des Fundorts der Datei auf dem Datenträger fehlt, sodass der Bericht den Mindestanforderungen nicht genügt.[86]

Zu den vertieften Lehren für die Verteidigung bei fehlendem Besitzwillen in den Konstellationen Arbeitsspeicher, Thumbnails, Cache und gelöschte Daten siehe Kap. 8, Punkt 8.3.1 „Arbeitsspeicher, Thumbnails, Cache, gelöschte Daten".

5.6 Problematik der notwendigen Verteidigung (§ 140 StPO)

In Verfahren wegen Kinder- und Jungendpornografie verfügt, wie in anderen Strafverfahren auch, nicht jeder Beschuldigte über die finanziellen Mittel, um sich eine ordnungsgemäße Verteidigung leisten zu können. Die vollzogene Herabstufung der Tatbestände der Kinderpornografie vom Verbrechen zum Vergehen und der Einstufung von Jugendpornografie als Vergehen ändert jedoch nichts daran, dass hier dennoch regelmäßig ein Fall der notwendigen Verteidigung vorliegen dürfte.[87] Der Beiordnungsgrund folgt nach der ganz herrschenden Meinung der Rechtsprechung aus dem Umstand der Schwierigkeit der Sachlage gemäß § 140 Abs. 2 StPO.[88]

Diese ergibt sich aufgrund der Besonderheiten in einem Verfahren wegen Kinderpornografie zum einen daraus, dass der Beschuldigte nicht selbst (§ 147 Abs. 4 StPO), sondern nur über einen Verteidiger Akteneinsicht nehmen kann, denn die pornografischen Bilder betreffen den Intimbereich der abgebildeten Person, der vor einer Betrachtung durch den Angeklagten außerhalb der Hauptverhandlung

[83] AG Bocholt, MMR 2017, 568 (469); Gercke, ZUM 2019, 798 (807).

[84] BGH, Urt. v. 28.03.2018 – 2 StR 311/17; Hörnle, in: Erb/Schäfer (2021), MüKo-StGB, § 184b Rn. 46.

[85] Urbanzyk, StRR 2025, 6 (14).

[86] Urbanzyk, StRR 2025, 6 (14).

[87] Urbanzyk, StRR 2025, 6 (15).

[88] A. A. LG Hannover, Beschl. v. 24.09.2024 – 40 Qs 73/24.

geschützt werden soll.[89] Andererseits stellen diese Bilder jedoch den Kernbereich des Anklagevorwurfs dar, ohne deren Anschauung keine hinreichende Verteidigung möglich ist, sodass § 140 Abs. 2 StPO die Beiordnung eines Pflichtverteidigers gebietet, der die Bilder sichten und den Angeklagten entsprechend unterrichten kann.[90]

Für die Annahme der Schwierigkeit der Sachlage wird darüber hinaus argumentiert, dass ein überwiegender Teil der Beweismittel nur in englischer Sprache abgefasst vorliegt (CT-Report) und daher die Bewertung der Beweismittel offensichtlich nicht einfach ist und vollständige Aktenkenntnis erfordert, insbesondere auch, wenn im Rahmen der Beweisaufnahme in der Hautverhandlung die Auseinandersetzung mit einem Sachverständigengutachten zu erwarten ist.[91]

Die gleichen Gründe dürften auch in Verfahren wegen eines jugendpornografischen Inhalts für die Beiordnung eines Pflichtverteidigers heranzuziehen sein.[92]

Literatur

Barton, Stephan (2013), Einführung in die Strafverteidigung, 2. Auflage, Verlag C.H. Beck, München.

Beulke, Werner/Swoboda, Sabine (2025), Strafprozessrecht, 17. Auflage, Verlag C.F. Müller, Heidelberg.

Burhoff, Detlef (2024), Handbuch für das strafrechtliche Ermittlungsverfahren, 10. Auflage, ZAP-Verlag, Bonn.

Burhoff, Detlef (2024), Handbuch für die strafrechtliche Hauptverhandlung, 11. Auflage, ZAP-Verlag, Bonn.

Burhoff, Detlef (2005), Durchsuchung und Beschlagnahme, StraFo 2005: 140–147.

Erb, Volker/Schäfer, Jürgen (2025), Münchener Kommentar zum Strafgesetzbuch: StGB, Band 3: §§ 80–184l, 5. Auflage, Verlag C.H. Beck, München.

Erb, Volker/Schäfer, Jürgen (2021), Münchener Kommentar zum Strafgesetzbuch: StGB, Band 3: §§ 80–184k, 4. Auflage, Verlag C.H. Beck, München.

Geipel, Andreas/Renzikowski, Joachim (2022), Verteidigung bei Sexualdelikten, Verlag C.F. Müller, Heidelberg.

Gercke, Marco (2019), Die Entwicklung des Internetstrafrechts 2018/2019, ZUM 2019: 798–807.

Gubitz, Michael (2023), Strafmaßverteidigung – Strategien und Probleme der Strafzumessungsverteidigung, StraFo 2023: 120–126.

Gubitz, Michael/Gerson, Oliver Harry/Hailer, Claudia/Weber, Jakob (2023), Strafmaßfindung und Strafmaßverteidigung, Verlag C.F. Müller, Heidelberg.

Klemke, Olaf/Elbs, Hansjörg (2019), Einführung in die Praxis der Strafverteidigung, 4. Auflage, Verlag C.F. Müller, Heidelberg.

Matt, Holger/Renzikowski, Joachim (2020), Strafgesetzbuch: StGB, Kommentar, 2. Auflage, Verlag Franz Vahlen, München.

---

[89] LG Hanau, Beschl. v. 25.07.2022 – 4 Qs 4/22 Rn. 15, juris; Urbanzyk, StRR 2025, 6 (15).

[90] LG Hanau, Beschl. v. 25.07.2022 – 4 Qs 4/22 Rn. 15, juris; LG Frankfurt (Oder), StraFo 2022, 103.

[91] LG Zwickau, Beschl. v. 28.07.2021 – 1 Qs 134/21 Rn. 2, juris; AG Frankfurt a.M., Beschl. v. 12.07.2024 – 4881 Js 215385/24-931 Gs Rn 5 ff., juris.

[92] Urbanzyk, StRR 2025, 6 (15).

Müller, Eckhart/Schlothauer, Reinhold/Knauer, Christoph (2022), Münchener Anwaltshandbuch Strafverteidigung, 3. Auflage, Verlag C.H. Beck, München.
Piel, Hannah Milena (2017), Verwertungsfragen bei Verstößen gegen den Richtervorbehalt, StraFo 2017: 54–63.
Pschorr, Simon/Wörner, Liane (2023), Strafverfolgung in Deutschland aufgrund US-amerikanischer Daten, StV 4/2023: 274–282.
Urbanzyk, Heiko (2025), Meldungen des MCMEC – Grundlagen und Ideen für die Verteidigung im Bereich Kinder- und Jugendpornografie, StRR 2/2025: 6–17.

Kapitel 6
Besondere Schwierigkeiten und Problemstellungen

Gegenstand dieses Kapitels sind die besonderen Schwierigkeiten und Problemstellungen, mit denen sich die Verteidigung insbesondere in Verfahren wegen Kinder- und Jugendpornografie zu befassen hat.

6.1 Psychologische Aspekte

Ein Verfahren wegen des Tatvorwurfs gemäß § 184b StGB oder § 184c StGB stellt für den Beschuldigten eine erhebliche psychische Belastung dar, wobei auch die aussagepsychologischen Aspekte und eventuell vorhandene Sexualstörungen zu berücksichtigen sind.

6.1.1 Aussagepsychologie

In den technisch dominierten Strafverfahren wegen Kinder- und Jugendpornografie beruht die Beweisführung zumeist auf digitalen Spuren (Zuordnung der IP-Adresse, Digitale Forensik). Dennoch kann auch hier eine Beweisaufnahme durch Vernehmung des Angeklagten (bei dessen Einlassung) oder von Zeugen (Belastungs-, Entlastungs-, Opferzeugen) erfolgen.

Die Einlassung des Angeklagten wird zumeist in einem vollständigen Bestreiten des Tatvorwurfs oder einem Vorbringen des versehentlichen (automatisch generierten) Downloads der inkriminierten Daten ohne Besitzwillen oder anderen Selbstentlastungserklärungen (Nutzung des Geräts durch andere Personen) bestehen. Zeugen können gegebenenfalls über die Nutzung der jeweiligen elektronischen Medien, Passwörter, Zugriffsmöglichkeiten, Besitzverhältnisse, technische Kenntnisse oder

N. Odebralski, *Strafverteidigung in Verfahren wegen Kinder- und Jugendpornografie*, https://doi.org/10.1007/978-3-662-73769-9_6

das Verhalten des Angeklagten Auskunft erteilen oder als Opferzeugen, bei der Realpornografie oder beim Posing, in Betracht kommen.

In diesem Fall spielt dann auch hier die Aussagepsychologie in Form der Aussageanalyse und Glaubhaftigkeitsbeurteilung eine Rolle.[1] Die jeweilige Einlassung beziehungsweise Zeugenaussage ist dann darauf zu prüfen, ob sie konsistent, detailreich, aber insbesondere auch plausibel, widerspruchsfrei und realitätsnah dargestellt wird. Dabei folgt die moderne Aussagepsychologie vorwiegend dem hypothesenprüfenden Ansatz, wobei der Frage nachgegangen wird, ob die Aussage konsistent mit realer Erlebnisverarbeitung ist oder ob sie eventuell auf Erinnerungsfehlern, Suggestion, Entlastungsmotiven oder situativen Druck beruht.[2]

Hierbei ist zu beachten, dass Zeugen in Verfahren wegen Kinder- und Jugendpornografie, als vorwiegend digitale Sexualdelikte, zumeist keine unmittelbaren Tatwahrnehmungen schildern, sondern es sich um Kontextaussagen von Zeugen aus dem sozialen Umfeld des Angeklagten (Familienangehörige, Mitbewohner) handelt, sodass eine Erlebnisfundierung als Kriterium der Glaubhaftigkeitsanalyse nur eingeschränkt zur Anwendung kommen kann.[3] Es dürfte daher bei diesen Aussagen in höherem Maß auf die Realitätskriterien zu achten sein.

Allerdings sind aussagepsychologische Sachverständigengutachten im Bereich der Strafverfahren wegen Kinder- und Jugendpornografie aufgrund der vornehmlich bestehenden digitalen Beweismittel eher die Ausnahme und müssten dann gegebenenfalls zusätzlich im Kontext mit einem digitalforensischen Sachverständigengutachten zu bewerten und zu würdigen sein.

6.1.2 Sexualstörungen

Bei Verfahren wegen Kinder- und Jugendpornografie stellt sich im Rahmen der psychologischen Aspekte oftmals auch die Frage nach klinisch relevanten sexuellen Präferenzstörungen des Beschuldigten oder Angeklagten, wobei hier insbesondere die Paraphilie (sexuelle Interessen oder Verhaltensweisen, die von der sogenannten Norm abweichen[4]) in Form der Pädophilie von Bedeutung ist.[5] Hierbei wird Pädophilie im Wesentlichen als sexuelle Präferenz eines Erwachsenen für vorpubertäre oder in einem frühen Stadium der Pubertät befindliche Kinder definiert.[6]

---

[1] Vgl. hierzu BGH, NJW 1999, 2746.

[2] Vgl. BGH, NJW 1999, 2746 (2747 ff.); Niehaus, Merkmalsorientierte Inhaltsanalyse, in: Volbert/Steller (2020), S. 311 ff.

[3] Vgl. Arntzen (2011), Psychologie der Zeugenaussage, S. 146; Volbert/Steller (2020), Begutachtung der Glaubhaftigkeit, in: Venzlaff/Foerster/Dreßing/Habermeyer, S. 757 ff.

[4] Vgl. Engel/Veit/Krüger, Psychotherapeut 2021, 105 (106).

[5] Vgl. Feil (2016), Pädophilie und Persönlichkeitsorganisation, S. 13; Roser (2024), Kinder- und Jugendpornografiedelikte, S. 101.

[6] Feil (2016), Pädophilie und Persönlichkeitsorganisation, S. 13.

Allerdings stellt nicht jeder Konsum von Kinder- oder Jugendpornografie eine klinisch relevante Störung dar, sondern es muss auch ein gewisser Leidensdruck sowie eine Beeinträchtigung des Handlungsvermögens vorliegen.[7] Insoweit wird nicht jede Präferenz für Kinder- oder Jugendpornografie als behandlungsbedürftige Störung klassifiziert und nicht jede pädophile Neigung erreicht die Schwelle der seelischen Störung im Sinne von § 20 StGB.[8]

In strafrechtlichen Verfahren wird zwischen diagnostischer Störung, Deliktmotivation und forensischer Risikoeinschätzung unterschieden. Jedoch hat die Feststellung einer sexuellen Präferenzstörung für die Schuldfähigkeitsfrage (§§ 20, 21 StGB) nur selten Bedeutung, da Paraphilien gemäß der Rechtsprechung hier regelmäßig nicht ohne Weiteres zu einer Verminderung der Einsichts- oder Steuerungsfähigkeit führen.[9]

So ist nicht bei jeder Verurteilung wegen Verbreitung, Erwerb oder Besitz kinderpornografischer Inhalte im Rahmen der Strafzumessung die Frage zu erörtern, ob der Strafrahmen über §§ 21, 49 StGB zu mindern ist. Dies kann jedoch der Fall sein, wenn das Streben des Angeklagten nach kinder- und jugendpornografischen Inhalten auf einer verfestigten sexuellen Neigung (Pädophilie) beruht, die den Grad einer schweren seelischen Störung im Sinne von § 20 StGB erreicht.[10] Denn ist ein von der Norm abweichendes Sexualverhalten in Form der Pädophilie bereits derart ausgeprägt, dass es sich quasi eingeschliffen und habitualisiert hat, kann dies eine Einschränkung der Steuerungsfähigkeit und damit im Einzelfall eine Strafmilderung gemäß §§ 21, 49 Abs. 1 StGB begründen.[11] Ob dies der Fall ist, ist regelmäßig anhand eines Sachverständigengutachtens festzustellen.[12]

Insoweit rechtfertigt allein die Störung des sexuellen Verhaltens noch nicht die Annahme einer rechtserheblichen Störung.[13] Es kommt auf das Ausmaß der störungsbedingten Persönlichkeitsstörung und die hieraus resultierende Zwangswirkung an, für die das Vorliegen einer süchtigen Entwicklung und auch außerhalb des Tatgeschehens erkennbar gewordene Einschränkungen des Handlungsvermögens wesentliche Kriterien sind.[14]

Aber auch, wenn keine rechtserhebliche Störung im Sinne von § 20 StGB vorliegt, kann eine forensisch-psychologische Begutachtung beispielsweise zur Einschätzung des Rückfallrisikos, zur Frage der Gefährlichkeit im Rahmen von § 66 StGB[15] oder im Zusammenhang mit Führungsaufsicht und Bewährungsauflagen (§ 68b StGB) von Relevanz sein.

---

[7] APA, DSM-5-TR 2025, S. 43 ff.; Verrel/Linke/Koranyi, in: LK-StGB (2025), § 20 Rn. 155.

[8] Vgl. Schulz-Merkel, jurisPR-StrafR 9/2017 Anm. 3.

[9] BGH, StV 2023, 384.

[10] Vgl. OLG Celle, StV 2018, 284.

[11] BGH, StV 2023, 384; BGH, NStZ-RR 2021, 240; BGH, StV 2018, 210; BGH, StraFo 2015, 333 f.

[12] Hierzu Verrel/Linke/Koranyi, in: LK-StGB (2025), § 20 Rn. 156.

[13] BGH, NStZ 2005, 505; Verrel/Linke/Koranyi, in: LK-StGB (2025), § 20 Rn. 155.

[14] BGH, StV 2023, 384; BGH, NStZ-RR 2019, 168; BGH, StV 2018, 210; Verrel/Linke/Koranyi, in: LK-StGB (2025), § 20 Rn. 155.

[15] Vgl. BGH, StV 2012, 212.

Eine Einordnung sexueller Präferenzstörungen hat aber ebenso Bedeutung für kriminalpolitische Implikationen und die Prävention. So können frühzeitige therapeutische Angebote das Risiko von Delinquenz verringern, ohne dass strafrechtliche Tatnachweise erforderlich sind. Aber auch im Strafvollzug erlangen behandlungsorientierte Maßnahmen verstärkt an Bedeutung, insbesondere um eine erneute Delinquenz des Täters im Bereich der Kinder- und Jugendpornografie zu vermeiden.[16]

6.2 Öffentlichkeitsarbeit und Medien

Die Verteidigung in Verfahren wegen Kinder- und Jugendpornografie ist fast immer auch eine Verteidigung gegen die Öffentlichkeit, da die Verwerflichkeit dieser Deliktsbereiche von den Medien regelmäßig besonders in den Blickpunkt der Bevölkerung gerückt wird und dort zumeist auf eine starke Resonanz stößt, welches erschwert, der Unschuldsvermutung und dem jeden Beschuldigten zustehenden Anspruch auf ein faires Verfahren den durch Recht und Gesetz garantierten Rang einzuräumen.[17]

Hierdurch wird die Verteidigung in diesen Fällen noch zusätzlich erschwert, da der Verteidigung noch die weitere Aufgabe zukommt, den Beschuldigten gegen die allgegenwärtige (Medien-)Öffentlichkeit zu verteidigen, deren Urteil dem des Strafgerichts oft vorauseilt und gelegentlich auch den Strafprozess beeinflusst.[18]

Journalisten beteiligen sich selbst an Ermittlungen (beispielsweise durch Befragung von Beschuldigten, Zeugen, mutmaßlichen Opfern, Familienangehörigen) werden von Ermittlern mit Informationen bedient[19] und Pressepublikationen beeinflussen damit zum Teil die Beweisaufnahme (durch Suggestion und Scheinerinnerungen) und das Verteidigungsverhalten.[20] Verschärft wird die Problematik heute noch durch die durch das Internet veränderte Medienlandschaft.[21]

Insoweit stellt sich dann auch die Frage, unter welchen Voraussetzungen mediale Vorverurteilungen bei der Strafzumessung mildernd zu berücksichtigen sind.[22] Dies kommt allerdings in Ausnahmefällen nur dann in Betracht, wenn der Druck weit

[16] Hierzu Etzler/Moosburner/Rettenberger, FPPK 2020, 95 ff.

[17] Albrecht, ZStW 2023, 523; Schroth/Deckers, in: Müller/Schlothauer/Knauer (2022), MAH Strafverteidigung, § 48 Rn. 38.

[18] Albrecht, ZStW 2023, 523 (524); Gerull, StraFo 2023, 466; Schroth/Deckers, in: Müller/Schlothauer/Knauer (2022), MAH Strafverteidigung, § 48 Rn. 38.

[19] Hierzu Eisenberg/Schork, StV-S 2022, 160 ff.

[20] Gerull, StraFo 2023, 466 f.

[21] Hierzu Albrecht, ZStW 2023, 523 (524 ff.).

[22] Hierzu BGH, StV 2019, 441; BGH, NJW 2016, 3670; Eschelbach, in: Satzger/Schluckebier/Werner (2024), StGB, § 46 Rn. 227.

über das hinausgeht, was jeder Straftäter über sich ergehen lassen muss, dessen Fall in das Licht der Öffentlichkeit gerät.[23]

Die Verteidigung hat hier die Möglichkeit einer vorverurteilenden Berichterstattung entgegenzutreten, da der BGH die journalistische Sorgfaltspflicht bei einer Verdachtsberichterstattung hoch ansetzt, sodass Persönlichkeitsrechte des Beschuldigten verletzt werden, wenn der Eindruck erweckt wird, er sei bereits überführt, entlastende Umstände in der Berichterstattung verschwiegen werden und dem Beschuldigten keine Möglichkeit zur Stellungnahme gegeben wird.[24]

Eine weitere Möglichkeit der Vorverurteilung durch die Öffentlichkeit entgegenzuwirken ist die Abgabe eines sogenannten „Opening Statement" wie es in besonders umfangreichen Verfahren vor dem Landgericht und Oberlandesgericht in § 243 Abs. 5 S. 3 StPO ausdrücklich gesetzlich geregelt ist, um mäßigend auf die emotional aufgeladene Stimmung einzuwirken und den Blick auf die zu beantwortenden strafrechtlichen Sachfragen zu lenken.[25]

In jedem Fall vermieden werden sollte, dass der Beschuldigte sich selbst in der Öffentlichkeit äußert, sollte dieses, etwa bei prominenten Persönlichkeiten, nicht zu umgehen sein, sollte nur ein in Schriftform sorgfältig vorformulierter Text verbreitet werden und Geschäfte mit den Medien sollten gänzlich unterlassen werden.[26]

6.3 Umgang mit Vorurteilen und Stigmatisierung

Verfahren wegen Kinder- und Jugendpornografie sind für den Beschuldigten ganz besonders mit Vorurteilen und Stigmatisierung verbunden. Allein der bloße Tatvorwurf führt zumeist im Verwandten- und Bekanntenkreis, aber durch die Medien auch in der Öffentlichkeit und eventuell auch bei den Ermittlungsbehörden bereits zu Vorverurteilungen. Solche stellen die Strafverteidigung vor zusätzliche Herausforderungen, da diese besonders gefordert ist, ein faires Verfahren (Art. 6 EMRK, Art. 20 Abs. 3 GG) zu gewährleisten.

Zum Teil werden Ermittlungsmaßnahmen wie Durchsuchungen und Beschlagnahmen, jedenfalls bei bekannten Personen, medienwirksam vollzogen, sodass hierdurch die Gefahr einer Prangerwirkung noch erhöht wird. Die Verteidigung ist dann gefordert, frühzeitig ein realistisches Bild der tatsächlichen Verdachtslage zu vermitteln und voreiligen Schlussfolgerungen entgegenzutreten.

Dies kann bereits im Ermittlungsverfahren beispielsweise durch den Hinweis erfolgen, dass allein der Besitz inkriminierter Dateien nicht zwangsläufig eine willentlich deliktische Handlung belegt, sondern technische Konstellationen (systemseitige Downloads) Alternativerklärungen ermöglichen können. Eine

[23] BGH, StV 2019, 441; BGH, NJW 2015, 3047; BGH, NStZ-RR 2008, 343 (344); Albrecht, ZStW 2023, 523 (544 ff.).

[24] Vgl. BGH, NJW 2000, 1036 f.; BGH, NJW 1996, 1131.

[25] Schroth/Deckers, in: Müller/Schlothauer/Knauer (2022), MAH Strafverteidigung, § 48 Rn. 39.

[26] Schroth/Deckers, in: Müller/Schlothauer/Knauer (2022), MAH Strafverteidigung, § 48 Rn. 39.

Entemotionaliserung kann durch IT-forensische Gutachten erfolgen, um Nutzerhandlungen und Dateizugriffe auf eine objektive Basis zu heben und so technische Fragen, und nicht moralische Zuschreibungen, in den Mittelpunkt zu stellen.

Ein professioneller Umgang mit Vorverurteilungen und Stigmatisierung erfordert eine gezielte Kommunikationsstrategie. Hierzu kann die Verteidigung gegenüber den Ermittlungsbehörden und dem Gericht auch frühzeitig die Gefahr der Vorverurteilung und Stigmatisierung thematisieren und auf die verfassungsrechtliche Pflicht zur Neutralität (Unschuldsvermutung) hinweisen.[27]

Da ein Tatvorwurf wegen Kinder- und Jugendpornografie erhebliche berufliche und soziale Folgen für den Beschuldigten hat, ist hier in besonderer Weise auf dessen Schutz der Persönlichkeit zu achten. Es ist daher weiter Aufgabe der Verteidigung auf die Einhaltung von Vertraulichkeitsstandards hinzuweisen, insbesondere bei Presseanfragen, und es sind gegebenenfalls auch presserechtliche Unterlassungsansprüche zu prüfen.[28]

Im Rahmen der Hauptverhandlung kann es gegebenenfalls erforderlich sein, Anträge auf Ausschluss der Öffentlichkeit (§ 171b GVG)[29] zu stellen, um eine sekundäre Viktimisierung des Beschuldigten durch öffentliche Bloßstellung zu vermeiden. Gemäß § 171b Abs. 1 S. 1 GVG kann die Öffentlichkeit auch dann ausgeschlossen werden, wenn Umstände aus dem persönlichen Lebensbereich eines Prozessbeteiligten, hier des Angeklagten, zur Sprache kommen, deren öffentliche Erörterung schutzwürdige Interessen verletzen würde, und der Ausschluss der Öffentlichkeit von der Person, deren Lebensbereich betroffen ist, beantragt wird (§ 171b Abs. 3 S. 1 GVG).

Literatur

Albrecht, Anna H. (2023), Medien und Strafverfahren 2.0 – Überlegungen zur Gewährleistung der Integrität des Strafverfahrens in den Zeiten neuer Medien, ZStW 2023: 523–567.

American Psychiatric Association – APA (2025), Diagnostisches und Statistisches Manual Psychischer Störungen – DSM-5-TR, Hogrefe Verlag, Göttingen.

Arntzen, Friedrich (2011), Psychologie der Zeugenaussage – System der Glaubhaftigkeitsmerkmale, 5. Auflage, Verlag C.H. Beck, München.

Bühler, Christoph (2025), Öffentlichkeitsgrundsatz im Strafprozess im Spannungsfeld zum Persönlichkeitsschutz der Opfer bei öffentlicher Bildschirmdarstellung von Toten und Kinderpornografie im Gerichtssaal, StraFo 2025: 438–442.

Eisenberg, Johannes/Schork, Stefanie (2022), „... auf unsere Infos können sie sich verlassen“ – Zur Medienarbeit von Staatsanwaltschaften, StV-S 4/2022: 160–165.

Engel, Jannis/Veit, Maria/Krüger, Tillmann (2021), Zwanghaftes Sexualverhalten – Welche Rolle spielen sexuelle Grenzverletzungen und Paraphilien, Psychotherapeut 2021: 105–112.

[27] Vgl. BVerfGK 17, 223; BVerfGE 74, 358 (370) zur Unschuldsvermutung.

[28] Hierzu Weberling, in: Ricker/Weberling (2021), Handbuch des Presserechts, 44. Kapitel Rn. 1 ff.

[29] Hierzu Bühler, StraFo 2025, 438 ff.

Etzler, Sonja/Moosburner, Matthias/Rettenberger, Martin (2020), Therapie bei Straffälligkeit: Zur Entwicklung der Sozialtherapie im deutschen Justizvollzug, Forensische Psychiatrie, Psychologie, Kriminologie (FPPK) 2020: 95–105.

Feil, Markus G. (2016), Pädophilie und Persönlichkeitsorganisation – Eine empirische Untersuchung, Universität Ulm.

Gerull, Denise (2023), Die Manipulation des Strafprozesses durch die freie Presse, StraFo 2023: 466–469.

Müller, Eckhart/Schlothauer, Reinhold/Knauer, Christoph (2022), Münchener Anwaltshandbuch Strafverteidigung, 3. Auflage, Verlag C.H. Beck, München.

Ricker, Reinhart/Weberling, Johannes (2021), Handbuch des Presserechts, 7. Auflage, Verlag C.H. Beck, München.

Satzger, Helmut/Schluckebier, Wilhelm/Werner, Raik (2024), Strafgesetzbuch: StGB, Kommentar, 6. Auflage, Carl Heymanns Verlag, Köln.

Schulz-Merkel, Philipp (2017), Anmerkung zu OLG Celle 2. Strafsenat, Beschluss vom 13.12.2016 – 2 Ss 136/16, jurisPR-StrafR 9/2017 Anm. 3.

Volbert, Renate/Steller, Max (2020), Die Beurteilung der Glaubhaftigkeit, S. 757–792, in: Psychiatrische Begutachtung – Ein praktisches Handbuch für Ärzte und Juristen, von Venzlaff, Ulrich/Foerster, Klaus/Dreßing, Harald/Habermeyer, Elmar, 7. Auflage, Verlag Elsevier, München.

Kapitel 7
Aktuelle Entwicklungen

Nachfolgend werden die neuen Entwicklungen im Bereich der Kinder- und Jugendpornografie im Hinblick auf die neuen Technologien (Medien) und Verbreitungswege, aber auch hinsichtlich der für die Ermittlungsbehörden bestehenden neuen Auswertungsmethoden untersucht und dargestellt.

7.1 Neue Technologien und Verbreitungswege

7.1.1 Neue Technologien

Neue Technologien im Bereich der Medien haben auf dem Gebiet der Kinder- und Jugendpornografie ganz neue Verbreitungswege eröffnet und zu massiven Änderungen der Kommunikation geführt. Das Betrachten, Handeln und Produzieren von Kindesmissbrauchsabbildungen nehmen aufgrund der neuen technologischen Entwicklungen sowie des sich ständig weiterentwickelnden Darknets und der weiter steigenden Nutzung des Internets weiter zu.[1]

Für den Handel mit kinderpornografischem Material ist gerade durch das Darknet ein neuer Raum entstanden, der das Gefährdungspotenzial für Kinder erheblich gesteigert hat, wozu auch immer schnellere Datenverbindungen und Kommunikations-Apps beitragen.[2]

Über soziale Netzwerke und Messengerdienste können heute Inhalte schnell an einen großen Empfängerkreis verbreitet werden, sodass Dateien mit kinder- oder jugendpornografischen Inhalten unkompliziert und ohne großen Aufwand sofort in Chatgruppen geteilt werden können.[3]

---

[1] Merdian et. al., FPPK 2023, 377 (378).

[2] Hoven/Eisele, ZStW 2024, 697 f.

[3] Hoven/Eisele, ZStW 2024, 697 (709 f.).

N. Odebralski, *Strafverteidigung in Verfahren wegen Kinder- und Jugendpornografie*, https://doi.org/10.1007/978-3-662-73769-9_7

Neue Smartphones können heute erhebliche Datenvolumen speichern, sodass Nutzer ohne vorherige Selektion empfangene Inhalte automatisch auf die Endgeräte herunterladen können.[4]

7.1.2 *Unreflektierter Besitz durch Messengerdienste*

All diese Entwicklungen führen aber auch zu einem achtloseren Umgang mit inkriminierten Daten.

Messengerdienste sind teilweise so eingestellt, dass in Chats übermittelte Bilder und Videos automatisch heruntergeladen werden, wodurch sie sich auf den Geräten der Empfänger befinden, ohne dass diese den Inhalt aktiv gespeichert haben, sodass die Speicherung erfolgt, ohne dass der Nutzer den Inhalt überhaupt zur Kenntnis genommen hat.[5]

Zu den Anforderungen an den Besitzwillen und der hieraus folgenden Problematik bei automatischen Downloads siehe Kap. 3, Punkt 3.2.6.2 „Besitzwille". Zu den Verteidigungsansätzen bei automatischen System-Downloads und fehlendem Besitzwillen siehe Kap. 5, Punkt 5.4.2.2 „Automatischer System-Download" und Punkt 5.5.6.4 „Fehlender Besitzwille".

7.1.3 *Verbreitung durch Jugendliche*

Durch die heutige Verfügbarkeit eines Smartphones für fast jeden Jugendlichen, ist in neuerer Zeit auch die Verbreitung kinderpornografischer Bilder in Schüler- oder Klassenchats zu einem relevanten Problem geworden.[6] Jugendliche machen aufgrund dessen einen nicht unerheblichen und steigenden Anteil der Tätergruppe des § 184b StGB aus, wie statistische Erhebungen belegen.[7]

Dabei teilen Jugendliche kinderpornografische Inhalte regelmäßig nicht aus sexuellen oder pädosexuellen Motiven, sondern aus Unbedarftheit, Neugier, Abenteuerlust oder Imponierstreben, wie sie für den jugendlichen Entwicklungsstand typische Antriebe sind.[8]

---

[4] Hoven/Eisele, ZStW 2024, 697 (710).

[5] Hoven/Eisele, ZStW 2024, 697 (710).

[6] Hoven/Eisele, ZStW 2024, 697 (711).

[7] Vgl. UBSKM (2023), Sexuelle Gewalt gegen Kinder und Jugendliche, S. 3; Hoven/Eisele, ZStW 2024, 697 (711).

[8] BT-Drs. 20/10540, S. 8; Kinzig/Rebmann, NK 2023, 284 (295).

7.2 Neue Verbreitungswege

Als Verbreitungswege aufgrund der neuen Medien sind heute insbesondere Webseiten, FTP (File Transfer Protocol), Chats, Foren, File-Sharing, Peer-to-Peer-Netzwerke (P2P), das Darknet, OTT-Dienste (Over-the-Top content) sowie verschiedene Applikationen für Smartphones, die auch kinderpornografische Inhalte bereitstellen, zu nennen.[9]

Zu den dogmatischen Grundlagen der Tathandlungen des Verbreitens und Zugänglichmachens für die Öffentlichkeit siehe Kap. 3, Punkt 3.2.5.1 „Verbreitung (§ 184b Abs. 1 S. 1 Nr. 1 Alt. 1 StGB)“ und Punkt 3.2.5.2 „Zugänglichmachung für die Öffentlichkeit (§ 184b Abs. 1 S. 1 Nr. 1 Alt. 2 StGB)“.

7.2.1 Webseiten

Die größte Verbreitung von Kinder- und Jugendpornografie erfolgt wohl immer noch über Webseiten im Internet, die über Browser aufgerufen werden können, wobei Suchmaschinen wie Google oder Bing eine effiziente Suche nach kinder- oder jugendpornografischen Inhalten ermöglichen.[10]

Suchmaschinenanbieter sind zwar gehalten, dass kinder- und jugendpornografische Inhalte nicht als Suchvorschlag auftauchen, dieses ist aber nicht immer gewährleistet, wie das Beispiel der Suchmaschine Bing aus dem Jahr 2024 zeigt.[11]

7.2.2 Peer-to-Peer-Netzwerke

Die Verbreitung von Bildern oder Videos mit kinder- oder jugendpornografischen Inhalten erfolgt auch über Peer-to-Peer-Netzwerke (P2P), wobei ein Zugriff auf diese Netzwerke nur mithilfe spezieller Computerprogramme, Browser oder Browser-Add-ons möglich ist, die aber unkompliziert herunterzuladen sind.[12] Peer-to-Peer-Netzwerke (beispielsweise eMule[13]) zeichnen sich dadurch aus, dass jeder Netzwerkteilnehmer zugleich Client, Server, Nutzer und Anbieter ist, da diese Netzwerke dezentral organisiert sind, welches das Lokalisieren eines Verantwortlichen erschwert.[14]

---

[9] Roser (2024), Kinder- und Jugendpornografiedelikte, S. 146.

[10] Vgl. Roser (2024), Kinder- und Jugendpornografiedelikte, S. 147.

[11] Vgl. Urbanzyk, StRR 2025, 6 (12).

[12] Schmidt/Pruß, in: Auer-Reinsdorff/Conrad (2019), Handbuch IT- und Datenschutzrecht, § 3 Rn. 188.

[13] Vgl. hierzu OLG Köln, GRUR 2014, 1081 (1082); OLG Köln, NStZ 2011, 476.

[14] Schmidt/Pruß, in: Auer-Reinsdorff/Conrad (2019), Handbuch IT- und Datenschutzrecht, § 3 Rn. 189.

P2P-Netzwerke werden auch als Tauschbörse bezeichnet, da innerhalb dieses Netzwerks jeder Teilnehmer Dateien, auch solche mit kinder- und jugendpornografischen Inhalten, freigeben kann, welche von den anderen Netzwerknutzern kopiert werden können.[15] Insoweit werden diese Plattformen auch immer wieder zur Verbreitung von kinder- und jugendpornografischen Inhalten genutzt, da hier die Identifikationsmöglichkeit erschwert ist.[16]

Dies führt aber auch dazu, dass die Nutzer derartiger Netzwerke zumeist eine größere Anzahl und extremere Bilder aufweisen und sich das Material äußerst schnell verbreitet. Denn die meisten Nutzer derartiger Netzwerke sind sich nicht darüber bewusst, dass die Netzwerkkonfiguration standardmäßig bereits geladene Dateien automatisch wieder anderen Nutzern zur Verfügung stellt, sodass ein bloßer Download auch gleichzeitig ein Upload darstellt, und dadurch ein strafbarer Verbreitungsvorgang vorliegen kann.[17]

Die Strafverfolgungsbehörden nutzen bei P2P-Netzwerken inzwischen standardisierte Ermittlungsmethoden (Überwachung bekannter P2P-Netzwerke, Hashwert-Abgleiche, Mitschnitt von IP-Adressen, internationaler Datenaustausch).

7.2.3 Darknet

Bei dem Darknet handelt es sich um ein Peer-to-Peer-Overlay-Netzwerk mit einer geschlossenen Benutzergruppe, in dem die Teilnehmer allerdings manuell eine Verbindung untereinander herstellen, wodurch ein höheres Maß an Sicherheit vor Zurückverfolgung durch andere Netzwerknutzer oder gar Strafverfolgungsbehörden besteht.[18] Das Darknet garantiert eine hohe Anonymität und erschwert damit die Identifikation für die Ermittlungsbehörden erheblich.[19] Gerade dies macht, beziehungsweise machte, die Darknet-Plattformen (beispielsweise die mittlerweile durch die deutschen Ermittlungsbehörden abgeschaltete Webseite im Darknet Elysium) so beliebt für Konsumenten kinder- oder jugendpornografischer Inhalte.

Um den Ermittlungsbehörden den Zugang zu diesen Plattformen zu erschweren, verwendeten viele dieser Gruppen die sogenannte Keuschheitsprüfung, wodurch potenziellen Nutzern auferlegt wurde, der Gruppe zunächst selbst strafbares kinderpornografisches Material zur Verfügung zu stellen, um am Austausch auf der Plattform teilnehmen zu können.[20] Die Keuschheitsprüfung basierte auf der Annahme,

---

[15] Schmidt/Pruß, in: Auer-Reinsdorff/Conrad (2019), Handbuch IT- und Datenschutzrecht, § 3 Rn. 191.

[16] Roser (2024), Kinder- und Jugendpornografiedelikte, S. 149.

[17] Vgl. BGH, NStZ-RR 2016, 165; BGH, NStZ-RR 2014, 365.

[18] Vgl. Greco, ZIS 2019, 435 (436); Krause, NJW 2018, 678 ff.; Roser (2024), Kinder- und Jugendpornografiedelikte, S. 149.

[19] Goger/Rückert, MMR 2020, 373 (374); Krause, NJW 2018, 678 ff.

[20] Gercke, CR 2018, 480 (482); Wittmer/Steinebach, MMR 2019, 650 ff.

dass die Ermittlungsbeamten damit von dem Netzwerk ferngehalten würden, da diese keine strafbare Handlung durch den Upload kinderpornografischer Inhalte begehen dürften.[21]

Allerdings schuf der Gesetzgeber die Voraussetzungen dafür, dass Ermittlungsbeamte in Kinderpornografieforen im Darknet künstlich erzeugte Kinderpornografie zur Aufrechterhaltung ihrer Tarnung hochladen können.[22] Auf diese Weise wurde sichergestellt, dass Ermittlungsbeamte im Darknet nicht mehr an der Keuschheitsprüfung scheitern, sofern sie künstlich erzeugtes pornografisches Material verwenden, wodurch die Keuschheitsprüfung faktisch ausgehebelt wurde.

7.2.4 E-Mails

Durch E-Mails können Inhalte auf elektronischem Weg in ein Computernetzwerk übertragen und vom Empfänger abgerufen werden, wodurch als Anhang auch kinderpornografische Inhalte übermittelt werden können.[23] Die Verbreitung kinder- und jugendpornografischer Inhalte über E-Mails ist allerdings aufgrund weiter voranschreitender Digitalisierung und eines hierauf basierenden Kommunikationswandels heute rückläufig, da durch OTT-Dienste und neuere technische Möglichkeiten im Bereich des Instant Messaging andere Formen der Kommunikation zur Verfügung stehen.[24]

7.2.5 Chats/Instant Messaging

Kinder- und Jugendpornografie wird heute immer häufiger über Chats beziehungsweise Instant Messaging verschickt und geteilt. Hierbei handelt es sich um Nachrichtensofortversandsysteme (beispielsweise WhatsApp), die online eine textbasierte Kommunikation in Echtzeit (sogenanntes chatten) zwischen ein oder mehreren Teilnehmern ermöglichen. Instant Messaging ist durch die zunehmende Verbreitung von Smartphones heute eine der meistgenutzten Internetdienste.

Durch Messengerdienste können auch große Datenmengen in Form von Videos oder Bilder an ganze Gruppen per Smartphone übermittelt werden. Besonders Jugendliche nutzen Messengerdienste als Verbreitungsweg, um sich gegenseitig kinder- oder jugendpornografische Inhalte aus verschiedenen, nicht zwangsläufig sexuellen, Gründen zuzusenden.[25] Der Verbreitungsweg über Instant Messaging wird

---

[21] Wittmer/Steinebach, MMR 2019, 650 ff.

[22] BGBl. I 2020, Nr. 11, S. 431; Goger/Rückert, MMR 2020, 373 (375 ff.).

[23] Roser (2024), Kinder- und Jugendpornografiedelikte, S. 151; Schmidt/Pruß, in: Auer-Reinsdorff/Conrad (2019), Handbuch IT- und Datenschutzrecht, § 3 Rn. 175 ff.

[24] Roser (2024), Kinder- und Jugendpornografiedelikte, S. 151.

[25] Roser (2024), Kinder- und Jugendpornografiedelikte, S. 152.

aber ebenso vermehrt von Erwachsenen genutzt, beispielsweise auch, um kinderpornografische Inhalte an Kinder zu übermitteln, um diese im Wege des Cybergroomings zur Aufnahme und Übermittlung ähnlicher Bilder zu veranlassen.[26]

Dagegen spielen Instagram und Facebook bei der Verbreitung kinder- oder jugendpornografischer Inhalte kaum eine Rolle, da hier bei der Erkennung von Nacktheit ein Sperrmechanismus ausgelöst wird. Dagegen können über den Instant-Messaging-Dienst Snapchat Bilder oder Videos versendet werden, die regelmäßig jedoch nur einige Sekunden sichtbar sind und dann systemseitig gelöscht werden, was für das Vorliegen einer Strafbarkeit gemäß §§ 184b, 184c StGB von Relevanz ist. Allerdings können auch hier die gelöschten Dateien wiederhergestellt beziehungsweise aus dem Gerät ausgelesen werden.[27]

7.2.6 Sexting

Ein weiteres Phänomen in Zusammenhang mit den neuen Medien ist das sogenannte Sexting. Hierbei handelt es sich um den freiwilligen Versand an ein oder mehrere Personen von Bildern oder Videos mit konkreten Bezügen zu Petting oder dem Geschlechtsakt, wobei zumindest das Geschlechtsteil, das Gesäß oder, bei weiblichen Personen, die Brüste des Absenders zu sehen sein müssen.[28]

Obwohl das Sexting hauptsächlich bei Erwachsenen verbreitet ist, steigt mittlerweile auch die Zahl der Kinder und Jugendlichen, die Sexting praktizieren.[29] Hierdurch steigt auch die Möglichkeit zur Verbreitung kinder- oder jugendpornografischer Inhalte aufgrund von Sexting.[30] Als Verbreitungsmedium ist hier vorrangig der OTT-Dienst WhatsApp, vor Snapchat und dem Facebook Messenger, anzusehen.[31]

7.2.7 OnlyFans

Ein weiteres Phänomen der neuen Medien ist der Webdienst OnlyFans, bei dem die Profilinhaber die Möglichkeit haben, über Abonnements Geld von den Abonnenten zu erhalten, wobei die Profilinhaber überwiegend erotisches oder pornografisches Material posten.

OnlyFans verfügt über eine große Reichweite, sodass sich hier mit kinderpornografischen Inhalten viel Geld verdienen ließe, soweit nicht der Inhalt gemeldet und

[26] Vgl. LG Bielefeld, Beschl. v. 25.11.2015 – 03 Qs 316/15, BeckRS 2016, 8576.

[27] Roser (2024), Kinder- und Jugendpornografiedelikte, S. 153.

[28] Knott (2016), Tatort Sexting, S. 22.

[29] Vgl. Roser (2024), Kinder- und Jugendpornografiedelikte, S. 153 f.

[30] Vgl. hierzu Knott (2016), Tatort Sexting, S. 122 f.

[31] Knott (2016), Tatort Sexting, S. 127.

gesperrt wird, welches in der Regel der Fall sein dürfte, sodass OnlyFans zu einer Kommerzialisierung von kinder- oder jugendpornografischen Inhalten eher ungeeignet erscheint.[32]

7.3 Neue Auswertungsmethoden

7.3.1 Problematik

Die Bedeutung digitaler Daten als Beweismittel für die Strafverfolgungsbehörden steigt, auch aufgrund des Phänomens Big Data,[33] stetig an, und diese sind ebenfalls im anschließenden Strafverfahren von besonderer Relevanz.[34]

Für die Strafverfolgungsbehörden besteht aufgrund der mittlerweile großen Datenmengen die Herausforderung, die Informationsflut zu bewältigen. Denn aufgrund der wachsenden Datenmengen gibt es auch mehr Sachverhalte, denen gemäß dem Legalitätsgrundsatz (§ 152 Abs. 2 StPO) nachzugehen ist.[35] Allerdings wird der Legalitätsgrundsatz durch den Verhältnismäßigkeitsgrundsatz begrenzt, sodass der Zugriff der Strafverfolgungsbehörden auf verfahrensrelevante Gegenstände zu beschränken ist.[36] Die Unterscheidung zwischen relevanten und irrelevanten Daten ist im Zeitalter von Big Data jedoch zunehmend schwieriger, sodass die Gefahr überschießender Beweisgewinnung besteht.[37]

Auch bei der Verfolgung von Cyberkriminalität im Bereich der Kinder- und Jugendpornografie sind die Ermittler einer weiter zunehmenden Datenflut und unterschiedlichen Formen von Datenstrukturen ausgesetzt, welches neue Kompetenzen und Ermittlungsmethoden erfordert, sodass die Suche nach Hilfsmitteln zum Auslesen großer Datenmengen auf der Hand liegt.[38]

7.3.2 Auswertungsmethoden und IT-Forensik

Zur Auswertung beweisrelevanter Daten werden in der Praxis die Methoden der IT-Forensik[39] angewendet.

[32] Roser (2024), Kinder- und Jugendpornografiedelikte, S. 155.

[33] Hierzu Bildner, KriPoZ JuP 2021, 4 (6).

[34] Blechschmitt, MMR 2018, 361 (363); Warken, NZWiSt 2017, 289 ff.

[35] Bildner, KriPoZ JuP 2021, 4 (6); Schneider, ZIS 2020, 79 (80).

[36] BVerfG, NJW 2005, 1917 (Ls. 2).

[37] Vgl. BVerfG, NJW 2005, 1917 (1920 ff.)

[38] Wörner, ZStW 2024, 616 (618).

[39] Hierzu Heinson (2015), IT-Forensik, S. 16 ff.

Die IT-Forensik hat die Aufgabe, mittels modernster Technik und der Hinzuziehung von Experten, Datenspuren zu analysieren und anhand dessen den Tatvorwurf zu rekonstruieren.[40] Die IT-Forensik ist allgemein zu definieren als die Sicherung und Analyse von Daten aus IT-Systemen mithilfe wissenschaftlicher Methoden zur Beweisführung vor Gericht.[41] Grob lässt sich die IT-Forensik in drei Schritte unterteilen: Sicherung, Analyse und Präsentation der Daten (secure, analyse, present – SAP).[42]

Die Sicherstellung gemäß § 94 StPO dient der Verfahrenssicherung. Konnten digitale Beweismittel gesichert werden, unterliegen diese in der Hauptverhandlung der freien richterlichen Beweiswürdigung (§ 261 StPO), sodass das Gericht an keine Beweisregeln gebunden ist.[43] Wenn das Gericht das Ergebnis als Beweismittel verwerten will, ist es für eine lückenlose Beweiswürdigung allerdings verpflichtet, die Zuverlässigkeit der verwendeten Methoden und Programme aufzuklären.[44] Kann weder nach dem jeweiligen Stand der Technik noch durch aus der Anwendungspraxis gewonnene Zuverlässigkeitsschätzungen eine rational nachvollziehbare Aussage zur Richtigkeitswahrscheinlichkeit der gefundenen Ergebnisse getroffen werden, hat das Ergebnis der Datenanalyse keinen Beweiswert und darf nicht in die Beweiswürdigung einbezogen werden.[45] Gleiches hat zu gelten, wenn das Gericht die Zuverlässigkeit nicht ermitteln beziehungsweise ermitteln lassen kann (beispielsweise mangels Zugriffsmöglichkeit auf das Programm aus Geheimhaltungsgründen oder bei ausländischen Servern).[46]

Die Bestimmung des Beweiswertes von Daten, welche insbesondere in Verfahren wegen Kinder- und Jugendpornografie eine wesentliche Rolle spielen, ist allerdings schon im Hinblick auf deren Manipulationsanfälligkeit problematisch.[47] Die IT-Forensik hat daher darauf zu achten, den Beweiswert der Daten während der Sicherung und Auswertung zu erhalten und Integritätsverletzungen zu vermeiden.[48]

Regelmäßig erfolgt daher die Analyse nicht am Original, sondern es wird eine Sicherungskopie durch eine sogenannte Spiegelung, bei der eine 1:1 Kopie (Klon) erfolgt, angefertigt. Es entsteht so ein identisches Duplikat, an dem die Untersuchungen vorgenommen werden können, ohne die Originaldaten zu verändern.[49] Diese Vorgehensweise stößt allerdings beim Umgang mit Massendaten an Grenzen, da zum einen hinreichend Kapazitäten für forensische Duplikate vorhanden sein

[40] Savić (2020), Die digitale Dimension des Strafprozessrechts, S. 291.

[41] Heinson (2015), IT-Forensik, S. 17.

[42] Heinson (2015), IT-Forensik, S. 25.

[43] Hierzu Rückert, GA 2023, 361 (367 ff.).

[44] Rückert, GA 2023, 361 (369).

[45] Vgl. Rückert, GA 2023, 361 (374).

[46] Rückert, GA 2023, 361 (374).

[47] Vgl. Bildner, KriPoZ JuP 2021, 4 (15).

[48] Heinson (2015), IT-Forensik, S. 4.

[49] Heinson (2015), IT-Forensik, S. 31.

müssen und zum anderen die Auslesung einen enormen zeitlichen Mehraufwand erfordert.[50]

Hinzutritt, dass bei Daten, die auf Servern von Drittanbietern gesichert sind, eine Spiegelung nicht möglich ist, sodass hier mit einer Live-Sicherung ein direkter Zugriff auf die Daten durch Softwareanwendung erfolgen muss.[51] Eine solche Live-Sicherung bewirkt jedoch stets Veränderungen im System und verletzt die Integrität der Daten.[52] Bei einer Live-Sicherung ist eine Datenselektion aufgrund zeitlicher und ressourcentechnischer Grenzen ebenfalls erheblich erschwert.[53]

7.3.3 Massendatenanalyse

Um die zunehmende Datenflut, besonders im Bereich der Kinder- und Jugendpornografie, bewältigen zu können, wurden spezielle forensische Massendatenanalysemethoden entwickelt. Hierbei werden Daten auf kriminelle Handlungen untersucht, um diese aufzudecken, nachzuweisen oder bestimmte Muster zu erkennen.[54]

Die regelbasierte Analyse nimmt bestimmte Muster als Grundlage, die vorliegen müssen, damit relevante Daten identifiziert werden können. Die Daten werden nach der inhaltlichen Erarbeitung in einen Algorithmus überführt und abschließend genauer analysiert.[55]

7.3.4 Auswertung mittels KI

In der polizeilichen IT-Forensik nimmt heute aufgrund der weiter zunehmenden Datenmengen die KI-gestützte Auswertung von Daten erheblich an Bedeutung zu.[56] Dabei stellen Verfahren des sogenannten maschinellen Lernens (Machine Learning – ML) die praktisch bedeutsamste Form der KI für die Gewinnung von Beweismitteln im Strafverfahren dar.[57] Derartige Verfahren beruhen darauf, dass sie Zusammenhänge in Daten durch erlernte Methoden erkennen.[58] Von besonderer Bedeutung sind hierbei Verfahren des sogenannten Deep Learnings, welche komplexe Lernmethoden (neuronale Netze) und große Mengen an Trainingsdaten verwenden,

[50] Vgl. Bildner, KriPoZ JuP 2021, 4 (16).
[51] Basar/Hiéramente, NStZ 2018, 681 (682).
[52] Heinson (2015), IT-Forensik, S. 43.
[53] Basar/Hiéramente, NStZ 2018, 681 (683).
[54] Sauermann, StraFo 2018, 499 (503).
[55] Sauermann, StraFo 2018, 499 (503).
[56] Wörner, ZStW 2024, 616 (633).
[57] Rückert, GA 2023, 361 (363).
[58] Alpaydin (2022), Maschinelles Lernen, S. 1 ff.

um das Programm entsprechend zu trainieren.[59] Zu den Grundlagen der Auswertung mit KI im Ermittlungsverfahren und den dort bestehenden Anforderungen siehe Kap. 4, Punkt 4.6.2 „Auswertung mit Künstlicher Intelligenz (KI)“.

Selbstlernende Programme können in den verschiedensten Bereichen zur Generierung, Auswertung und Bewertung von Beweismitteln in Straferfahren eingesetzt werden, insbesondere auch im Hinblick auf die Bilderkennung für die strafrechtliche Verfolgung von Kinderpornografie.[60] Vorwiegend geht es hierbei um sogenannte Klassifizierungsprogramme, welche einen eingegebenen Datensatz einer bestimmten Kategorie zuordnen beziehungsweise mit anderen Datensätzen abgleichen, um gleiche, ähnliche oder abweichende Datensätze aufzufinden.[61] Eine besondere Rolle spielen die Klassifizierungsprogramme, als Bild- und Videoerkennungsprogramme, auch bei der Erkennung von kinderpornografischem Material.[62]

Der Einsatz lernender Systeme ist ebenfalls eine Möglichkeit der Massendatenanalyse. Gemeint ist hier die Fähigkeit von KI, auf der Grundlage großer Datenmengen zugrunde liegende Algorithmen selbst zu entwickeln und diese zu trainieren, um auf der Basis bereits vorhandener Datenauswertungen in Zukunft Aussagen treffen zu können.[63] Das Wissen wird demnach aus historischen Datensätzen generiert.[64] Hierbei ermöglichen spezielle Softwareanwendungen die elektronische Vorselektion digitaler Datenmengen, wodurch die Masse der zu sichtenden Datenmengen erheblich verringert wird.[65]

Im Bereich der Kinder- und Jugendpornografie können sich unter Einsatz von Informationstechnologie so Bilddateien automatisiert von legaler Erwachsenenpornografie oder harmlosen Urlaubsfotos von Kindern unterscheiden lassen, sodass sich mittels dieser neuen Technologie auch sämtliche Bilddateien oder Videosequenzen auf einem sichergestellten Datenträger automatisiert klassifizieren lassen.[66] Dies führt zu einer schnelleren Auswertung und damit einer Reduzierung der Beschlagnahmedauer, gleichzeitig können aber auch bei zu Unrecht beschuldigten Personen hierdurch die Belastungen reduziert werden.[67]

Als Standardverfahren des maschinellen Lernens haben sich in den letzten Jahren sogenannte neuronale Netze zur Bilderkennung etabliert.[68] Diese basieren auf in Soft- oder Hardware implementierten Neuronen, die aus Eingabewerten eine Ausgabe berechnen.[69]

---

[59] Alpaydin (2022), Maschinelles Lernen, S. 315 ff.; Staffler/Jany, ZIS 2020, 164 (166 f.).

[60] Bock/Höffler, KriPoZ 2022, 257 (263 f.); Rückert, GA 2023, 361 (364).

[61] Rückert, GA 2023, 361 (364).

[62] Rath, DRiZ 2020, 426 f.; Staffler/Jany, ZIS 2020, 164 (169).

[63] Staffler/Jany, ZIS 2020, 164 (166).

[64] Sauermann, StraFo 2018, 499 (503).

[65] Fährmann, MMR 2020, 228 (232).

[66] Brodowski/Hartmann/Sorge, NJW 2023, 583 (584).

[67] Brodowski/Hartmann/Sorge, NJW 2023, 583 (584).

[68] Brodowski/Hartmann/Sorge, NJW 2023, 583 (584).

[69] Hierzu Brodowski/Hartmann/Sorge, NJW 2023, 583 (584).

7.3.5 Forschungsprojekte zur KI-basierten Auswertung

Seit August 2019 forscht das Justizministerium Nordrhein-Westfalen mit der Zentral- und Ansprechstelle Cybercrime in Nordrhein-Westfalen (ZAC NRW) in Zusammenarbeit mit der Microsoft GmbH Deutschland und verschiedenen Experten an KI-basierten Anwendungen, um kinder- und jugendpornografisches Bildmaterial automatisiert auf beschlagnahmten Datenträgern zu identifizieren.[70] Gründe für die Einrichtung des ZAC NRW waren neben der zunehmenden Flut an Datenmengen auch die psychischen Belastungen, denen die Ermittler bei der manuellen Sichtung ausgesetzt sind sowie der erhebliche zeitliche und personelle Aufwand.[71]

Kinderpornografisches Material soll durch eine automatische Bilderkennung mithilfe eines Algorithmus erkannt und von sonstigen Dateninhalten separiert werden. Die Datenselektion soll sowohl eine Beschleunigung der Datenauswertung als auch eine Reduktion auf die verfahrensrelevanten Bilddateien bewirken, wobei die so reduzierten Datensätze anschließend von den Ermittlern analysiert werden.

Seit April 2022 hat die ZAC NRW zusammen mit dem Wirtschaftspartner T3K-Forensics GmbH die Forschungsergebnisse in eine funktionsfähige Anwendung mit dem Projektnamen AIRA (Artificial Intelligence Enabled Rapid Assessment) überführt, welches dort nunmehr als KI-System eingesetzt wird.[72]

Die Problematik, durch Weiterleitung der Daten zur Analyse an Dritte nicht selbst die Tatbestände der Verbreitung und des Besitzes kinder- oder jugendpornografischer Inhalte gemäß §§ 184b, 184c StGB zu verwirklichen,[73] wurde durch eine Komprimierung der Daten gelöst, sodass die Bilder zwar für die Software verwertbar, aber für Menschen nicht erkennbar und rekonstruierbar sind.[74]

Insgesamt wurde in dem Forschungsprojekt nach einem Weg gesucht, durch, möglichst datensparsame Technologie, die Datenauswertung zu beschleunigen, aber dabei auch die strafrechtlichen, strafprozessualen und datenschutzrechtlichen Risiken zu minimieren.[75]

Bereits im Jahr 2020 wurde von der Polizei Niedersachsen eine intern entwickelte Software vorgestellt, welche Bildmaterial mithilfe von KI vorsortieren und pornografische Dateien von irrelevanten Bilddateien unterscheiden konnte.[76]

Auch auf europäischer Ebene werden inzwischen zahlreiche Projekte (beispielsweise Horizon 2020) gefördert, die die Unterstützung der Strafverfolgungsbehörden

[70] Brodowski/Hartmann/Sorge, NJW 2023, 583 (584 ff.); Hess (2024), Digitale Technologien und freie Beweiswürdigung, S. 288; Ibold, GSZ 2024, 10 ff.; Rückert, GA 2023, 361 ff.

[71] Brodowski/Hartmann/Sorge, NJW 2023, 583 (584); Bildner, KriPoZ JuP 2021, 4 (18); Staffler/Jany, ZIS 2020, 164 (169).

[72] Brodowski/Hartmann/Sorge, NJW 2023, 583 (588).

[73] Hierzu Brodowski/Hartmann/Sorge, NJW 2023, 583 (585); Goger/Rückert, MMR 2020, 373 ff.

[74] Bildner, KriPoZ JuP 2021, 4 (18); Brodowski/Hartmann/Sorge, NJW 2023, 583 (585 f.); Staffler/Jany, ZIS 2020, 164 (169).

[75] Brodowski/Hartmann/Sorge, NJW 2023, 583 (585).

[76] Rath, DRiZ 2020, 426 (427); Wörner, ZStW 2024, 616 (634).

durch innovative Technologien (Blockchain Analyse, Big-Data Analyse, Einsatz von KI, Machine Learning) zum Ziel haben.[77]

Essenziell ist, dass solche Systeme auf klaren Regeln für die Verwendung basieren, um den Beweiswert nicht zu beeinträchtigen.[78] So sollte der Datenverarbeitungsprozess chronologisch in Protokollen dokumentiert werden, um Verfälschungen auszuschließen und nachvollziehbar zu machen, woher die Daten stammen und wie sie aus dem jeweiligen IT-System gewonnen wurden.[79]

Zudem kann die Datenintegrität mit der Erstellung sogenannter Hashwerte abgesichert werden, denn jede Datei hat einen individuellen Hashwert, der sich bei einer Manipulation verändert.[80] So kann der Hashwert des Datensatzes im Strafverfahren mit dem erstellten Hashwert abgeglichen werden und auf diese Weise gegebenenfalls eine Veränderung ausgeschlossen werden.[81] Darüber hinaus sollte erkennbar sein, wer Zugang und Zugriff auf die Daten hatte.[82] Es sollte stets jeder Verarbeitungsschritt reproduzierbar sein, welches das Vorliegen eines unveränderten Datensatzes erfordert.[83]

Für die Verteidigung können fehlerhafte Datenerhebungen und Datenverarbeitungsprozesse Angriffspunkte bieten, mit denen der Beweiswert der digitalen Daten in Verfahren wegen Kinder- und Jugendpornografie in Zweifel gezogen werden kann. Allerdings besteht die Problematik hier darin, dass die Auswertungsmethoden für die Beteiligten eines Strafverfahrens oftmals nicht nachvollziehbar und nur eingeschränkt überprüfbar sind, sodass insbesondere die KI, auch aufgrund ihrer Lernfähigkeit, für den Beschuldigten und dessen Verteidiger eine Blackbox darstellt.[84]

7.4 Auswirkungen

Bereits heute ist die KI, in Form maschinellen Lernens, mit einer hohen Treffgenauigkeit in der Lage, kinder- und jugendpornografische Inhalte von legalen Bilddateien zu unterscheiden, wobei bei dem Einsatz digitaler Technologie in der Strafrechtspflege allerdings großer Wert auf die Datensparsamkeit, den Datenschutz und die weitmöglichste Vermeidung der Weitergabe strafrechtlich relevanter Inhalte zu legen ist.[85]

---

[77] Hierzu Gercke, ZUM 2019, 798 (803).

[78] Vgl. Bildner, KriPoZ JuP 2021, 4 (18 f.); Staffler/Jany, ZIS 2020, 164 (169).

[79] Heinson (2015), IT-Forensik, S. 144 f.

[80] Müller, NZWiSt 2020, 96 (100); Erbguth, MMR 2019, 654 (655).

[81] Heinson (2015), IT-Forensik, S. 149 f.

[82] Fährmann, MMR 2020, 228 (230).

[83] Heinson (2015), IT-Forensik, S. 147.

[84] Rückert, GA 2023, 361 f.

[85] Brodowski/Hartmann/Sorge, NJW 2023, 583 (588).

Durch die Anwendung neuer Technologien, insbesondere KI, besteht aber auch die Gefahr eines überzogenen Technikvertrauens.[86] Dies, obwohl selbstlernende Programme durchaus Fehlerquellen aufweisen, die zu einer geringeren Richtigkeitswahrscheinlichkeit und mangelnder Nachvollziehbarkeit führen können.[87] Es ist daher erforderlich, die neuen Auswertungstechnologien lediglich als unverbindliche Vorklassifikation zu sehen, sodass jeder angezeigte Treffer durch die Ermittlungsbehörden, Staatsanwaltschaften und letztlich auch die Gerichte eigenständig, sorgfältig und unvoreingenommen darauf zu prüfen ist, ob es sich tatsächlich um einen inkriminierten Inhalt handelt.[88]

Der Einsatz von KI zur Beweismittelgewinnung in Strafverfahren verursacht derzeit noch einige Probleme.[89] Da die Datenverarbeitung durch KI zumeist von Sachverständigen durchgeführt wird, ist hier ebenso darauf zu achten, dass wissenschaftliche Mindeststandards eingehalten und überlegene, wissenschaftlich anerkannte Untersuchungsmethoden verwendet werden.[90] Beim Einsatz von maschinellem Lernen bedeutet dies, dass der Sachverständige vorrangig erklärbare KI einzusetzen, Interpretationstools anzuwenden und Blackbox-Tests durchzuführen hat.[91]

Auch hier ist die Verteidigung im weiteren Verlauf des Strafverfahrens zur Prüfung angehalten, ob wesentliche wissenschaftliche Standards eingehalten wurden und einem eventuell übersteigerten Technikvertrauen und damit einhergehenden Ankereffekten durch Hinweis auf die Möglichkeit falsch-positiver Treffer und Erörterung der Klassifikation entgegenzuwirken.[92]

Literatur

Alpaydin, Ethem (2022), Maschinelles Lernen, 3. Auflage, Verlag De Gruyter Oldenbourg, Berlin.

Auer-Reinsdorff, Astrid/Conrad, Isabell (2019), Handbuch IT- und Datenschutzrecht, 3. Auflage, Verlag C.H. Beck, München.

Basar, Eren/Hiéramente, Mayeul (2018), Datenbeschlagnahme in Wirtschaftsstrafverfahren und die Frage der Datenlöschung, NStZ 2018: 681–687.

Bildner, Anna (2021), Zugriff und Auswertung von Massendaten im Strafverfahren, KriPoZ JuP 2021: 4–21.

Blechschmitt, Lisa (2018), Strafverfolgung im digitalen Zeitalter – Auswirkungen des stetigen Datenaustauschs auf das strafrechtliche Ermittlungsverfahren, MMR 2018: 361–366.

Bock, Hauke/Höffler (2022), Katrin, Künstliche Intelligenz und Kriminalität, KriPoZ 2022: 257–266.

[86] Staffler/Jany, ZIS 2020, 164 (175).

[87] Rückert, GA 2023, 361 (365 ff.).

[88] Brodowski/Hartmann/Sorge, NJW 2023, 583 (587).

[89] Hierzu Rückert, GA 2023, 361 ff.

[90] Vgl. BGH, NJW 1999, 2746 (2751).

[91] Rückert, GA 2023, 361 (371).

[92] Brodowski/Hartmann/Sorge, NJW 2023, 583 (588).

Brodowski, Dominik/Hartmann, Markus/Sorge, Christoph (2023), Automatisierung in der Strafrechtspflege – Legal Tech, KI und eine „hybride Cloud" im Einsatz gegen Kindesmissbrauch, NJW 2023: 583–588.

Erbguth, Jörn (2019), Datenschutzkonforme Verwendung von Hashwerten auf Blockchains, MMR 10/2019: 654–660.

Fährmann, Jan (2020), Digitale Beweismittel und Datenmengen im Strafprozess, MMR 2020: 228–233.

Gercke, Marco (2019), Die Entwicklung des Internetstrafrechts 2018/2019, ZUM 2019: 798–807.

Gercke, Marko (2018), Brauchen Ermittlungsbehörden zur Bekämpfung von Kinderpornographie im sog. „Darknet" weitergehende Befugnisse?, CR 2018: 480–484.

Goger, Thomas/Rückert, Christian (2020), Neue Waffe im Kampf gegen Kinderpornografie im Darknet – Neuregelung von § 184b Abs. 5 S. 2 StGB und § 110d StPO, MMR 2020: 373–378.

Greco, Luís (2019), Strafbarkeit des Unterhaltens einer Handels- und Diskussionsplattform im sog. Darknet, ZIS 2019: 435–450.

Heinson, Dennis (2015), IT-Forensik – Zur Erhebung und Verwertung von Beweisen aus informationstechnischen Systemen, Verlag Mohr Siebeck, Tübingen.

Hess, Marie-Theres (2024), Digitale Technologien und freie Beweiswürdigung – Eine Untersuchung der Einflüsse von technologiegestützten Beweisen und Legal-Tech Anwendungen auf die Sachverhaltsfeststellung im Strafprozess, Nomos Verlagsgesellschaft, Baden-Baden.

Hoven, Elisa/Eisele, Jörg (2024), Der Strafrahmen für den Besitz von Kinderpornographie – Aktuelle rechtspolitische Fragen zu § 184b StGB, ZStW 2024: 697–723.

Ibold, Victoria (2024), Künstliche Intelligenz und Sicherheitsrecht – Begründungsgebot quo vadis?, GSZ 2024: 10–18.

Kinzig, Jörg/Rebmann, Florian (2023), Strafjustiz am Limit? Über die kriminalpolitischen Implikationen der Erhöhung der Mindeststrafen in § 184b StGB durch das Gesetz zur Bekämpfung sexualisierter Gewalt gegen Kinder, Neue Kriminalpolitik (NK) 2023: 284–306.

Knott, Marcel (2016), Tatort Sexting: Viktimisierungsrisiken für Jugendliche durch die unbedachte Verbreitung von Bilddateien - eine empirische Untersuchung über Schüler zwischen 13 und 16 Jahren, Verlag für Polizeiwissenschaft, Frankfurt a.M.

Krause, Benjamin (2018), Ermittlungen im Darknet – Mythos und Realität, NJW 2018: 678–681.

Merdian, Hannah L./Allardyce, Stuart/DeBoeck, Minne/Gannon, Golm/Janssen, Ellen/Klapilova, Katerina/McCartan, Kieran/von Franqué, Fritjof/Lehmann, Robert (2023), Sekundärprävention der Nutzung von Kindesmissbrauchsabbildungen im Internet: ein internationaler Überblicksversuch, Forensische Psychiatrie, Psychologie, Kriminologie (FPPK) 2023: 377–388.

Müller, Sebastian T. (2020), Internetermittlungen und der Umgang mit digitalen Beweismitteln im (Wirtschafts-)Strafverfahren, NZWiSt 3/2020: 96–101.

Rath, Christian (2020), Mit künstlicher Intelligenz gegen Kinderpornografie, DRiZ 2020: 426–427.

Roser, Lukas (2024), Die Kinder- und Jugendpornografiedelikte im Zeitalter der Neuen Medien, Verlag Duncker & Humblot, Berlin.

Rückert, Christian (2023), Ein Blick in die Blackbox – Künstliche Intelligenz und Machine Learning als Beweismittel im Strafverfahren, GA 2023: 361–377.

Sauermann, Michael (2018), IT-Forensik als wirksames Mittel zur Aufklärung von e-Crime, StraFo 2018: 499–506.

Savić, Laura Iva (2020), Die digitale Dimension des Strafprozessrechts – Zur Doppelnatur digitaler Beweise, Verlag Peter Lang GmbH, Internationaler Verlag der Wissenschaften, Berlin.

Schneider, Frédéric (2020), Auswirkungen der Digitalisierung auf das Ermittlungsverfahren – Impulse aus der Strafverteidigungspraxis, ZIS 2/2020: 79–83.

Staffler, Lukas/Jany, Oliver (2020), Künstliche Intelligenz und Strafrechtspflege – eine Orientierung, ZIS 2020: 164–177.

Unabhängige Beauftragte für Fragen des sexuellen Kindesmissbrauchs – UBSKM (2023), Zahlen und Fakten – Sexuelle Gewalt gegen Kinder und Jugendliche, Stand: Mai 2023.

Urbanzyk, Heiko (2025), Meldungen des MCMEC – Grundlagen und Ideen für die Verteidigung im Bereich Kinder- und Jugendpornografie, StRR 2/2025: 6–17.

Warken, Claudia (2017), Elektronische Beweismittel im Strafprozessrecht – eine Momentaufnahme über den deutschen Tellerrand hinaus, Teil 1, NZWiSt 2017, 289–298.
Wittmer, Sandra/Steinebach (2019), Martin, Computergenerierte Kinderpornografie zu Ermittlungszwecken im Darknet – Rechtliche Rahmenbedingungen und technische Umsetzbarkeit, MMR 2019: 650–653.
Wörner, Liane (2024), Weg von den Hürden, hin zu den Möglichkeiten: KI in Polizei und Strafverfolgung, ZStW 2024: 616–642.

Kapitel 8
Analyse weiterer relevanter Rechtsprechung

In diesem Kapitel erfolgt, neben der bereits oben erörterten Rechtsprechung,[1] eine Darstellung und Analyse auch der weiteren für die Strafverteidigung in Verfahren wegen Kinder- und Jugendpornografie besonders relevanten Urteile, insbesondere im Hinblick auf den Beweiswert der Zuordnung von IP-Adressen, automatische Downloads und die Weiterleitung inkriminierter Dateien lediglich zur Warnung oder Strafverfolgung.

8.1 Weitere relevante Rechtsprechung

8.1.1 BGH[2] – IP-Zuordnung

Der vom BGH im Jahr 2010 zu entscheidende Sachverhalt betrifft zwar kein Verfahren wegen Kinder- und Jugendpornografie, ist aber für die Frage der Zuordnung von IP-Adressen bei Mehrpersonenaushalten von Bedeutung, die auch in Fällen von Kinder- und Jugendpornografie eine wesentliche Rolle spielen, da der Anfangsverdacht sich hier regelmäßig gegen den Inhaber der IP-Adresse richtet. Insoweit ist die Entscheidung übertragbar für die Verteidigungsansätze in Verfahren wegen Kinder- und Jugendpornografie.

In dem zu entscheidenden Fall vermarktete die Klägerin einen Tonträger und stellte in diesem Zusammenhang fest, dass der Tonträger im Internet auf der Tauschbörse „eMule" von einem Nutzer mit einer bestimmten IP-Adresse anderen Teilnehmern zum Herunterladen angeboten wurde. Aufgrund staatsanwaltschaftlicher Ermittlungen konnte die IP-Adresse zum fraglichen Zeitpunkt dem Internetanschluss des Beklagten zugeordnet werden. Die Klägerin beantragte, dem Beklagten

---

[1] Kap. 3, Punkt 3.2.6.2.

[2] BGH, MMR 2010, 565.

N. Odebralski, *Strafverteidigung in Verfahren wegen Kinder- und Jugendpornografie*, https://doi.org/10.1007/978-3-662-73769-9_8

zu verbieten, die Tonträgerproduktion im Internet oder auf andere Weise der Öffentlichkeit zugänglich zu machen und forderte Schadensersatz.

Der BGH hat hierzu festgestellt, dass zwar eine tatsächliche Vermutung dafürspreche, dass die Person für die Rechtsverletzung verantwortlich ist, der zum fraglichen Zeitpunkt die IP-Adresse zugeteilt war, von welcher das geschützte Werk der Öffentlichkeit zugänglich gemacht wurde.[3] Hieraus ergebe sich eine sekundäre Darlegungslast des Anschlussinhabers, der sich darauf beruft, dass eine andere Person die Rechtsverletzung begangen habe.[4]

Weiter hat der BGH, unter Verweis auf seine Entscheidung hinsichtlich der Ermöglichung eines Zugriffs durch einen Dritten auf ein Mitgliedkonto bei eBay durch einen ungesicherten Zugang,[5] festgestellt, dass einer IP-Adresse keine mit einem eBay-Konto vergleichbare Identifikationsfunktion zukomme.[6] Denn die IP-Adresse sei, im Gegensatz zum eBay-Konto, keinem konkreten Nutzer zugeordnet, sondern nur einem Anschlussinhaber, der grundsätzlich berechtigt ist, einem beliebigen Dritten Zugriff zu seinem Internetanschluss zu gestatten.[7]

Daher gebe die IP-Adresse bestimmungsgemäß keine zuverlässige Auskunft über die Person, die zu einem konkreten Zeitpunkt einen bestimmten Internetanschluss nutzt.[8] Es gebe daher keine Grundlage dafür, den Inhaber eines WLAN-Anschlusses im Wege einer unwiderleglichen Vermutung so zu behandeln, als habe er selbst gehandelt, wenn Dritte den Anschluss in für ihn nicht vorhersehbarer Weise für Rechtsverletzungen im Internet nutzen.[9] Zur Bedeutung der IP-Zuordnung im Kontext der NCMEC-Meldungen und des Anfangsverdachts siehe Kap. 4, Punkt 4.3.1 „NCMEC und Anfangsverdacht“. Zu den Verteidigungsansätzen bei fehlender Zuordnung zum Angeklagten siehe Kap. 5, Punkt 5.5.6.2 „Fehlende Zuordnung zum Angeklagten“.

8.1.2 AG Buchen[10] – Nichtlöschen automatischer Downloads

Die Angeklagte in diesem Verfahren war eine junge, nicht vorbestrafte Frau, die Mitglied einer größeren WhatsApp-Gruppe, mit über 1000 Teilnehmern im gesamten Zeitraum bestehend aus überwiegend Jugendlichen und jungen Erwachsenen, war, in der mit hoher Frequenz, teils im Sekundentakt und auch zur Nachtzeit, Nachrichten, Memes, Videos und Bilder über verschiedene aktuelle Themen versendet wurden.

[3] BGH, MMR 2010, 565.
[4] BGH, MMR 2010, 565.
[5] BGH, MMR 2009, 391.
[6] BGH, MMR 2010, 565 (566).
[7] BGH, MMR 2010, 565 (566).
[8] BGH, MMR 2010, 565 (566).
[9] BGH, MMR 2010, 565 (566).
[10] AG Buchen, Beschl. v. 01.02.2023 – 1 Ls 1 Js 6298/21, juris.

Von einem Mitglied der Gruppe wurden etwa 40 kinderpornografische Inhalte (Bilder, Sticker, Videos) in die Gruppe eingestellt. Die Angeklagte hatte für diese Gruppe, aber nicht für weitere Chatgruppen, den automatischen Download von Dateien deaktiviert, sodass diese Dateien auch nicht automatisch heruntergeladen wurden. Die Angeklagte lud auch keine dieser Inhalte manuelle herunter oder teilte sie.

Nach einer Anzeigeerstattung wegen der kinderpornografischen Inhalte wurde ein Ermittlungsverfahren gegen die jeweiligen Anschlussinhaber eingeleitet. Anschlussinhaber für die Nummer der Angeklagten war ihr Vater, die Protokolle legten aber nahe, dass das fragliche Mobiltelefon von der Angeklagten genutzt wurde. Die Durchsuchung der Wohnung der Angeklagten wurde angeordnet und vollzogen, wobei das Mobiltelefon übergeben wurde. Bei der anschließenden forensischen Auswertung der Speicher wurden kinderpornografische Inhalte gefunden, wobei es sich um vier Bilddateien (Sticker) und eine Videodatei handelte. Diese waren in einem Ordner abgelegt, in dem auch automatisch abgespeicherte Inhalte aus WhatsApp Chats abgespeichert werden. Die Dateien waren auch im sichtbaren Bereich, der sogenannten Galerie des Mobiltelefons, abgelegt. Die Angeklagte hatte die automatische Speicherung bemerkt und den Inhalt der Dateien erkannt, und sie wusste auch, dass die Dateien jederzeit von ihr hätten aufgerufen und angesehen werden können. Sie wollte die Dateien später löschen, tat dieses jedoch aus Nachlässigkeit nicht.

Das AG Buchen ging in seinen Entscheidungsgründen davon aus, dass die Speicherung der Daten automatisch erfolgte, die Angeklagte hiervon auch Kenntnis hatte, aber zu keinem späteren Zeitpunkt auf die Daten zugegriffen hat und hierzu auch nicht die Absicht hatte. Allerdings habe es die Angeklagte aus Nachlässigkeit unterlassen, die inkriminierten Daten nach Kenntnisnahme von der Speicherung zu löschen.[11]

Das AG Buchen hat hierzu festgestellt, dass die Angeklagte durch die automatische Speicherung der Dateien mit kinder- und jugendpornografischen Inhalten hieran den Besitz erlangt habe.[12] Die Angeklagte habe erkannt, dass sie Zugriffsmöglichkeiten auf die Dateien erlangt habe und sich dazu entschieden habe, diese, zumindest vorübergehend bis zu einer Löschung, auch aufrechtzuerhalten, sodass sie den Besitz an den Dateien auch vorsätzlich aufrechterhalten habe. Insoweit hat das AG Buchen der Angeklagten die Nichtvornahme der Löschung nach Kenntnisnahme, wenn auch aus Nachlässigkeit, vorgeworfen.

Demnach gelangte das AG Buchen zu der Auffassung, dass sich die Angeklagte, nach alter Gesetzeslage, wegen des Besitzes von kinder- und jugendpornografischen Inhalten gemäß §§ § 184b Abs. 3, 184c Abs. 3, 52 StGB strafbar gemacht hat, wofür die Angeklagte zu einer Mindestfreiheitsstrafe von einem Jahr zu verurteilen gewesen wäre.[13]

---

[11] AG Buchen, Beschl. v. 01.02.2023 – 1 Ls 1 Js 6298/21 Rn. 26 ff., juris.
[12] AG Buchen, Beschl. v. 01.02.2023 – 1 Ls 1 Js 6298/21 Rn. 37 ff., juris.
[13] AG Buchen, Beschl. v. 01.02.2023 – 1 Ls 1 Js 6298/21 Rn. 43 f., juris.

Die Entscheidung des AG Buchen ist aber auch daher von Relevanz, da das Gericht ebenfalls festgestellt hat, dass es die Mindeststrafe des § 184b Abs. 3 StGB von einem Jahr Freiheitsstrafe in dem vorliegenden Sachverhalt für einen Verstoß gegen das aus Art. 1 Abs. 1 und Art. 2 Abs. 1 GG und dem Rechtsstaatsprinzip (Art. 20 Abs. 3 GG) abgeleitete Schuldprinzip (Übermaßverbot) hält und aufgrund dessen das Verfahren ausgesetzt und die Akte gemäß Art. 100 Abs. 1 GG dem Bundesverfassungsgericht zur Überprüfung der Verfassungsmäßigkeit vorgelegt hat.[14]

Dies führte letztlich, auch durch die Vorlage anderer Gerichte, im Ergebnis dazu, dass die überhöhte Strafandrohung nachfolgend durch den Gesetzgeber durch das Gesetz zur Anpassung der Mindeststrafen des § 184b Abs. 1 S. 1 und Abs. 3 StGB korrigiert wurde und seither für § 184b Abs. 1 StGB eine Mindestfreiheitsstrafe von sechs Monaten und für § 184b Abs. 3 StGB von drei Monaten vorgesehen ist. Zur Problematik des automatischen System-Downloads und des unreflektierten Besitzes durch Messengerdienste siehe 5, Punkt 5.4.2.2 „Automatischer System-Download“ und Kap. 7, Punkt 7.1.2 „Unreflektierter Besitz durch Messengerdienste“.

8.1.3 AG München[15] – Weiterleitung zur Warnung

In einem vor dem AG München im Jahr 2022 angeklagten Fall hatte eine Mutter in den Chatverläufen einer Achtjährigen kinderpornografische Inhalte entdeckt, die diese selbst aufgenommen und versendet hatte, und diese lediglich aus Empörung und zur Warnung, ohne pädosexuellen Hintergrund, an andere Eltern weitergeleitet.

Dennoch wäre auch in diesem, eher harmlosen, Fall der Tatbestand des Verbreitens kinderpornografischer Inhalte erfüllt gewesen, sodass nach alter Gesetzeslage eine Freiheitsstrafe von mindestens einem Jahr auszusprechen gewesen wäre.

Allerdings hielt hier auch das AG München § 184b Abs. 1 Nr. 1 StGB für verfassungswidrig, setzte das Verfahren aus und legte die Akte dem Bundesverfassungsgericht zur Überprüfung vor. Zu den Tathandlungen des Verbreitens und der Drittbesitzverschaffung siehe Kap. 3, Punkt 3.2.5.1 „Verbreitung (§ 184b Abs. 1 S. 1 Nr. 1 Alt. 1 StGB)“ und Punkt 3.2.5.3 „Drittbesitzverschaffung (§ 184b Abs. 1 S. 1 Nr. 2 StGB)“.

---

[14] AG Buchen, Beschl. v. 01.02.2023 – 1 Ls 1 Js 6298/21 Rn. 48 ff., juris.

[15] AG München, BeckRS 2022, 27963.

8.1.4 AG Montabaur[16] – Weiterleitung zur Strafverfolgung

Diesem Verfahren vor dem AG Montabaur lag ein Sachverhalt zugrunde, wonach eine Lehrerin einer 13-jährigen Schülerin helfen wollte, die intime Aufnahmen von sich gemacht und ihrem Freund geschickt hatte. Dieser hatte das Video dann in Schülerkreisen verbreitet. Da die Schülerin das Video nicht mehr gespeichert hatte, soll die Lehrerin daraufhin einen ihr von der Schülerin benannten minderjährigen Mitschüler aufgefordert haben, das Video zu beschaffen und an sie per E-Mail zu übersenden. Diese E-Mail hatte die Lehrerin dann ungeöffnet an die Mutter des Mädchens übermittelt, damit diese bei der Polizei unter Vorlage des Videos Anzeige erstatten konnte.

Die Staatsanwaltschaft Koblenz hat daraufhin Anklage mein Amtsgericht Montabaur wegen Verbreitung, Erwerbs und Besitzes kinderpornografischer Inhalte gemäß § 184b StGB gegen die Lehrerin erhoben. Der Angeschuldigten wurde zur Last gelegt, es unternommen zu haben, sich selbst und tatmehrheitlich hierzu einer anderen Person den Besitz eines kinderpornografischen Inhalts verschafft und sich damit gemäß §§ 184b Abs. 1 Nr. 2, Abs. 3, 53 StGB strafbar gemacht zu haben.

Die Anklage wurde vom AG Montabaur zunächst nicht zugelassen,[17] da es § 184b Abs. 5 Nr. 3 StGB als erfüllt ansah, da die Lehrerin in Erfüllung von dienstlichen und beruflichen Pflichten gehandelt habe und daher tatbestandsausschließend privilegiert sei. Das AG Montabaur vertrat hierzu die Auffassung, dass die Angeschuldigte in pädagogischer und fürsorglicher Verantwortung aus ihrer besonderen Vertrauensstellung für die Schülerin bei einem intimen, zeitlich drängenden Problem rücksichtsvoll und zielführend gehandelt habe und es ihr lediglich auf eine ungesichtete Weiterleitung des Videos an die Polizei ankam.

Auf Beschwerde der Staatsanwaltschaft wurde der ablehnende Beschluss vom LG Koblenz[18] aufgehoben und das Hauptverfahren schließlich vor dem AG Montabaur eröffnet.

Allerdings wurde das Verfahren nachfolgend im Hinblick auf die zwischenzeitlich erfolgte Änderung der Gesetzeslage mit Zustimmung der Staatsanwaltschaft und der Angeklagten eingestellt.[19] Zur Begründung wurde ausgeführt, dass selbst wenn in der Hauptverhandlung der Tatnachweis festgestellt worden wäre, die Schuld der Lehrerin als so gering anzusehen wäre, dass kein öffentliches Interesse an einer Strafverfolgung bestünde. Zu den Tathandlungen des Verbreitens und der Drittbesitzverschaffung siehe Kap. 3, Punkt 3.2.5.1 „Verbreitung (§ 184b Abs. 1 S. 1 Nr. 1 Alt. 1 StGB)" und Punkt 3.2.5.3 „Drittbesitzverschaffung (§ 184b Abs. 1 S. 1 Nr. 2 StGB)".

---

[16] AG Montabaur, Beschl. v. 25.07.2024 – 2a Ls 2070 Js 44219/22.

[17] AG Montabaur, Beschl. v. 13.12.2023 – 2a Ls 2070 Js 44219/22.

[18] LG Koblenz, Beschl. v. 31.01.2024.

[19] AG Montabaur, Beschl. v. 25.07.2024 – 2a Ls 2070 Js 44219/22.

8.2 Analyse typischer Fallkonstellationen

8.2.1 Arbeitsspeicher, Thumbnails, Cache, gelöschte Daten

8.2.1.1 Arbeitsspeicher

Eine typische Fallkonstellation ist, dass inkriminierte Dateien lediglich in den Arbeitsspeicher heruntergeladen wurden.

Die Rechtsprechung bejaht hierzu eine Besitzstrafbarkeit gemäß § 184b Abs. 3 StGB.[20] Allerdings sieht auch die Rechtsprechung den subjektiven Tatbestand dann nicht als erfüllt an, wenn das Herunterladen in den Arbeitsspeicher lediglich bei einem zufälligen Betrachten einer Internetseite mit pornografischem Inhalt erfolgt ist.[21] Das Schrifttum lehnt die Annahme eines Besitzverhältnisses in diesen Konstellationen aufgrund der fehlenden Dauerhaftigkeit und Festigkeit der Herrschaft ohnehin ab.[22] Zu den dogmatischen Grundlagen der Besitzstrafbarkeit und des Besitzwillens siehe Kap. 3, Punkt 3.2.5.7 „Besitz (§ 184b Abs. 3 Alt. 3 StGB)“ und Punkt 3.2.6.2 „Besitzwille“.

8.2.1.2 Thumbnails

Eine ähnliche Fallkonstellation mit Blick auf die Besitzstrafbarkeit liegt dann vor, wenn das Betriebssystem automatisch inkriminierte Dateien als Thumbnails speichert.

Hierzu hat die Rechtsprechung festgestellt, dass auf Datenträgern befindliche kinderpornografische Vorschaubilder, die durch das Betriebssystem des Computers automatisch generiert werden, nicht ohne Weiteres den Schluss zulassen, dass dem Beschuldigten der Besitz der Vorschaubilder bewusst war.[23] Wenn der Beschuldigte aber keine Kenntnis von der Existenz der Thumbnails hatte, fehlt es an dem für eine Besitzstrafbarkeit erforderlichen Besitzwillen.

8.2.1.3 Cache

Bei einer Speicherung inkriminierter Daten im Cache-Speicher ist gemäß der Rechtsprechung der objektive Tatbestand des Besitzes kinder- oder jugendpornografischer Inhalte verwirklicht.[24]

[20] OLG Hamburg, NJW 2010, 1893; OLG Schleswig, NStZ-RR 2007, 41.

[21] OLG Hamburg, NJW 2010, 1893 (1897).

[22] Vgl. OLG Hamburg, NJW 2010, 1893 (1896); Eisele, in: TK-StGB (2025), § 184b Rn. 39.

[23] OLG Düsseldorf, NStZ 2015, 654.

[24] BGH, NStZ 2007, 95; OLG Hamburg, StraFo 2009, 165.

Am Besitzwillen des Beschuldigten kann es aber auch hier fehlen, wenn diesem die automatisch generierte Speicherung nicht bewusst ist und er keine Kenntnis von diesen Dateien im Cache-Speicher hat.[25] Denn ohne Kenntnis von Dateien im Cache kann von vornherein kein hierauf gerichteter Besitzwille bestehen.[26]

Eine solche Kenntnis setzt aber regelmäßig überdurchschnittliche Computerkenntnisse des Nutzers voraus, aufgrund dessen er den Cache-Bereich der Festplatte überhaupt kennt und hierauf, auch zum manuellen Löschen der Dateien, Zugriff nehmen kann.[27]

8.2.1.4 Gelöschte Daten

Die Problematik des Besitzwillens stellt sich ebenfalls bei gelöschten Dateien.

Hierzu hat die Rechtsprechung festgestellt, dass eine Strafbarkeit jedenfalls dann nicht in Betracht kommt, wenn die kinder- oder jugendpornografischen Bilder gelöscht wurden, selbst wenn der Beschuldigte die Fähigkeit besitzt, die Daten wiederherzustellen.[28] Bei vollständig gelöschten Dateien entfällt der Besitz.[29] Jedenfalls entfällt der Besitzwille dann, wenn sich der Beschuldigte der aufgerufenen Bilddateien mit kinder- oder jugendpornografischen Inhalten durch sofortiges Löschen umgehend und endgültig wieder entledigt.[30]

8.2.2 Zuordnung von IP-Adressen

Sofern die Anschuldigung des Beschuldigten lediglich darauf beruht, dass er Inhaber der ermittelten IP-Adresse ist, kann der Vorwurf durch die Verteidigung dadurch erschüttert werden, dass darauf verwiesen wird, dass die IP-Adresse keinem konkreten Nutzer zugeordnet ist und daher auch keinen Nachweis dafür darstellt, dass der Anschlussinhaber den Internetzugang zu dem fraglichen Zeitpunkt der Tatbegehung genutzt hat. Dies ist insbesondere in Fällen von Bedeutung, in denen mehrere Personen Zugriff auf den Internetanschluss haben, wie etwa in Mehrpersonenhaushalten.

---

[25] OLG Frankfurt, Beschl. v. 08.07.2024 – 1 Ws 171/23 Rn. 37, juris mit Verweis auf BGH, Urt. v. 18.01.2012 – 2 StR 151/11; OLG Düsseldorf, NStZ 2015, 654 (655); AG Pforzheim, BeckRS 2023, 12461; hierzu auch BGH, NStZ 2007, 95; LG Aachen, MMR 2008, 764.

[26] OLG Hamburg, NJW 2010, 1893 (1897).

[27] OLG Frankfurt, Beschl. v. 08.07.2024 – 1 Ws 171/23 Rn. 37, juris; AG Bocholt, MMR 2017, 568.

[28] Vgl. BGH, BeckRS 2018, 14123 Rn. 34 f.

[29] BGH, BeckRS 2018, 14123 Rn. 34 mit Verweis auf BGH, NStZ 2007, 95.

[30] OLG Hamburg, StraFo 2009, 165 (166) mit Verweis auf BGH, NStZ 2005, 155 (156).

8.2.3 Nichtlöschen automatischer Downloads

Bei einem nachlässigen Nichtlöschen eines weder bestellten noch erwünschten kinderpornografischen Inhalts kann eine Strafbarkeit gemäß § 184b Abs. 3 StGB vorliegen.

Bei einer automatischen Speicherung unverlangt zugesandter Daten entfällt zwar der Vorsatz hinsichtlich der Besitzbegründung und damit eine Strafbarkeit wegen des Sich-Verschaffens von Inhalten gemäß § 184b Abs. 4 S. 1, 184c Abs. 4 S. 1 Var. 1 StGB.

Allerdings macht der Nutzer sich wegen vorsätzlichen Aufrechterhaltens des Besitzes strafbar, wenn der Nutzer im Nachgang erkennt, dass kinder- oder jugendpornografische Inhalte übermittelt wurden und er diese Dateien dann nicht unverzüglich löscht.[31]

8.2.4 Verbreitung zur Warnung oder Strafverfolgung

Nach der Gesetzesänderung ist die Entscheidung des AG München im Hinblick auf die Frage der Verfassungsmäßigkeit nicht mehr relevant. Allerdings lassen die Entscheidungen des AG München und des AG Montabaur Rückschlüsse auf die strafrechtliche Einordnung eher harmloser Fälle von Kinder- und Jugendpornografie zu.

Auch wenn eine Weiterleitung von kinder- oder jugendpornografischen Inhalten zur Warnung oder Strafverfolgung erfolgt, ist eine solche Weiterleitung demnach strafbar, da auch hier der abgebildete Missbrauch des Opfers ohne Zustimmung des Betroffenen instrumentalisiert wird.[32] Insoweit ist auch hier der Tatbestand des Verbreitens kinder- oder jugendpornografischer Inhalte, die im Fall von Kinderpornografie eine Mindestfreiheitsstrafe von sechs Monaten (184b Abs. 1 S. 1 Nr. 1 StGB) zur Folge haben, erfüllt.

Allerdings kann die Schuld der Angeklagten dann als so gering anzusehen sein, dass kein öffentliches Interesse an einer Strafverfolgung besteht und aufgrund dessen eine Verfahrenseinstellung in Betracht kommt.[33]

---

[31] AG Buchen, Beschl. v. 01.02.2023 – 1 Ls 1 Js 6298/21 Rn. 40, juris; OLG Oldenburg, MMR 2011, 118; BT-Drs. 12/3001, S. 6.

[32] Hoven/Eisele, ZStW 2024, 697 (715).

[33] Vgl. AG Montabaur, Beschl. v. 25.07.2024 – 2a Ls 2070 Js 44219/22.

8.3 Lehren für die Verteidigung und Verteidigungsansätze

Für die Verteidigung ergeben sich aus der Rechtssprechungsanalyse im Hinblick auf die jeweilige Fallkonstellation verschiedene Rückschlüsse und gegebenenfalls Verteidigungsansätze.

Zu den allgemeinen Verteidigungsstrategien in (Haupt-)Verfahren wegen Kinder- und Jugendpornografie siehe Kap. 5 „Verteidigungsstrategien in (Haupt-)Verfahren wegen Kinder- und Jugendpornografie", insbesondere Punkt 5.5.6 „Beweiswürdigungsverteidigung".

8.3.1 Arbeitsspeicher, Thumbnails, Cache, gelöschte Daten

8.3.1.1 Arbeitsspeicher

Hinsichtlich heruntergeladener inkriminierter Dateien in den Arbeitsspeicher kann die Verteidigung argumentieren, dass das nur kurze Laden der Dateien in einen flüchtigen Speicher bereits kein Besitzverhältnis begründet, sondern hierfür ein dauerhaftes Abspeichern auf einem Datenträger erforderlich ist.

In jedem Fall ist herauszuarbeiten, dass bei einem derart zufälligen Herunterladen flüchtiger Daten lediglich in den Arbeitsspeicher kein Besitzwille vorliegt, sodass jedenfalls der subjektive Tatbestand nicht erfüllt ist.

8.3.1.2 Thumbnails

Beim Auffinden von Thumbnails mit kinderpornografischen Inhalten in einer Systemdatei, die dort automatisch erzeugt und gespeichert wurden, kann die Verteidigung darauf verweisen, dass der Beschuldigte keine Kenntnis von dem Besitz dieser Vorschaubilder hatte, sodass es auch hier an dem erforderlichen Besitzwillen fehlt.

Das Argument, dass das Vorhandensein der Vorschaubilder mit kinderpornografischen Darstellungen darauf schließen lässt, dass der Beschuldigte zuvor die dazugehörigen größeren Bilddateien heruntergeladen und abgespeichert habe, kann damit entkräftet werden, dass es auch möglich ist, dass bei einer Datenübertragung durch einen Dritten Thumbnails in einer nicht sichtbaren Datei mit übertragen werden oder heruntergeladene, entpackte und geöffnete Dateien nach Feststellung des kinderpornografischen Inhalts sofort wieder gelöscht wurden und sich dennoch weiterhin Thumbnails in dem gelöschten Ordner befinden, sodass es in beiden Fällen dann ebenfalls am Besitzwillen des Beschuldigten fehlt.[34]

[34] Vgl. Gercke, ZUM 2015, 772 (781 f.).

Gerade bei nur wenigen aufgefundenen Bildern oder einer kurzen Verbindungsdauer besteht immer die Möglichkeit, dass der Nutzer das Herunterladen nicht bemerkt hat.[35]

8.3.1.3 Cache

In den Fällen der Speicherung inkriminierter Dateien in einem Cache-Speicher kann sich die Verteidigung hinsichtlich des erforderlichen Besitzwillens gegebenenfalls darauf stützen, dass der Beschuldigte hierüber keine Kenntnis hatte, da im Cache-Speicher befindliche Dateien ohne aktives Zutun des Nutzers dort generiert werden können[36] und der Beschuldigte nicht über überdurchschnittliche Computerkenntnisse verfügt, sodass ihm auch ein Löschen der Daten nicht möglich war.[37]

8.3.1.4 Gelöschte Daten

Bei gelöschten Dateien kann die Verteidigung darauf abstellen, dass es an dem Besitzwillen des Beschuldigten fehlt, wenn die inkriminierten Dateien sofort wieder gelöscht wurden.

Dies ist auch der Fall, wenn die Daten lediglich an Orten weiter fortbestehen, die einem durchschnittlichen Computernutzer nicht zugänglich und die Dateien damit auch nicht mehr rekonstruierbar sind.[38]

8.3.2 IP-Adresse

Sofern die Anschuldigung darauf beruht, dass dem Beschuldigten die ermittelte IP-Adresse zuzuordnen ist, kann seitens der Verteidigung damit argumentiert werden, dass die Zuordnung der IP-Adresse zu einer bestimmten Person kein Beweis dafür ist, dass genau der Anschlussinhaber die inkriminierten Dateien geladen hat.

Denn die IP-Adresse ist keinem konkreten Nutzer, sondern nur einem Anschlussinhaber zugeordnet, sodass auch Dritte als Nutzer des Internetanschlusses in Betracht kommen. Dies ist für die Verteidigung insbesondere relevant bei Mehrpersonenhaushalten, aber auch bei Wohngemeinschaften, bei Familienanschlüssen, VPN-Nutzung oder Fernzugriff.

---

[35] LG Aachen, MMR 2008, 764.

[36] OLG Frankfurt, Beschl. v. 08.07.2024 – 1 Ws 171/23 Rn. 37, juris.

[37] AG Bocholt, MMR 2017, 568 (569).

[38] BGH, BeckRS 2018, 14123 Rn. 35.

8.3.3 Nachlässiger Besitz

Auch der nachlässige Besitz kinderpornografischer Inhalte löst eine Strafbarkeit aus, selbst wenn der Besitz unvorsätzlich und ungewollt erfolgte und keine Verschaffenshandlung vorliegt.

Dem Beschuldigten obliegt nach der Kenntnisnahme von Dateien mit kinder- oder jugendpornografischen Inhalten die Verpflichtung zur sofortigen Löschung solcher Inhalte, sodass ihm die Nichtvornahme der Löschung nach Kenntnisnahme, selbst wenn dies aus bloßer Nachlässigkeit nicht erfolgte, vorgeworfen und strafrechtlich sanktioniert werden kann.

8.3.4 Verbreitung zur Warnung oder Strafverfolgung

Auch die Verbreitung kinder- oder jugendpornografischer Inhalte lediglich zur Warnung oder zur Strafverfolgung ist unter Strafe gestellt, obwohl es sich dabei um harmlosere Fälle handelt und kein strafwürdiges Unrecht besteht.

Allerdings ließe sich hier durch die Verteidigung gut vertreten, dass die Speicherung und Weiterleitung von kinder- oder jugendpornografischen Inhalten zur Übergabe an die Strafverfolgungsbehörden bereits nach geltendem Recht straflos sind, da im Wege einer teleologischen Reduktion von § 184b StGB in diesen Fällen eine Strafbarkeit nach Sinn und Zweck der Norm ausgeschlossen sein muss.[39]

Sinn und Zweck des § 184b StGB ist es, Anbieter und Abnehmer kinderpornografischer Inhalte strafrechtlich zur Verantwortung zu ziehen, da sie einen Anreiz zur weiteren Herstellung dieser Inhalte und damit zu weiteren sexuellen Kindesmissbrauch schaffen, sodass der Ansatzpunkt des Gesetzes darin zu sehen ist, dass ein aktives Marktgeschehen neue Angebote einschlägiger Materialien mit sich bringt.[40] So argumentierte der Gesetzgeber bei der Begründung des Gesetzesentwurfs, dass auch der Konsument, der sich kinderpornografische Filme, Videofilme, Fotografien oder authentische Tonaufnahmen beschafft, dazu beiträgt, dass Kinder sexuell missbraucht werden, denn nur weil diese Produkte konsumiert werden, besteht für Hersteller und Verbreiter ein Anreiz dafür, diese auf den Markt zu bringen und zu diesem Zweck Kinder zu missbrauchen oder missbrauchen zu lassen.[41] Ziel des Gesetzgebers war es damit, Kinderpornografie nachdrücklich zu bekämpfen, um dem mit der Herstellung kinderpornografischer Darstellungen verbundenen sexuellen Missbrauch von Kindern wirksamer entgegenzutreten.[42]

Derjenige, der kinderpornografische Inhalte lediglich zur Warnung oder insbesondere Strafverfolgung weiterleitet, schafft aber eben gerade keinen Anreiz zur

---

[39] Hoven/Eisele, ZStW 2024, 697 (717).

[40] AG Buchen, Beschl. v. 01.02.2023 – 1 Ls 1 Js 6298/21 Rn. 56, juris.

[41] BT-Drs. 12/3001, S. 5.

[42] BT-Drs. 12/3001, S. 1.

weiteren Herstellung kinderpornografischer Inhalte. Eine solche Handlungsweise stellt im Hinblick auf die durch § 184b StGB geschützten Rechtsgüter damit kein strafwürdiges Unrecht dar.[43] Es wird hierdurch keine marktrelevante Nachfrage geschaffen, sondern im Gegenteil trägt die Bereitschaft von Personen, kinderpornografische Inhalte aktiv anzuzeigen, dazu bei, Netzwerke aufzudecken und eine weitere Verbreitung zu verhindern.[44]

Eine temporäre Speicherung der Inhalte zur Weiterleitung an die Strafverfolgungsbehörden verletzt auch das Recht des Opfers am eigenen Bild nicht in strafwürdiger Weise, im Gegenteil würde eine sofortige Löschung des Inhalts nicht im Interesse des Betroffenen liegen, da so eine weitere Aufklärung unmöglich gemacht würde.[45] Gleiches gilt auch für die Weiterleitung von kinderpornografischem Material an die Eltern des Kindes, da diese nur bei Kenntnis des Sachverhalts über die weiteren rechtlichen Schritte entscheiden können und die Inhalte nicht den Kreis derjenigen verlassen, die legitimerweise Zugriff auf sie haben müssen, um ein Strafverfahren einzuleiten.[46]

In den Fallkonstellationen, in denen eine Weiterleitung kinder- oder jugendpornografischer Inhalte lediglich zur Warnung oder insbesondere zur Strafverfolgung erfolgt, liegt insoweit kein strafwürdiges Unrecht vor, welches vom Staat unter Strafe gestellt werden darf, denn eine Pönalisierung, die keinen legitimen Zweck verfolgt, greift unzulässig in die Freiheitsrechte der Betroffenen ein.[47]

Zu denken wäre in diesen Fällen aber auch an eine Rechtfertigung gemäß § 34 StGB (Rechtfertigender Notstand). Nach § 34 S. 1 StGB handelt derjenige nicht rechtswidrig, der in einer gegenwärtigen, nicht anders abwendbaren Gefahr für Leben, Leib, Freiheit, Ehre, Eigentum oder ein anderes Rechtsgut eine Tat begeht, um die Gefahr von sich oder einem anderen abzuwenden, wenn bei Abwägung der widerstreitenden Interessen, namentlich der betroffenen Rechtsgüter und des Grades der ihnen drohenden Gefahren, das geschützte Interesse das beeinträchtigte wesentlich überwiegt. Dies gilt gemäß § 34 S. 2 StGB jedoch nur, wenn die Tat ein angemessenes Mittel ist, die Gefahr abzuwenden.

Hier kann die Auffassung vertreten werden, dass das Strafverfolgungsinteresse ein Rechtsgut im Sinne von § 34 StGB darstellt.[48] Denn von § 34 StGB werden nach herrschender Meinung auch Rechtsgüter der Allgemeinheit umfasst.[49] Das

[43] Hoven/Eisele, ZStW 2024, 697 (716).

[44] Hoven/Eisele, ZStW 2024, 697 (716).

[45] Hoven/Eisele, ZStW 2024, 697 (716) mit Bezug auf den Fall Dillinger.

[46] Hoven/Eisele, ZStW 2024, 697 (716).

[47] Hoven/Eisele, ZStW 2024, 697 (716); vgl. AG München, BeckRS 2022, 27963.

[48] Hoven/Eisele, ZStW 2024, 697 (717); bejahend auch Heger, in: Lackner/Kühl/Heger (2023), StGB, § 34 Rn. 4; Perron, in: Schönke/Schröder, (2019), § 34 Rn. 10 f.; vgl. auch BGH NStZ 1988, 558 (559); Erb, in: Erb/Schäfer (2024), MüKo-StGB, § 34 Rn. 58 f.; Fischer (2025), StGB, § 34 Rn. 5; Zieschang, in: LK-StGB (2019) § 34 Rn. 54; ablehnend: Engländer, in: Matt/Renzikowski (2020), § 34 Rn. 17; Neumann, in: Kindhäuser/Neumann/Paeffgen/Saliger (2023), StGB, § 34 Rn. 31.

[49] BGH NStZ 1988, 558 (559); Rosenau, in: Satzger/Schluckebier/Werner (2024), StGB, § 34 Rn. 7.

Strafverfolgungsinteresse ist ein solches Rechtsgut der Allgemeinheit. Insoweit wären dann auch die Sicherung und Weitergabe kinder- und jugendpornografischer Inhalte erforderliche und angemessene Mittel zur Gewährleistung effektiver Strafverfolgung.[50] Derart strafrechtlich relevante Handlungen gemäß §§ 184b, § 184c StGB wären dann nach § 34 StGB gerechtfertigt.

Literatur

Erb, Volker/Schäfer, Jürgen (2024), Münchener Kommentar zum Strafgesetzbuch: StGB, Band 1: §§ 1–37, 5. Auflage, Verlag C.H. Beck, München.

Fischer, Thomas (2025), Strafgesetzbuch: StGB – mit Nebengesetzen, Kommentar, 72. Auflage, Verlag C.H. Beck, München.

Gercke, Marco (2015), Die Entwicklung des Internetstrafrechts 2014/2015, ZUM 2015: 772–782.

Hoven, Elisa/Eisele, Jörg (2024), Der Strafrahmen für den Besitz von Kinderpornographie – Aktuelle rechtspolitische Fragen zu § 184b StGB, ZStW 2024: 697–723.

Kindhäuser, Urs/Neumann, Ulfried/Paeffgen, Hans-Ullrich/Saliger, Frank (2023), Strafgesetzbuch: StGB, Kommentar, 6. Auflage, Nomos Verlagsgesellschaft, Baden-Baden.

Lackner, Karl/Kühl, Kristian/Heger, Martin (2023), Strafgesetzbuch: StGB, Kommentar, 30. Auflage, Verlag C.H. Beck, München.

Matt, Holger/Renzikowski, Joachim (2020), Strafgesetzbuch: StGB, Kommentar, 2. Auflage, Verlag Franz Vahlen, München.

Satzger, Helmut/Schluckebier, Wilhelm/Werner, Raik (2024), Strafgesetzbuch: StGB, Kommentar, 6. Auflage, Carl Heymanns Verlag, Köln.

Schönke, Adolf/Schröder, Horst (2019), Strafgesetzbuch: StGB, Kommentar, 30. Auflage, Verlag C.H. Beck, München.

---

[50] Hoven/Eisele, ZStW 2024, 697 (717).

Kapitel 9
Prävention und Resozialisierung

Abschließend wird nachfolgend in Bezug auf Strafverfahren wegen Kinder- und Jugendpornografie noch ein Blick auf die Präventionsmöglichkeiten sowie die Resozialisierungsmöglichkeiten auf Täterseite geworfen.

9.1 Prävention

9.1.1 Präventions- und Interventionsansätze

In Verfahren wegen Kinder- und Jugendpornografie spielt ebenfalls die Prävention auf Täterseite eine wesentliche Rolle, denn diese eröffnet die Möglichkeit, präventive Maßnahmen anzustoßen, um künftige Taten zu verhindern und dient damit auch dem Opferschutz.

Es werden derzeit vier wesentliche Präventionsansätze beziehungsweise Interventionsebenen unterschieden: die Primärprävention, als nichtspezifische, breit angelegte Maßnahmen, um Risikofaktoren anzugehen und dem Erstauftreten von Delikten vorzubeugen; die Sekundärprävention, als Ausrichtung auf identifizierbare Risikogruppen potenzieller Täter und/oder Opfer, die bekannte Risikofaktoren aufweisen; die Tertiärprävention, als Ausrichtung auf Personen, die bereits straffällig geworden sind, um neue Straffälligkeit zu verhindern; die quartäre Prävention, als Ausrichtung auf Personen, die bereits Resozialisierungsprozesse durchlaufen haben.[1] Hierbei sind die Strafverfolgungsbehörden und justiziellen Reaktionen zumeist auf der Ebene der Primär-, Sekundär- und Tertiärprävention und die Nichtregierungsorganisationen auf der sekundär- und tertiärpräventiven Ebene unterstützend tätig.[2]

---

[1] Merdian et. al., FPPK 2023, 377 (379).

[2] Merdian et. al., FPPK 2023, 377 (379).

N. Odebralski, *Strafverteidigung in Verfahren wegen Kinder- und Jugendpornografie*, https://doi.org/10.1007/978-3-662-73769-9_9

Bestandteil der Prävention ist eine therapeutische Intervention im Bereich sexualmedizinischer oder psychotherapeutischer Behandlungskonzepte. Hier bieten sich verschiedene Präventionsprojekte mit verschiedenen Therapieangeboten an, die sowohl eine Diagnostik als auch eine deliktsspezifische Intervention ermöglichen, wobei derartige Angebote inzwischen bundesweit bestehen.[3]

Die Frage der Präventionsarbeit stellt sich sowohl bei verurteilten Straftätern mit dem Ziel der Rückfallverhinderung als auch bei Personen, gegen die wegen eines kinder- oder jugendpornografischen Delikts bereits ein Strafverfahren eingeleitet worden ist, die aber noch nicht verurteilt wurden.[4]

Das im Jahr 2004 initiierte Präventionsprojekt Dunkelfeld (PPD) am Institut für Sexualwissenschaft und Sexualmedizin der Charité-Universitätsmedizin Berlin, mit dem dazugehörigen Netzwerk „Kein Täter werden“, hat sein Projekt 2009 auf Personen erstreckt, die Kinderpornografie konsumieren oder befürchten, dies auch in Zukunft zu tun. Das Netzwerk „Kein Täter werden“ bietet Therapien für Personen an, die die diagnostischen Kriterien einer pädophilen Störung erfüllen und kinder- oder jugendpornografische Inhalte konsumieren, ohne dass gegen sie ermittelt wird oder juristisch eine Behandlung auferlegt wurde.[5] Insoweit sind von dem Projekt Personen ausgeschlossen, gegen die bereits ein Ermittlungsverfahren läuft. Das Netzwerk umfasst mittlerweile mehrere Standorte in ganz Deutschland.[6] Das Projekt wird inzwischen auch durch die gesetzlichen Krankenkassen finanziert.[7]

Das im Jahr 2010 begonnene Projekt „Keine Gewalt- und Sexualstraftat begehen“ der Behandlungsinitiative Opferschutz (BIOS-BW) werden dagegen auch Personen aufgenommen, die sich bereits in einem laufenden Strafverfahren befinden oder denen eine Therapie juristisch auferlegt wurde.[8] Bei diesen Probanden, die hier den größten Teil der Probanden ausmachen,[9] umfasst die Behandlung auch die Deliktsbearbeitung. Hinsichtlich der Tatneigung überwiegt die Sexualdelinquenz, wobei es sich zu etwa einem Drittel um Kinderpornografie handelt.[10] Aufgenommen werden in dieses Projekt auch Personen, die sich nicht eigeninitiativ melden, sondern beispielsweise von ihrem Verteidiger mit ihrem Einverständnis an das Projekt vermittelt werden.[11]

---

[3] Vgl. Brodersen, KrimOJ 2021, 1 (11); Kuhle et al., Sexuologie 2021, 173 f.

[4] Dölling (2017), in: Kerner/Kinzig/Wulf, Kriminalprävention durch Behandlung von Tatgeneigten, S. 19.

[5] Kuhle et al., Sexuologie 2021, 171 ff.; Merdian et. al., FPPK 2023, 377 (384).

[6] Vgl. Kuhle et al., Sexuologie 2021, 173 f.; Merdian et. al., FPPK 2023, 377 (385).

[7] Brodersen, KrimOJ 2021, 1 (11 Fn. 12).

[8] Merdian et. al., FPPK 2023, 377 (385).

[9] Vgl. Dölling (2017), in: Kerner/Kinzig/Wulf, Kriminalprävention durch Behandlung von Tatgeneigten, S. 19 (21).

[10] Vgl. Dölling (2017), in: Kerner/Kinzig/Wulf, Kriminalprävention durch Behandlung von Tatgeneigten, S. 19 (22).

[11] Dölling (2017), in: Kerner/Kinzig/Wulf, Kriminalprävention durch Behandlung von Tatgeneigten, S. 19 (20).

Darüber hinaus gibt es noch diverse andere Therapieangebote und -einrichtungen. Vorrangiges Ziel dieser Therapieangebote ist, insbesondere zum Schutz potenzieller Opfer, die Begehung von Sexualstraftaten zu verhindern beziehungsweise Rückfallstraftaten zu vermeiden, indem den Betroffenen insbesondere Verantwortungsübernahme, Verbesserung der sozialen Kompetenz, der Umgang mit sexuellen Fantasien, Entwicklung von Empathie gegenüber den Opfern, Selbstkontrolle, gegebenenfalls auch Aggressionskontrolle, und die Verringerung von Risikofaktoren (kognitive Verzerrungen, Einsamkeit, Isolation) vermittelt werden sollen.[12]

Primäres Endziel der Therapie ist regelmäßig insbesondere die Sicherstellung der sexuellen Verhaltenskontrolle, denn eine Heilung im Sinne einer Löschung der auf Kinder bezogenen sexuellen Fantasien und Impulse bei einer pädophilen oder hebephilen Sexualpräferenz beziehungsweise ihrer Störung (ICD-10-Diagnose[13]) ist nach dem jetzigen Wissensstand nicht möglich und wird daher von den Therapieangeboten auch nicht in Aussicht gestellt.[14]

9.1.2 Prävention und Strafverteidigung

Für die Strafverteidigung können Präventionsbemühungen darüber hinaus strategische Vorteile bringen, denn die Verteidigung kann durch Initiierung und Dokumentation präventiver Bemühungen des Beschuldigten sowohl zur Resozialisierung des Mandanten beitragen als auch gleichzeitig die strafzumessungsrelevante Sozialprognose verbessern.

Von der Strafverteidigung kann die Mitwirkung des Beschuldigten an derartigen Programmen als Grund für strafmildernde Erwägungen angeführt werden. Denn gemäß der Rechtsprechung sind ernsthafte, nachweisbare Bemühungen des Beschuldigten um eine deliktsspezifische Therapie positiv zu berücksichtigen, soweit diese auf tatsächlicher Einsicht und nicht nur auf prozessualer Zweckmäßigkeit beruhen.[15]

Für die Verteidigung kann es sich in Bezug auf die Strafzumessung daher durchaus lohnen, dem Mandanten frühzeitig eine Therapie anzuraten und ihn an entsprechende Therapieprojekte zu vermitteln und entsprechende Nachweise oder therapeutische Stellungnahmen vorzulegen.

---

[12] Vgl. Kuhle et al., Sexuologie 2021, 171 (176); Merdian et. al., FPPK 2023, 377 (384).

[13] Hierzu Kuhle et al., Sexuologie 2021, 171 (172).

[14] Vgl. Kuhle et al., Sexuologie 2021, 171 (176).

[15] Vgl. BGH, NStZ-RR 2012, 183; BGH, NStZ 2010, 692 (zur Therapie bei Drogenabhängigkeit).

9.2 Resozialisierung

9.2.1 Funktion und Leitgedanke der Resozialisierung

Bestätigt sich im strafrechtlichen Verfahren der Tatvorwurf, ist schließlich auch die Frage der Resozialisierung von Relevanz.

Die Frage der Resozialisierung ist eng verbunden mit der Prävention. Der Täter erhält durch die Präventionsarbeit auch die Möglichkeit, sich um soziale Anerkennung und Unterstützung zu bemühen.[16] Soweit er bestrebt ist, die Begehung weiterer Delikte zu verhindern, steht ihm auch ein Platz in der Gesellschaft zu.[17]

Die Resozialisierung ist der zentrale Leitgedanke des deutschen Strafrechts und ist als solcher ebenso im Bereich kinder- und jugendpornografischer Delikte von Bedeutung, sodass das Strafverfahren hier ebenso der Resozialisierung verpflichtet ist.[18] Gleichzeitig steht die Resozialisierung im engen Zusammenhang mit dem Gebot der Achtung der Menschenwürde (Art. 1 Abs. 1 GG), und hat damit Verfassungsrang, und dem diakonischen Strafzweckverständnis.[19] Auch bei Sexualstraftaten ist daher dem Täter eine realistische Perspektive gesellschaftlicher Wiedereingliederung zu eröffnen.[20] Dabei dient die Resozialisierung der Sicherheit und dem Schutz der Allgemeinheit.[21]

Die individuelle Rückfallgefahr ist jeweils differenziert zu bestimmen und nicht allein aus dem Deliktstypus abzuleiten, sodass sich eine Gleichsetzung von Delikt und Persönlichkeitsstruktur verbietet.[22]

Kinder- und Jugendpornografie spielt sich heute vorwiegend in der digitalen Welt ab, welches spezifische Interventionsansätze ermöglicht, beispielsweise durch digitale Abstinenzprogramme, verhaltenspräventive Schulungen oder kontrollierte Nutzungsstrukturen.[23] Auch hier können Nachweise über freiwillige therapeutische Maßnahmen des Mandanten zur Stützung der Resozialisierungsaussichten beitragen.

---

[16] Brodersen, KrimOJ 2021, 1 (20).

[17] Brodersen, KrimOJ 2021, 1 (20).

[18] Roxin, StR AT, § 2 Rn. 16.

[19] Vgl. BVerfGE 128, 326; BVerfGE 98, 169 (200 f.); Becker (2016), S. 313.

[20] Vgl. BVerfGE 109, 133.

[21] Becker (2016), S. 313.

[22] Vgl. BGH, Beschl. v. 07.07.2021 – 4 StR 546/20; BGH, NStZ-RR 2018, 304; BGH, Beschl. v. 23.05.2017 – 1 StR 164/17.

[23] Hierzu Beier/Schuler/von Heyden, Sexuologie 2021, 209 ff.

9.2.2 *Strafverteidigung, Resozialisierungsaspekte und §§ 46, 56 StGB*

Für die Verteidigung in Verfahren wegen Kinder- und Jugendpornografie stellt sich daher auch die Aufgabe, eine positive Prognose des Beschuldigten herauszuarbeiten. Die Resozialisierungsperspektive ist insbesondere im Hinblick auf § 46 StGB (Strafzumessung) und des § 56 StGB (Strafaussetzung zur Bewährung) von Bedeutung.[24]

9.2.2.1 Resozialisierungsaspekte und § 46 StGB

Nach § 46 Abs. 1 S. 1 StGB ist die Schuld des Täters Grundlage für die Strafzumessung. Bei der Strafzumessung wägt das Gericht gemäß § 46 Abs. 2 StGB die Umstände, die für und gegen den Täter sprechen, gegeneinander ab. Diesbezüglich werden in § 46 Abs. 2 StGB in Betracht kommende Umstände aufgelistet.

Dabei nennt § 46 Abs. 2 StGB als Strafzumessungsfaktor, insbesondere unter spezialpräventiven Aspekten, auch das Verhalten des Täters nach der Tat. Hierbei kann jedes Verhalten berücksichtigt werden, dass Schlüsse auf den Unrechtsgehalt der Tat und die Gefahr künftiger Rechtsbrüche des Beschuldigten zulässt oder Einblick in die innere Einstellung des Beschuldigten zu seiner Tat gewährt. Aufgrund dessen kommt bei Delikten wegen Kinder- und Jugendpornografie in der Praxis standardisierten Sexualtherapien zumeist große Bedeutung bei der Strafzumessung zu.

Denn eine ernsthafte Therapiebereitschaft des Täters oder seine Bereitschaft zu anderen Maßnahmen, die seine Kriminalprognose verbessern, kann unter spezialpräventiven Gesichtspunkten die Strafzumessung zu seinen Gunsten beeinflussen.[25] Das Tatgericht lässt sich von der Ernsthaftigkeit der Bereitschaft des Täters zu solchen Maßnahmen und deren Wirksamkeit am ehesten dann überzeugen, wenn diese bereits eingeleitet oder ausgeführt sind.[26]

9.2.2.2 Resozialisierungsaspekte und § 56 StGB

Gemäß § 56 Abs. 1 S. 1 StGB kann das Gericht bei einer Verurteilung zu einer Freiheitsstrafe von nicht mehr als einem Jahr die Strafe zur Bewährung aussetzen, wenn zu erwarten ist, dass sich Verurteilte schon die Verurteilung zur Warnung dienen lässt und er künftig auch ohne die Einwirkungen des Strafvollzugs keine Straftaten mehr begehen wird. Hierbei sind gemäß § 56 Abs. 1 S. 2 StGB die Persönlichkeit des Verurteilten, sein Vorleben, die Umstände seiner Tat, sein Verhalten nach der

---

[24] Fischer, StGB, § 46 Rn. 25 ff., § 56 Rn. 5 ff.

[25] BGHSt 19, 201 (206); Schneider, in: LK-StGB (2025), § 46 Rn. 207.

[26] Schneider, in: LK-StGB (2025), § 46 Rn. 207.

Tat, seine Lebensverhältnisse und die Wirkungen zu berücksichtigen, die von der Aussetzung für ihn zu erwarten sind.

Unter den Voraussetzungen des § 56 Abs. 1 StGB kann gemäß § 56 Abs. 2 S. 1 StGB das Gericht auch die Vollstreckung einer höheren Freiheitsstrafe, die zwei Jahre nicht übersteigt, zur Bewährung aussetzen, wenn nach der Gesamtwürdigung von Tat und Persönlichkeit des Verurteilten besondere Umstände vorliegen.

Zweck des § 56 StGB ist insbesondere, den Verurteilten durch spezialpräventive Regelungen von der weiteren Begehung von Straftaten abzuhalten, sodass die Strafaussetzung zur Bewährung als eine Art spezialpräventive Resozialisierungsmaßnahmen bezeichnet werden kann.[27] Hier müssen insoweit neben einer günstigen Sozialprognose aufgrund der Gesamtwürdigung von Tat und Persönlichkeit des Verurteilten noch besondere Umstände festgestellt werden können.[28]

Grundvoraussetzung für eine Bewährungsentscheidung ist immer eine positive Legalprognose.[29] Von besonderer Bedeutung sind hier des Weiteren das Nachtatverhalten und besondere Umstände.

Wie im Rahmen der Strafzumessung müssen auch bei einer Entscheidung über die Strafaussetzung zur Bewährung Anhaltspunkte für einen Gesinnungswandel des Verurteilten vorliegen, so zeigt ein Täter positive Anhaltspunkte für eine Verhaltensänderung und dafür, dass er sich möglicherweise schon die Verurteilung zur Warnung dienen lässt, wenn er im Strafverfahren Reue zeigt, durch ein Geständnis die Verantwortung für seine Tat übernimmt und sich zur Schadenswidergutmachung verpflichtet.[30]

Positive Anhaltspunkte für eine Verhaltensänderung können durch den Täter auch dadurch gezeigt werden, dass er sich einer therapeutischen Behandlung unterzieht, welches ebenso bei Kinder- und Jugendpornografiedelikten gelten muss, beispielsweise, wenn bei dem Täter eine krankhafte Störung (sexuelle Präferenzstörung, Pädophilie) vorliegt. Der Täter demonstriert hierdurch, dass er tatsächlich Verantwortung für sein Handeln übernimmt und bereit ist, sich mit den Ursachen seiner Straftat auseinanderzusetzen.

Besondere Umstände im Sinne von § 56 Abs. 2 StGB können ebenfalls in dem erfolgreichen Abschluss einer Therapie zu sehen sein.[31] Dies muss aber, ähnlich wie im Rahmen des § 46 StGB, auch gelten, wenn der Täter therapiebereit ist, bereits eine Therapie begonnen hat oder sich jedenfalls bereits um einen Therapieplatz bemüht hat.

Zu beachten bei § 56 StGB ist ebenfalls, dass das Gericht durch Weisungen gemäß §§ 56c, 56d StGB die Grundlagen für eine positive Legalprognose auch erst herstellen kann.[32] In Betracht kommen Weisungen zur Herstellung einer positiven

[27] Claus, in: Satzger/Schluckebier/Werner (2024), StGB, § 56 Rn. 2.

[28] Claus, in: Satzger/Schluckebier/Werner (2024), StGB, § 56 Rn. 4.

[29] Claus, in: Satzger/Schluckebier/Werner (2024), StGB, § 56 Rn. 9.

[30] Claus, in: Satzger/Schluckebier/Werner (2024), StGB, § 56 Rn. 19; Groß/Kett-Straub, in: Erb/Schäfer (2020), MüKo-StGB, § 56 Rn. 32.

[31] Claus, in: Satzger/Schluckebier/Werner (2024), StGB, § 56 Rn. 41.

[32] Groß/Kett-Straub, in: Erb/Schäfer (2020), MüKo-StGB, § 56 Rn. 30.

Prognose regelmäßig bei therapiebereiten Tätern (Therapieweisung).[33] Hier darf die Strafaussetzung zur Bewährung nicht ohne eine Prüfung abgelehnt werden, ob Maßnahmen, die die Strafaussetzung zur Bewährung begleiten, eine günstige Prognose gestatten.[34]

Literatur

Brodersen, Folke (2021), Die Tat als Entscheidung – Zur Konstruktion des pädophilen Noch-Nicht-Täters zwischen Kriminalitäts- und medizinischer Prävention, KrimOJ 01/2021: 1–26.

Becker, Horst (2016), Resozialisierung und vorzeitige Haftentlassung, in: Schriftenreihe der Strafverteidigervereinigungen, Band 39: Welche Reform braucht das Strafverfahren, Verlag Thomas Uwer, Berlin.

Beier, Klaus M./Schuler, Miriam/von Heyden, Maximilian (2021), Das Internetbasierte Präventionsabgebot Troubled Desire, Sexuologie 28 (3–4) 2021: 209–214.

Dölling, Dieter (2017), Kriminalprävention durch Behandlung von Tatgeneigten, S. 19–24, in: Hans-Jürgen Kerner/Jörg Kinzig/Rüdiger Wulf (Hrsg.), Kriminologie und Strafvollzug, Symposium vom 19. März 2016, Institut für Kriminologie der Universität Tübingen, Verlag TOBIAS-lib Universitätsbibliothek Tübingen, Tübingen.

Erb, Volker/Schäfer, Jürgen (2020), Münchener Kommentar zum Strafgesetzbuch: StGB, Band 2: §§ 38–79b, 4. Auflage, Verlag C.H. Beck, München.

Kuhle, Laura F./Bergner-Köther, Ralf/Beutel, Manfred/Dammertz-Hölterhoff, Kirsten/Hajak, Göran/Huchzermeier, Christian/Krüger, Tillmann/Kruse, Johannes/Pätzel, Julia M./Quendler-Adamo, Elisabeth/Rösing, Dirk/Schönknecht, Peter/Beier, Klaus M. (2021), Das Präventionsnetzwerk Kein Täter werden, Sexuologie 28 (3–4) 2021: 171–180.

Merdian, Hannah L./Allardyce, Stuart/DeBoeck, Minne/Gannon, Golm/Janssen, Ellen/Klapilova, Katerina/McCartan, Kieran/von Franqué, Fritjof/Lehmann, Robert (2023), Sekundärprävention der Nutzung von Kindesmissbrauchsabbildungen im Internet: ein internationaler Überblicksversuch, Forensische Psychiatrie, Psychologie, Kriminologie (FPPK) 2023: 377–388.

Satzger, Helmut/Schluckebier, Wilhelm/Werner, Raik (2024), Strafgesetzbuch: StGB, Kommentar, 6. Auflage, Carl Heymanns Verlag, Köln.

[33] Vgl. Claus, in: Satzger/Schluckebier/Werner (2024), StGB, § 56 Rn. 22 in Bezug auf therapiebereite Drogenabhängige.

[34] BGH, StV 2015, 564; BGH, StV 2001, 676.

Kapitel 10
Zusammenfassung, Fazit und Ausblick

Strafrechtliche Verfahren wegen des Vorwurfs von Kinder- und Jugendpornografie stellen sowohl den Beschuldigten als auch die Strafverteidigung vor besondere Herausforderungen. Für den Beschuldigten hat der Vorwurf eines Kinder- oder Jugendpornografiedelikts zumeist gravierende Auswirkungen. Umso wichtiger ist in diesen Verfahren eine effektive Strafverteidigung.

Dem Beschuldigten drohen zumeist schon im Stadium des Ermittlungsverfahrens Vorverurteilungen und Diffamierungen mit erheblichen Auswirkungen in seinem sozialen Umfeld. Denn der wegen Kinder- und Jugendpornografie einer Straftat Beschuldigte ist zu Beginn des Verfahrens im Normalfall, zumeist aufgrund einer Meldung des NCMEC und eines CT-Reports, welche einen Anfangsverdacht begründen, einer Durchsuchung (Wohnung, Arbeitsplatzes) ausgesetzt, sodass sein soziales Umfeld (Familie, Arbeitgeber) über den Vorwurf frühzeitig Kenntnis erlangt. Bei der Durchsuchung werden die Speichermedien des Beschuldigten (PC, Laptop, Handy) sichergestellt beziehungsweise beschlagnahmt und zum Teil über Monate hinweg von Ermittlungsbeamten oder zumeist auch von Sachverständigen untersucht. Hier ist es Aufgabe der Verteidigung die Zulässigkeit, insbesondere im Hinblick auf die rechtliche Zulässigkeit der der Durchsuchungsmaßnahme zugrunde liegenden jeweiligen Anordnung, und eine baldige Beendigung der Maßnahmen zu prüfen und zu erwirken, auch um eventuelle Auswirkungen auf das weitere Verfahren zu beeinflussen.

Im Bereich der Kinder- und Jugendpornografie basiert der Anfangsverdacht, aber auch die spätere Beweislage, zumeist auf digitalen Spuren des Beschuldigten, deren Sicherung und Auswertung (IT-Forensik, Digitale Forensik) sowie spätere Verwertung als Beweismittel daher von besonderer Bedeutung sind und auch bei den beteiligten Juristen, so insbesondere auch bei der Verteidigung, gewisse technische Kenntnisse und Kenntnisse hinsichtlich bestimmter Funktionsweisen erfordert. Für die Verteidigung ist besonders darauf zu achten, dass gesicherte Dateien im Rahmen der Auswertung nicht verändert wurden (Datenintegrität) und dass beim Umgang mit digitalen Beweismitteln das hierfür vorgesehene Prozedere und die zu-

N. Odebralski, *Strafverteidigung in Verfahren wegen Kinder- und Jugendpornografie*, https://doi.org/10.1007/978-3-662-73769-9_10

grunde liegenden rechtlichen Grundlagen und Standards eingehalten werden, da auch bei der IT-forensischen Auswertung das Prinzip der wissenschaftlichen Beweisführung gilt. Zur Prüfung der Beweisgrundlagen in Fällen von Kinder- und Jugendpornografie gehört daher die Auseinandersetzung mit den wesentlichen technischen Grundlagen sowie mit den technisch notwendigen Kenntnissen eines Auswerteberichts (CT-Report), um Fehler oder Schwachstellen hinsichtlich der hierauf basierenden Beweisgrundlage erkennen und entsprechend darauf hinweisen zu können oder gar ein Beweisverwertungsverbot zu erwirken.

Im Ermittlungsverfahren zielt die Verteidigung in der Regel vornehmlich darauf ab, eine Anklageerhebung und damit ein weiter belastendes Hauptverfahren durch eine Einstellung des Verfahrens (§§ 170 Abs. 2, 153 ff. StPO) oder gegebenenfalls ein Strafbefehlsverfahren oder wenigstens eine möglichst schonende Anklageerhebung zu erreichen.

Neben der Prüfung der (digitalen) Beweisgrundlagen ist für die Verteidigung auch die Prüfung der Tatbestandsmäßigkeit der vorgeworfenen Handlung von besonderer Relevanz. Als spezielle Formen der (harten) Pornografie normiert § 184b StGB die Strafbarkeit der Verbreitung, des Erwerbs und des Besitzes kinderpornografischer Inhalte und § 184c StGB die Strafbarkeit der Verbreitung, des Erwerbs und des Besitzes jugendpornografischer Inhalte. Ebenso wie bei der Kinderpornografie nach § 184b StGB genügt bei der Jugendpornografie nach § 184c StGB nicht, dass sich der Inhalt lediglich auf sexuelle Handlungen bezieht, sondern er muss auch pornografischen Charakter haben.

Probleme im Hinblick auf die Tatbestandsmäßigkeit in den Fällen der §§ 184b Abs. 3 Alt. 3 StGB, 184c Abs. 3 Alt. 3 StGB können sich insbesondere in Bezug auf den subjektiven Tatbestand ergeben, da der strafbare Besitz kinder- und jugendpornografischer Inhalte auf subjektiver Ebene einen Besitzwillen voraussetzt. Hieran kann es fehlen, wenn Darstellungen beim Surfen im Internet automatisch gespeichert wurden oder auch bei einer sonstigen Besitzerlangung ohne eigenen Abruf oder eigene Verschaffung.

Die Problematik des Besitzwillens und damit einer Strafbarkeit ist besonders beim Auffinden kinder- oder jugendpornografischer Inhalte in Arbeitsspeichern, Thumbnails, Cache-Speichern oder bei gelöschten Dateien auch für die Strafverteidigung von besonderer Relevanz. Denn hier handelt es sich regelmäßig um automatisch systemseitig, somit ohne Zutun des Nutzers, generierte Daten, von denen der Nutzer daher nicht ohne Weiteres Kenntnis haben muss oder die Daten wurden wieder gelöscht, sodass sich in all diesen Fällen die Frage des Nachweises eines Besitzwillens des Beschuldigten stellt.

Daher ist es hier von besonderer Bedeutung, die digitalen Beweise dahingehend zu prüfen, wie und wann die inkriminierten Dateien auf das Gerät gelangt sind, um gegebenenfalls den Nachweis zu führen, dass die Dateien versehentlich oder durch einen Dritten dort hinterlassen wurden. Insbesondere im Hinblick auf die Erfüllung des subjektiven Tatbestands (Besitzwille) ist die Beweisgrundlage von der Verteidigung daher auch daraufhin zu überprüfen, ob sie geeignet ist, den Nachweis darüber zu erbringen, dass der Angeklagte überhaupt eine tatsächliche Kontrolle über die inkriminierten Daten hatte oder dieses eben nicht der Fall ist, weil die Dateien beispielsweise in versteckten Ordnern abgelegt waren.

Die Einordnung der Tat, insbesondere die Frage des Vorsatzes, besonders im Hinblick auf den Besitzwillen, der Einordnung der Dateien sowie der Eigentums- und Zugriffsverhältnisse, muss insoweit streng an technischen, kriminologischen und normativen Kriterien ausgerichtet sein.

Je nachdem, welche Konstellationen vorliegen, stellt sich nach einer Anklageerhebung für die Strafverteidigung im Hauptverfahren wegen des Vorwurfs der Kinder- oder Jugendpornografie die Frage nach den Argumentationslinien und -taktiken (Unschuld des Angeklagten, Tatbestandsmäßigkeit, Rechtmäßigkeit der Beweiserhebung, Beweisverwertungsverbote) sowie nach der Verteidigungskonzeption (Schweigen oder Einlassung, Freispruchverteidigung, Geständnisverteidigung, Strafmaßverteidigung, Absprachenverteidigung, Beweiswürdigungsverteidigung).

Neben den rechtlichen Problemen ist die Verteidigung in Verfahren wegen Kinder- und Jugendpornografie aber noch mit besonderen Schwierigkeiten und Problemstellungen konfrontiert, wie psychologischen Aspekten (Aussagepsychologie, Sexualstörungen), den Umgang mit Medien und einer damit verbundenen Öffentlichkeitsarbeit sowie dem Umgang mit Vorurteilen und Stigmatisierung. Von besonderer Bedeutung ist in Verfahren wegen Kinder- und Jugendpornografie daher ebenso die Verteidigung des Beschuldigten gegen die (Medien-)Öffentlichkeit, da die Verwerflichkeit dieser Delikte von den Medien regelmäßig besonders medial begleitet und so in den Blickpunkt der Bevölkerung gerückt wird, dort zumeist auf eine starke Resonanz stößt und eine so erfolgte Vorverurteilung gelegentlich auch den Strafprozess beeinflusst.

Neue Technologien im Bereich der Medien (Soziale Netzwerke, Messengerdienste, KI), eröffnen auf dem Gebiet der Kinder- und Jugendpornografie heute neue Erscheinungsformen und Verbreitungswege (beispielsweise durch Webseiten, FTP, Chats, Foren, File-Sharing, Peer-to-Peer-Netzwerke, das Darknet, OTT-Dienste), aber für die Ermittlungsbehörden auch neue Auswertungsmethoden. Bei der Hervorbringung neuer Auswertungsmethoden wurden im Hinblick auf die immer größer werdende Datenflut spezielle forensische Massendatenanalysemethoden entwickelt, bei denen zunehmend KI zur Anwendung kommt, sodass die Auswertungsdauer reduziert wird. Die Verteidigung ist auch hier zur Prüfung angehalten, ob wesentliche wissenschaftliche Standards eingehalten wurden und einem eventuell übersteigerten Technikvertrauen und damit einhergehenden Ankereffekten entgegenzuwirken. Allerdings sind die neuen Auswertungsmethoden für die Strafverteidigung oftmals nicht nachvollziehbar und nur eingeschränkt überprüfbar, sodass insbesondere die KI für die Verteidigung eine Blackbox darstellt.

Schließlich spielt in Strafverfahren wegen Kinder- und Jugendpornografie die Frage der Prävention und Resozialisierung auf Täterseite eine Rolle, mit der sich die Verteidigung ebenfalls zu befassen hat. Denn Therapiebemühungen des Beschuldigten können nicht nur präventiv wirken, sondern auch die strafzumessungsrelevante Sozialprognose verbessern und damit strategisch von Vorteil sein. Die Resozialisierungsperspektive ist damit insbesondere im Hinblick auf § 46 StGB (Strafzumessung) und § 56 StGB (Strafaussetzung zur Bewährung) von Bedeutung.

Insgesamt hat sich gezeigt, dass Strafverteidigung in Verfahren wegen Kinder- und Jugendpornografie mit vielfältigen Herausforderungen konfrontiert ist, die es zu bewältigen gilt, um den Beschuldigten weitmöglichst vor gravierenden Eingriffen zu bewahren und ein faires und rechtsstaatliches Verfahren zu gewährleisten.

Für die Zukunft ist davon auszugehen, dass die Ermittlungsbehörden, Gerichte und auch Strafverteidiger aufgrund der weiter zunehmenden Datenflut durch fortschreitende Digitalisierung und Technisierung in Zukunft mit einer weiter steigenden Zahl an Verfahren wegen Kinder- und Jugendpornografie konfrontiert sein werden. Hierbei wird die KI bei der Verarbeitung der großen Datenmengen und neuen Auswertungsmethoden im Deliktsbereich der Kinder- und Jugendpornografie weiter an Bedeutung gewinnen. Dies stellt die Strafverteidigung in Verfahren wegen Kinder- und Jugendpornografie vor weitere Herausforderungen.

FSC
www.fsc.org
MIX
Papier | Fördert
gute Waldnutzung
FSC® C083411

Kolibri 360 GmbH
Ferdinand-Jühlke-Straße 7
99095 Erfurt, Deutschland
produktsicherheit@kolibri360.de